妙高大会関連地名図（近世）

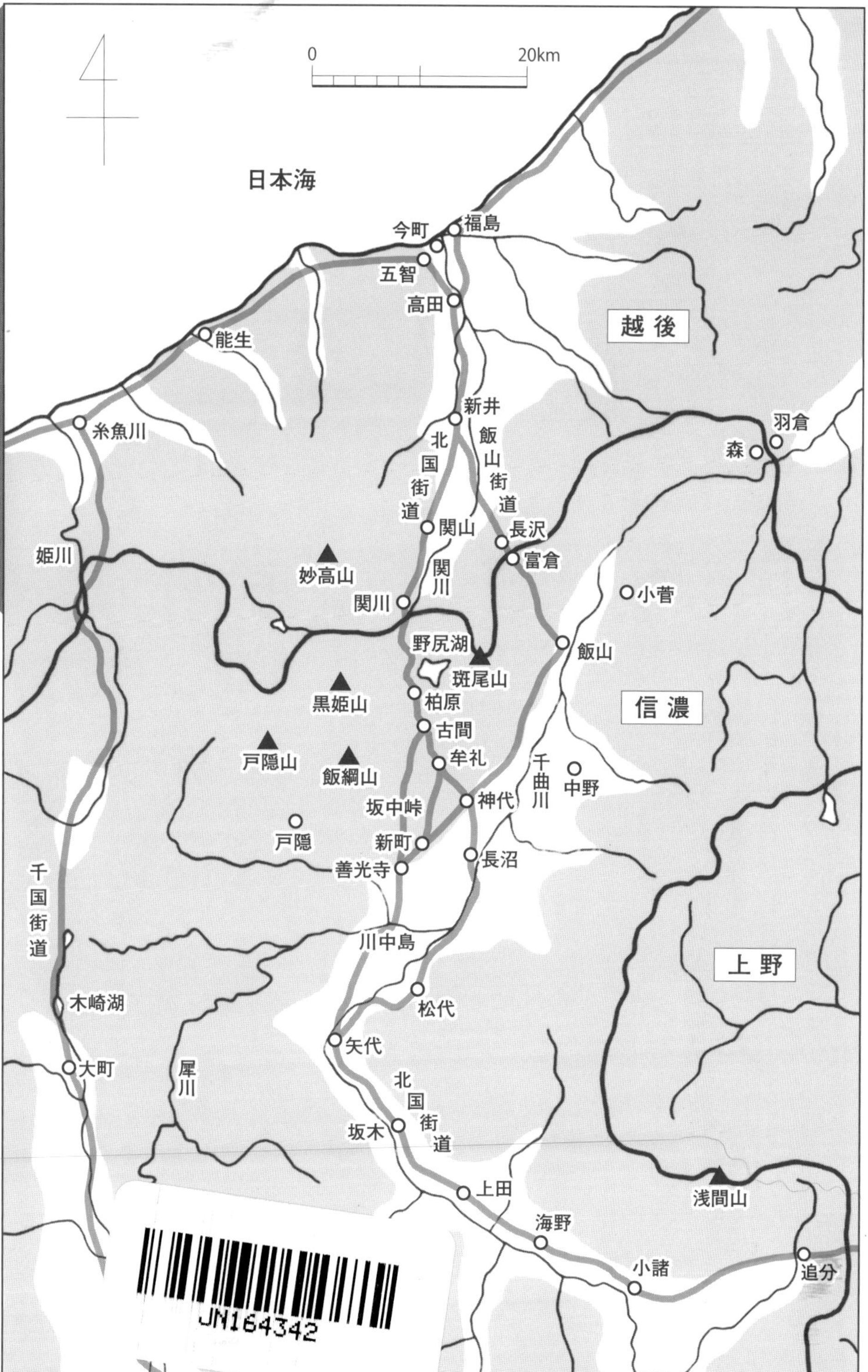

信越国境の歴史像

―「間」と「境」の地方史―

地方史研究協議会 編

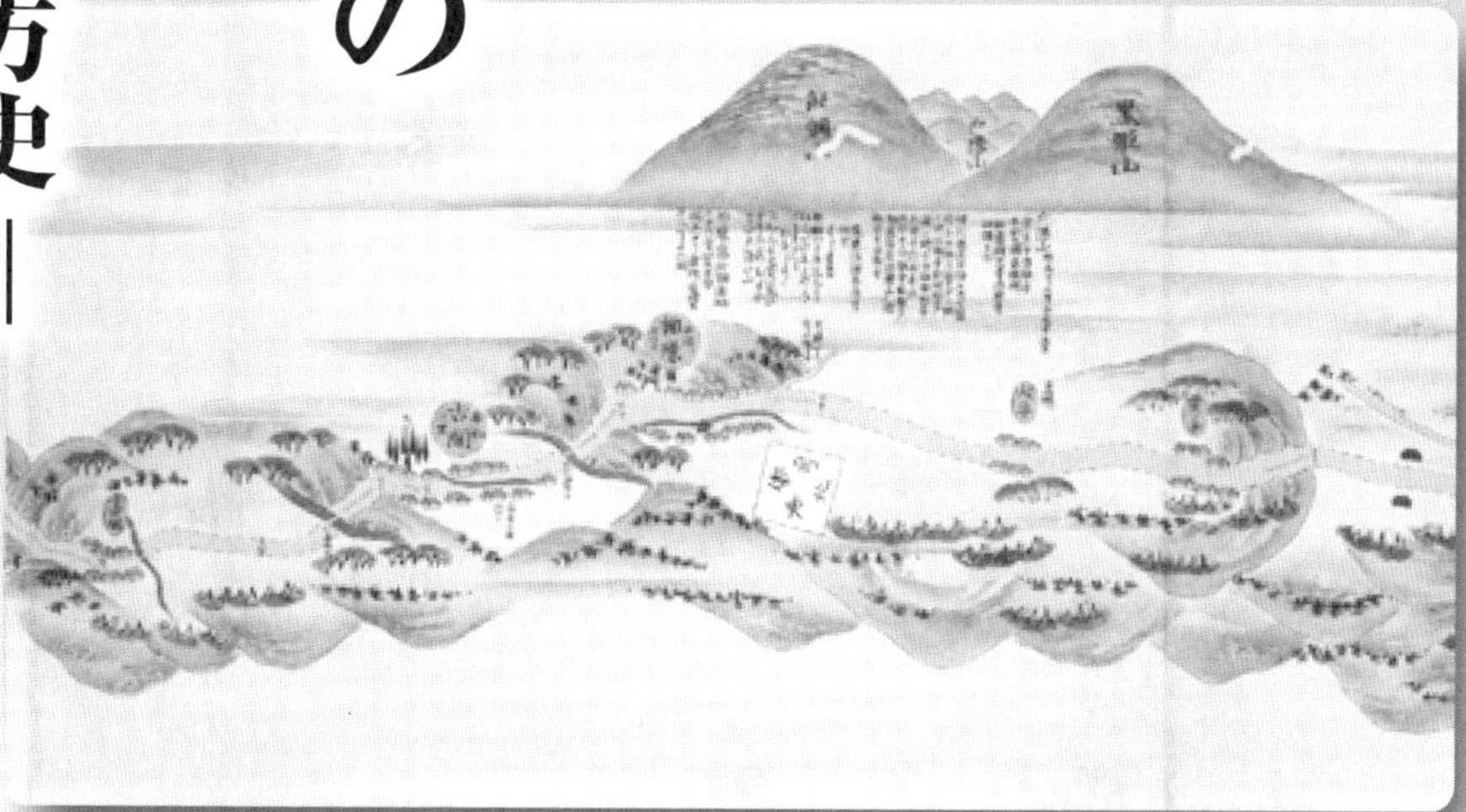

雄山閣

東都道中分間絵図
（上越市立高田図書館蔵）

序　文

毎年、秋一〇月に開催される地方史研究協議会の大会は、二〇一六年度（第六七回）大会を二〇一六年一〇月一五日（土）から一七日（月）までの三日間、新潟県妙高市で開催した。共通論題を「『境（さかい）』と『間（あわい）』の地方史――信越国境の歴史像――」と設定し、初日一五日は、午前中に自由論題究発表、午後には公開講演があり、その後総会が開かれ、二日目の一六日には、午前・午後に共通論題研究発表とともに共通論題討論が妙高市の新井ふれあい会館ふれあいホールで行なわれた。三日目の一七日には、県境を越えて信越をめぐるというコースで設定された巡見が実施され、全日程が無事終了した。

本大会は、開催地が新潟県内の妙高市ではあるものの、同県の上越地域と長野県の北信地域を主な対象地域と設定された（以下、信越とする）。このような設定がなされたのは、国境をはさむ信越が、強く影響を与えあい、関係性を持ち続けるという歴史的な背景を持ちつつ地域が形成されてきたためである。大会では、互いに密接な関係を持ちながらはぐくまれてきた空間であり、地域的なまとまりを「間」という用語で、また信越の国境を「境」として表現している。この二つのキーワードを基軸にして国境・県境を内包する地域の歴史像を探った大会であった。

本書は、この大会成果を収録している。公開講演の笹本正治氏・松尾美恵子氏、共通論題研究の発表者の原田和彦・福原圭一・前嶋敏・遠藤公洋・小酒井大悟・荒川将・宮澤崇士の七氏、および自由論題発表の大楽和正氏の合わせて一〇氏の論考である。大会時の公開講演・発表ともに趣意書の内容を踏まえて展開いただき、論文化する際にもその延長線上に各論考が成稿されている。そのため、本書では、「刊行にあたって」として、趣意書を冒頭に引用している。また各論考の内容を踏まえてつぎの三部に構成している。すなわち、〝第一章「間」の特性と「境」〟、〝第二章「境」の形成と「間」〟、〝第三章「境」の画定と「間」〟である。書名も「境」を挟む「間」の地域を明らかにするという趣旨から『信越国境の歴史像――「間」と「境」の地方史――』となった。

本大会では、蓄積されてきた豊かな研究史を踏まえ、信越という枠組みで地域を捉えなおし、議論がなされた。キーワードである「間」という用語を使用することで新たな一歩を踏み出したといえるのではないか。「境」はどこにおいても隣にあるともいえ、各地域でも研究を進める上で援用されれば幸いである。大会を機に、信越の研究会も始まると聞いている。地方史研究協議会の大会が、地域の原動力となっていくことは嬉しい限りである。

本大会をともに主催し大会準備を進めてくださった大会実行委員会には、多大なご尽力をいただいた。本大会の実行委員会も境を越えて組織された。そのため実行委員会は妙高市・上越市また長岡市、そして長野市と県境を越えて開催され、一四回に及んだ。末筆ながら、大会実行委員長の浅倉有子氏、事務局長の佐藤慎氏をはじめとした実行委員の方々、そして共催していただき、大変便宜を図ってくださった妙高市および妙高市教育委員会、また後援協賛いただいた諸機関の方々に心よりお礼を申し上げたい。

二〇一七年一〇月

地方史研究協議会

会長　廣瀬　良弘

信越国境の歴史像――「間」と「境」の地方史――／目　次

刊行にあたって

大会成果論集刊行特別委員会

本書は、地方史研究協議会第六七回（妙高）大会における成果をまとめたものである。収録された論文は、大会当日の公開講演・研究発表から構成されている。大会の共通論題は『「境」と「間」の地方史――信越国境の歴史像――』である。本書の内容は、この共通論題に基づいたものであるので、共通論題の趣意書をここに掲げる。

「間（あわい）」と「境（さかい）」の地方史――信越国境の歴史像――

常任委員会／第六七回 妙高大会実行委員会

地方史研究協議会は、第六七回大会を二〇一六年一〇月一五日（土）から一七日（月）までの三日間、新潟県妙高市で開催する。本会常任委員会および地元の研究者を中心に組織された大会実行委員会は、大会の共通論題を『「間」と「境」の地方史――信越国境の歴史像――』と決定した。

本大会は、新潟県の上越地域と長野県の北信地域を主な対象地域とする（以下、信越と記す）。国境をはさむ信越は、歴史的には越後国（新潟県）と信濃国（長野県）、さらに北陸道と東山道に分断されつつも、強く影響を与えあい、関係性を持ち続けてきている。そこで、本大会ではこの地域の歴史像を「間」と「境」の視点から描き出すことを試みたい。

ここでいう「間」は、地域社会を構成する多くの要素が、互いに密接な関係を持ちながら時代を超えて形成されてきた空間をいう。個々の要素ごとに範囲は様々であり、一定しない特性が「間」にはある。例えば、信越五岳のうち妙高山の信仰は越後全域と北信地域まで及び、戸隠山の信仰は信濃に続いて越後に講が多く分布する。「間」は信仰圏や、文化圏・生活圏、あるいは経済圏などが関連し総体化した地域的なまとまりといえるだろう。

また「境」は、空間を二分する機能を持つ国境のことであり、古来より自然地形などを活かして引かれてきた。古代には国域を定める役割をもち、近世には明確な国境線となり、それは近代の県境へと引き継がれた。「境」が引かれて二つに分断されたかにみえる「間」は、「境」を内包し続ける一方で、固定化してみえる「境」も「間」の影響を受けて変化することがあった。この地域は「境」と「間」の視点からみると、次のような歴史的事実に注目できよう。

信越は、列島規模では東西の政治・文化の中継地で、かつ南北の結節点である。そのため、北陸を介して近畿地方の文化と中部高地を介して東海地方の文化が信越へ流入し、両者が競合・融合する様相を示してきた。弥生時代中期以降の北陸系土器と信州系土器、古墳時代初頭の前方後円墳と前方後方墳など、出自の異なる様々な要素が混在し、その分布の範囲は時代ごとに多様に展開した。

古代になると、国郡制の施行にともない信越の国域が定まり、八世紀の中頃には越後国府が上越地域に、信濃国府が東信地域に成立したとされる。北方経営の要地として上越地域への律令国家の関与が強まるなか、北信地域との関係には変化が生じた。一方で両地域をつなぐ陸路が東山道の支道として整備されたとみられ、その中間に位置する善光寺は信仰を求心力にして信越を結んだ。

鎌倉時代、上越地域の御家人の中には、北信地域との関わりの深い武士たちが多く存在し、信越国境をまたぎ活躍する武士の姿が見られる。戦国時代、越後春日山城を拠点にした上杉氏は、北信地域を舞台に甲斐武田氏と川中島で戦った。上杉謙信は国境を越えて飯山に城を構え、北信地域への足がかりとし、ついで景勝は武田氏の滅亡を契機に北信地域を分国に組み込んでいった。

江戸時代、松平忠輝の入封から松平光長の改易まで、高田藩領は越後と北信地域を含んでいた。その後、北信地域は高田藩領から離れたが、高田藩はこの地域の女性に対しても、関川関所の通行手形を発行し続けた。この時代、用水や山林資源をめぐる争論に幕府・各藩が介入する中で、線としての国境が確立する。他方で国境をまたぐ人の動きも活発となり、日本海経由の塩をはじめ多様な物資が、北国街道・千国街道・飯山街道を行き交うだけでなく、数多くの脇道をも通って峠を越えた。上越地域の拠点都市高田や糸魚川に信濃への商品を扱う問屋があり、流通全体を掌握した。

戊辰戦争では越後も戦場となり、信越にも緊張が生じた。その後、明治・大正期にかけて、主に長野県側の働きかけで文化圏・経済圏が重なる上越地域との合併運動が起こった。また、明治二六（一八九三）年に全通した信越線は信越と東京との距離感を大きく縮め、昭和初期には県境をこえた観光地開発が進んでいった。これは現在展開する信越観光圏につながり、両県にまたがる妙高戸隠連山国立公園が誕生した。

このような「境」を越えた信越の人々の活動は、「境」を明確にしようとする政治的な動きにどのような影響を与え、それによって「間」がどのように展開していったのか。信越の歴史を「間」という視点で再構成することは、「境」の存在を浮かび上がらせることにもつながっていくだろう。本大会では国境・県境を内包する地域の個性を「境」と「間」の視点から検討し、新たな歴史像を描いてみたい。活発な議論を期待したい。

右の趣意で第六七回妙高大会は準備・開催された。大会成果として本書は「境」を挟む「間」の地域を明らかにするという趣旨の内容の論文で構成しており、書名を『信越国境の歴史像――「間」と「境」の地方史――』とし、構成は〝第一章「間」の特性と「境」〟、〝第二章「境」の形成と「間」〟、〝第三章「境」の画定と「間」〟とした。

地方史研究協議会第六七回（妙高）大会　大会発表関連略年表

※網掛けは主に新潟県側、白抜きは長野県側、あるいは両県に関する出来事を示す

和暦	西暦	信越の主な出来事
	紀元前二世紀	吹上遺跡（上越市）で米作り・玉作りが始まる。北陸で「小松式」土器、北信で「栗林式」土器が盛行する。
	紀元前一世紀	柳沢遺跡（中野市）で青銅器が埋納される。
	一世紀	北信濃で「箱清水式」土器が成立する。
	二世紀後半	斐太遺跡（妙高市）が丘陵部に出現する。
	三世紀前半	斐太遺跡が解体しはじめ、釜蓋遺跡（上越市）が成立する。
	三世紀中頃	観音平古墳群（妙高市）で纒向型前方後円墳が築造される。
	四世紀末	北信で森将軍塚古墳（千曲市）を嚆矢に巨大前方後円墳の築造が始まる。
	五世紀中頃	大室古墳群（長野市）の形成が始まる。
	六世紀中頃	菅原古墳群（上越市）で前方後円墳が築造される。
	七世紀前半	上越の東頸城丘陵で円墳の築造が急増する。
舒明　元	六二九	舒明天皇の代（六二九～六四一）に役小角が小菅山を開山したと伝わる。
大化　三	六四七	渟足柵が設置され、柵戸が徴発される。
大化　四	六四八	磐舟柵が設置され、越と信濃から柵戸が徴発される。
斉明　四	六五八	越国守阿倍比羅夫が船団を率いて日本海を北上する。
天武一四	六八五	七道制が成立する。
持統　五	六九一	持統天皇、使者を送り須波神・水内神をまつる。この頃「科野国」が成立していたことが藤原宮木簡でわかる。
持統　六	六九二	この年までに越国が越前・越中・越後に分割される。
文武　元	六九七	越後の蝦狄に物を賜う（越後国の初見）。
大宝　二	七〇二	越中国四郡（頸城・古志・魚沼・蒲原）を越後国に移管する。
慶雲　二	七〇五	威奈真人大村が越後城司に任命される。
和銅　元	七〇八	裸形上人が妙高山を開山したと伝わる。 越後国に出羽郡が新設される。
和銅　二	七〇九	信濃・甲斐など七カ国の民、陸奥・越後の蝦夷鎮定のため徴発される。
和銅　五	七一二	越後国出羽郡が独立して出羽国となる。越後国の国域が確定する。

養老	五	七二一	信濃国を割いて諏方国を置く。
天平	一三	七四一	この頃、上田盆地に信濃国国分寺・国分尼寺が建立される。諏方国を廃して信濃国に合併する。
天平勝宝	四	七五二	越後国頸城郡・磐船郡、佐渡国賀茂郡・雑太郡の各五〇戸が東大寺の封戸となる。
天平勝宝	五	七五三	東大寺領荘園として越後国石井庄の存在が確認される。
神護景雲	二	七六八	内厩寮の御牧が全国に先駆けて信濃に置かれる。
嘉祥	二	八四九	学問行者が戸隠山を開山したと伝わる。
貞観	五	八六三	越中国・越後国などで大地震が発生する。
貞観	八	八六六	伊奈郡寂光寺・筑摩郡錦織寺・更級郡安養寺・埴科郡屋代寺・佐久郡妙楽寺をいずれも定額寺とする。
仁和	三	八八八	信濃国に大水が発生し、六郡の人家が流没する。このときの洪水砂により更埴条里遺跡などが埋没する。
昌泰	二	八九九	上野国の申請によりはじめて碓氷坂・足柄坂に関を置く。
延長	五	九二七	『延喜式』が完成し、信濃国と越後国の駅馬が記される。
天慶	元	九三八	平将門が平貞盛を追い、小県郡国分寺付近で戦う。
永承	七	一〇五二	東大寺の大法師の兼算が越後国頸城郡石井庄の庄司となる。
康平	二	一〇五九	石井庄の寄人らが庄司良真の解任を東大寺に訴える。
康和	元	一〇九九	越後国ほか北陸道で大地震が起こる。
永暦	元	一一六〇	越後国が摂関家の知行国となる。
仁安	元	一一六六	後白河天皇女御建春門院が越後国の知行国主となる。
治承	四	一一八〇	源義仲が信濃で挙兵する。平家方の笠原頼直が越後の城長茂のもとに逃れる。
養和	元	一一八一	城助職（長茂）が横田河原の戦い（長野市）で源義仲らの軍勢に敗れる。
文治	元	一一八五	越後国が源頼朝の知行国となり、安田義資が越後守となる。
文治	三	一一八七	源頼朝が信濃国善光寺の再興を信濃の御家人らに命じる。
建仁	三	一二〇三	比企能員の乱にともない、小笠原長経・中野能成ら信濃御家人も所領を没収される。北条時政が信濃守護になる。
承元	元	一二〇七	親鸞が越後国五智に流される。
延応	元	一二三九	北条泰時が善光寺に小泉荘室賀郷田地を寄進する。
寛元	四	一二四六	名越朝時が善光寺金堂を建立する。子息の光時が大供養を行う。
建長	三	一二五一	信濃国戸隠山の第三〇代別当寛明死去。この別当の代に一山の衆徒が離山し、中条に移る。

弘長三	一二六三	北条時頼が深田郷一二町を善光寺に寄進する。
文永七	一二七〇	戸隠山宝光院の衆徒が離山し、飯縄山麓の霊山寺に移る。
文永八	一二七一	一遍が北陸から越後国府を経て善光寺に参詣する。
元弘三	一三三三	新田義貞が越後守に任命される。
建武二	一三三五	北条時行が諏訪氏一門とともに挙兵する（中先代の乱）。
延元二 建武四	一三三七	新田方の池氏・風間氏らが越後国頸城郡で足利方と戦う。
延元四 暦応二	一三三九	信濃国は鎌倉公方の管轄下に入る（～四四年）。
興国二 暦応元	一三四一	上杉憲顕が越後南朝勢の城をことごとく打ち落としたと鎌倉に伝える。
正平五 観応元	一三五〇	足利直義が京都を脱出し、諸国に蜂起を呼びかける。北陸・信濃・関東の直義派が一斉に挙兵する（観応の擾乱）。
正平六 観応二	一三五一	四月、信濃国が鎌倉府の管轄下に置かれる。一二月、足利義詮が信濃の管轄を幕府方に移す。
正平二〇 貞治四	一三六五	信濃国が再度鎌倉府の管轄下に置かれる。上杉朝房が旧来から守護であった小笠原長基とともに信濃守護に補任される（二人守護制）。
天授三 永和三	一三七七	信濃国が幕府の管轄下に戻る。
元中元 至徳元	一三八四	管領斯波義将の弟義種が信濃守護に就任する。守護代二宮氏泰を派遣する。
元中四 嘉慶元	一三八七	四月、信濃嘉慶の乱が始まる。村上・小笠原・高梨・島津ら国人が善光寺で挙兵する。七月、旧信濃守護の小笠原長基が蜂起する。九月、斯波義将がみずから信濃守護となる。
応永六	一三九九	幕府が斯波義将の信濃守護を罷免し、小笠原長秀を信濃守護職に任命する。
応永七	一四〇〇	信濃守護小笠原長秀軍と国人一揆軍が更級郡横田・四宮河原で衝突（大塔合戦）。
応永八	一四〇一	幕府、斯波義将を信濃守護に復職させる。
応永九	一四〇二	幕府、信濃を幕府料国として将軍義持の直轄下に置く。
応永三〇	一四二三	この年、越後守護上杉頼方と守護代長尾邦景の抗争が始まる（応永の大乱）。
応永三二	一四二五	幕府が小笠原政康を信濃守護に補任する。幕府の信濃直轄支配が終わる。
宝徳二	一四五〇	越後守護上杉房定が守護代長尾邦景を自害させる。
長禄二	一四五八	「戸隠山顕光寺流記」が成立する。

文明一八	一四八六	京都の常光院堯恵が越後府中より善光寺・戸隠を参詣する。聖護院道興が京都から越後に入る。
延徳三	一四九一	前管領細川政元が越後に滞在する。
明応二	一四九三	小笠原定基が信濃守護の鈴岡政秀・長貞親子を殺害する。
明応六	一四九七	越後守護代長尾能景が春日山に林泉寺を開く。
永正三	一五〇六	長尾能景が一向一揆との戦いの最中、越中般若野で戦死する。
永正四	一五〇七	越後守護上杉房能が守護代長尾為景に攻められ、自害する。為景が守護に上杉定実を擁立する（永正の乱）。
永正七	一五一〇	関東管領上杉顕定が長尾為景らに攻められ、越後国魚沼郡上田荘長森原で討ち死にする。
永正一〇	一五一三	越後守護上杉定実と守護代長尾為景が対立する。島津貞忠ら信濃衆は定実に味方し、高梨澄頼１人が守護代為景と同心する。
大永四	一五二四	長尾為景が信濃の乱を鎮定し、高梨政頼を帰国させる。
享禄三	一五三〇	上条定憲が越後守護の復権を狙い、反長尾為景の兵を挙げる（享禄の乱）。
天文五	一五三六	三分一原（上越市）の戦いで長尾為景が上条定憲を破る。
天文一〇	一五四一	長尾為景が死去する。
天文一七	一五四八	長尾晴景から長尾景虎（後の上杉謙信）に家督が譲られる。
天文一九	一五五〇	七月、武田信玄が信濃府中を攻略し、深志城を築く。 九月、小県郡戸石城で武田軍が村上義清・高梨政頼軍に敗れる。
天文二一	一五五二	関東管領上杉憲政が長尾景虎を頼って越後へ下向する。
天文二二	一五五三	武田軍が村上義清の葛尾城を攻略する。義清が長尾景虎を頼り、景虎軍が北信濃へ出陣する（第一回川中島合戦）。以後一五六四年まで計五回争う。
弘治三	一五五七	戸隠山の衆徒が離山し、越後の石山（関山）に逃れる。
永禄元	一五五八	武田信玄が信濃守護職に補任される。信玄が善光寺を甲府へ移す。
永禄二	一五五九	戸隠山の衆徒が再び離山し、鬼無里ノ小川に逃れる。
永禄四	一五六一	長尾景虎が上杉憲政から山内上杉家の家督と関東管領職を相続する。名を上杉政虎に改める。
永禄一〇	一五六七	浄興寺が上杉謙信の招きにより、信濃国長沼（長野市）から越後国春日山（上越市）に移るという。 上杉謙信が飯山城を普請する。
永禄一一	一五六八	武田信玄が長沼城を再興する。
天正元	一五七三	武田信玄が死去する。
天正六	一五七八	上杉謙信が死去する。上杉景勝が春日山実城に入り、上杉景虎と家督をめぐって争う（御館の乱）。 上杉景勝と武田勝頼が同盟し、飯山以北の上杉分国が勝頼に割譲される。
天正七	一五七九	鮫ヶ尾城（妙高市）で上杉景虎が自害する。

天正一〇	一五八二	武田氏が滅亡する。織田信長が武田旧領の国分けを行い、北信四郡を森長可に与える。本能寺の変後、上杉景勝が北信四郡に進出する。
天正一一	一五八三	上杉景勝が羽柴秀吉と提携する。
文禄三	一五九四	上杉景勝が戸隠山を再興する。川中島の戦いを避けて越後の春日山と信濃の筏が峰（水内郡小川村）に離山していた戸隠山の衆徒が約三〇年ぶりに帰山する。
慶長二	一五九七	この頃に越後国郡絵図が作成される。
慶長三	一五九八	上杉景勝が豊臣秀吉に会津への国替えを命じられる。堀秀治が越前北庄から春日山に入る。 秀吉が甲斐から方広寺に迎えた善光寺如来を信濃へ返す。
慶長五	一六〇〇	徳川家康が森忠政に北信四郡を与え、海津城に入れる。 景勝の軍勢が六十里越から越後に攻め入る（越後一揆の始まり）。
慶長六	一六〇一	家康が信濃善光寺に寺領一〇〇〇石を寄進する。
慶長八	一六〇三	家康が六男松平忠輝に北信四郡を与え、信濃国松代城に入れる。
慶長九	一六〇四	大久保長安が小菅山元隆寺（現小菅神社）に六〇石の寺領を寄進する。
慶長一二	一六〇七	福島城（上越市）が竣工し、堀忠俊が春日山から福島に移る。
慶長一五	一六一〇	幕府が堀忠俊の所領を没収し、松平忠輝を福島城主とする。
慶長一六	一六一一	忠輝家臣六名が信越の宿場に「伝馬宿書出」を発布し、北国街道が成立する。
慶長一七	一六一二	家康が戸隠山顕光寺（現戸隠神社）に神領一〇〇〇石を寄進する。
慶長一九	一六一四	高田城が完成し、忠輝が福島から高田に移る。 高田藩領において大地震が発生する。
慶長二〇	一六一五	この頃、勝願寺（現瑞泉寺）が松平忠輝に招かれて信州水内郡南条村（飯山市）から高田に移転する。
元和二	一六一六	幕府が松平忠輝を改易し、配流する。この前後に関川関所が設置される。 酒井家次が上野高崎から高田へ移される。 松平忠昌が常陸下妻から松代に移される。
元和四	一六一八	酒井忠勝が高田から松代へ、松平忠昌が松代から高田へ移される。
元和八	一六二二	真田信之が上田から松代へ、仙石忠政が小諸から上田へ移される。
寛永元	一六二四	松平忠昌が高田から越前福井へ、松平光長が福井から高田に移される。
寛永一四	一六三七	高田藩が頸城郡大瀁新田の開発を許可する（翌年から開発開始）。
寛文元	一六六一	この年、頸城郡大潟新田の開発が始まる。
寛文五	一六六五	上越地方に大地震が起こる。
寛文一〇	一六七〇	越後国羽倉村（高田藩領）と信濃国森村（飯山藩領）との間で山論が起こる。

延宝　二	一六七四	羽倉村と森村の「信越国境山論（争論）」が幕府によって裁定される。
延宝　四	一六七六	高田町が大火を被る。
延宝　七	一六七九	高田藩御家騒動（越後騒動）が起こる。
天和　元	一六八一	高田藩主松平光長が改易され、四国松山藩にお預けとなる。
貞享　二	一六八五	稲葉正往が小田原から高田へ移される。
元禄　九	一六九六	国絵図の作成が幕府から命じられ、以後、信越国境の確認作業が進められる。
元禄一四	一七〇一	稲葉正通が高田から下総佐倉へ、戸田忠真が佐倉から高田へ移される。 信越国境の村々によって国境争論が本格化する。
元禄一五	一七〇二	幕府から信越国境争論の判決が下り、その後国絵図の作成事業が完了する。
宝永　四	一七〇七	善光寺本堂が完成する（国宝）。
宝永　七	一七一〇	戸田忠真が高田から下野宇都宮へ、松平定重が桑名から高田へ移される。
享保　二	一七一七	本多助芳が越後糸魚川から飯山に移される。
享保　七	一七二二	頸城郡で質地騒動が起こる。
寛保　元	一七四一	松平定賢が高田から奥州白河へ、榊原政永が姫路から高田へ移される。
宝暦　元	一七五一	高田付近を震源とする大地震が起こる。
寛政　五	一七九三	高田藩が領内海岸に遠見番所・大筒台場を築く。
享和　二	一八〇二	高田城が全焼する。
文化　九	一八一二	小林一茶が水内郡柏原村（信濃町）に帰住する。
天保　六	一八三五	頸城郡大潟新田の新堀川再掘削工事が完成する。
弘化　四	一八四七	善光寺地震が起こる。
嘉永　三	一八五〇	佐久間象山が江戸で西洋砲術の教授をはじめ、松代藩士の他に長岡藩士小林虎三郎、長州藩士吉田松陰らが入門する。
元治　元	一八六四	佐久間象山が京都で暗殺される。
慶応　元	一八六五	幕府が高田藩に第二次長州征伐の旗本先鋒を命ずる。 直江津今町で米騒動が起こる。
慶応　二	一八六六	高田藩兵が安芸国小瀬川で長州兵と戦い敗れる。 高田藩が藩校修道館を開設する。
明治　元	一八六八	高田藩領から古屋隊（衝鋒隊）が飯山藩領に侵入し、新政府軍と交戦する（飯山戦争）。信濃及び三河の旧幕府領支配のため伊奈県を置く。 新政府軍が新潟町を占領し、長岡城を攻略する。

明治二	一八六九	信濃各地で世直し一揆が起こる。
明治三	一八七〇	伊奈県を分けて東北信に中野県を置く。
明治四	一八七一	越後・佐渡は、新潟県・柏崎県・相川県の三県体制となる。 信濃は、東北信地方が長野県、中南信地方が筑摩県（飛騨国を含む）となる。
明治六	一八七三	政府が柏崎県を新潟県に合併するよう告示する。
明治八	一八七五	長野県が善光寺大勧進で博覧会を開催する。
明治九	一八七六	政府が相川県を新潟県に合併するよう告示する。 政府が筑摩県を長野県に合併するよう告示する（飛騨は岐阜県に所属）。
明治一〇	一八七七	頸城郡の鈴木昌司・小山宋四郎・八木原繁祉らが明十社（上越市吉川区）を結成する。
明治一一	一八七八	明治天皇が長野県・新潟県の各地を巡幸する。
明治一三	一八八〇	新潟県の浄泉寺（新潟市）で国会開設懇望協議会が開かれる。山際七司らが元老院に国会開設建言書を提出する。 長野県の松本で自由民権結社奨匡社が結成され、代表の松沢求策らが太政官を通じて国会開設請願書を天皇に提出する。 顔戸村（飯山市外様地区）青年会有志が寿自由党（後の北信自由党）を結成する。
明治一四	一八八一	鈴木昌司・八木原繁祉らが頸城三郡自由党を結成する。
明治一五	一八八二	長野県で七道開削事業が始まる。
明治一六	一八八三	頸城自由党員二三名が内乱陰謀の容疑で逮捕される（高田事件）。 長野県で松方デフレにより製糸場の倒産が相次ぐ。
明治一七	一八八四	秩父事件の困民党が佐久郡大日向村に侵入し、野辺山に敗走する。
明治一八	一八八五	直江津に鉄道局出張所が置かれ、直江津〜軽井沢間の鉄道工事が始まる。
明治二一	一八八八	鉄道直江津線の直江津〜軽井沢間が開業する。
明治二三	一八九〇	長野県議会において移庁建議が否決される。
明治二四	一八九一	松本騒擾事件が起こる。
明治二六	一八九三	直江津〜上野間に鉄道（信越線）が開業する。
明治三〇	一八九七	長野町が市制を施行する。
明治三三	一九〇〇	スタンダード社がインターナショナル石油会社を設立し、直江津を本拠に採掘・精製事業を始める。
明治四一	一九〇八	高田町に第一三師団が設置される。
明治四四	一九一一	レルヒ少佐が高田で日本初のスキー指導を行う。 高田町が市制を施行する。

大正二	一九一三	鉄道の富山~直江津間が開通し、北陸線が開業する。
大正四	一九一五	信濃鉄道の松本~信濃大町間が開業する。
大正五	一九一六	頸城鉄道の新黒井~浦川原間が開業する。
大正七	一九一八	長野市で米騒動起こる（須坂、飯山でも発生）。
大正一〇	一九二一	飯山鉄道の豊野~飯山間が開業する。
大正一四	一九二五	軍縮により高田の第一三師団が廃止される。村松の歩兵第三〇連隊が高田に移される。
大正一五	一九二六	長野県で警廃事件起こる。
昭和　二	一九二七	上越地方に大雪に見舞われる。 長野県が大霜害に見舞われる。
昭和　四	一九二九	飯山鉄道が十日町まで延伸開業し、十日町線（十日町~越後川口間）と合わせて、現飯山線が全通する。 大糸南線の信濃大町~中土間が開業する。
昭和　五	一九三〇	新潟県において大豊作により米価が下落する。中頸城郡和田村で小作と地主の対立から乱闘事件が起こる。 公娼廃止意見書が長野県会で可決される。この年、繭価が暴落し、空前の農村恐慌となる。
昭和　八	一九三三	長野商工会議所が信越高原観光開発の一環として官展系画家らを招聘し、風景探勝を実施する。
昭和一〇	一九三五	大糸北線の糸魚川~小滝間が開業する。
昭和一二	一九三七	新発田第一一六連隊、高田第五八連隊が編成される。
昭和一九	一九四四	一一月、松代地下大本営の工事が開始される。
昭和二〇	一九四五	米軍が長野・上田などを空襲する。敗戦により、連合国軍が高田・長野に進駐する。
昭和二四	一九四九	三国山脈・志賀高原・浅間山地域が上信越高原国立公園に指定される。
昭和二五	一九五〇	警察予備隊の高田市駐屯が決定する。 国立信州大学、長野県短期大学が開校する。
昭和二八	一九五三	台風一三号が新潟県に上陸し、魚沼地方を襲う。
昭和二九	一九五四	市町村合併により飯山市、中野市、須坂市が誕生する。
昭和三一	一九五六	妙高・戸隠一帯が上信越高原国立公園に追加指定される。
昭和三二	一九五七	大糸線の中土~小滝間が開業し、松本~糸魚川間が全通する。
昭和三八	一九六三	新潟県内各地が記録的大雪に見舞われる（サンパチ豪雪）。
昭和三九	一九六四	新潟地震が発生する。
昭和四一	一九六六	直江津港が国際貿易港に指定される。

昭和四六	一九七一	高田市と直江津市が合併して上越市が誕生する。 頸城鉄道が廃止される。 長野県が自然保護条例を公布する。
昭和四七	一九七二	連合赤軍による浅間山荘事件が起こる。
昭和五三	一九七八	中頸城郡妙高高原町で大規模地滑りが発生する。 上越教育大学が開学する。
昭和五七	一九八二	上越新幹線の新潟～大宮間が開通する。
昭和六〇	一九八五	関越自動車道が全線開通する。 長野市地附山で地滑りが発生する。
昭和六一	一九八六	西頸城郡能生町柵口で大規模な雪崩が発生する。
昭和六三	一九八八	北陸自動車道（新潟－米原間）が開通する。
平成　六	一九九四	新潟県立看護短大（現県立看護大学）が開学する。 松本サリン事件が発生する。
平成　七	一九九五	上越地方への集中豪雨により、関川、姫川が氾濫する。
平成　九	一九九七	ほくほく線の六日町～犀潟間が開業する。 新幹線の長野～東京間が開業する。
平成一〇	一九九八	長野冬季オリンピックが開催される。
平成一一	一九九九	上信越自動車道が全線開通する。
平成一五	二〇〇三	更埴市、更級郡上山田町、埴科郡戸倉町が合併し、千曲市となる。
平成一七	二〇〇四	新潟県中越地震が発生する。
平成一七	二〇〇五	上越市が市域周辺の一三町村と合併する。 新井市、妙高高原町、妙高村が合併し、妙高市が誕生する。 糸魚川市が能生町、青海町を合併する。
平成一九	二〇〇七	新潟県中越沖地震が発生する。
平成二三	二〇一一	長野県北部地震が発生する。
平成二四	二〇一二	上越市板倉区で大規模な地滑りが発生する。
平成二六	二〇一四	長野県神城断層地震が発生する。御嶽山が噴火する。
平成二七	二〇一五	妙高山・戸隠山周辺が「妙高戸隠連山国立公園」として上信越高原国立公園から分離独立する。 北陸新幹線の長野～金沢間が開業する。 えちごトキめき鉄道が開業する。

第一章　「間」の特性と「境」

国境を越える信仰——妙高山と越後・信濃——

笹本　正治

はじめに

長野県最北端の市である飯山市は新潟県妙高市と接する県境に位置し、前近代でいうなら信濃と越後の国境地域にあたる。ここで取り上げる市内瑞穂小菅は、平成二七（二〇一五）年一月の官報告示により国の重要文化的景観に選定された、現在六〇世帯一五三人が暮らしている風光明媚な小集落である。

小菅にはかつて修験道で有名な小菅山元隆寺があり、廃仏毀釈以後はその後裔である小菅神社が存在することで知られる。集落の入口には仁王門があり、中心部分には講堂、そして集落の最も高い位置に元隆寺の別当寺院だった大聖院の跡が残っている。さらに集落から五〇分ほど上ると小菅神社奥社（もともとは元隆寺の奥院）に到達する。小菅は現在でも宗教集落としての雰囲気が強く感じられる場所である。小菅の景観で印象深いのは、天気のよい日に集落の中心を走る「カイド」（街道）と呼ばれる道路に立って真西を向くと、道路の一直線上に関田山脈を越えて妙高山が目に映ることである。現状の集落はカイドを信仰軸線として、妙高山を拝するように計画的につくられた宗教空間といえる。

小菅の信仰基盤である小菅神社奥社は、内々陣の右端の空間だけ宮殿が置かれずに、甘露池になっている。(1) この池は建物の外側東につながる鼓滝・素麺滝と併せて、小菅信仰の根源が高い山の上から湧き出す水にあったことを示す。しかしながら、小菅山元隆寺の草創由来は特定の宗教者の活動などによって説明され、根源である水には触れない。

また、妙高山を拝する道路を軸線とする現在の集落がどのようにして生み出されたのかも明らかでない。

ところで、観音堂の板壁に書かれた江戸時代を主とする落書からすると、参拝者の居住地は信濃と越後である。信濃では善光寺（長野市）住民が目立つ。これは小菅からの距離と人口の多さが関係しているのだろう。次が善光寺を除く水内郡で、観音堂のある高井郡の西側にあたる。越後については、小菅と最も距離の近い頸城郡の村々が多い。名前が記されている参詣者の居住地は、北端が越後国の高田（新潟県上越市）で、南端が信濃国筑摩郡の松本（松本市）である。明確な年号の記載がある落書は一九箇所で、寛政（一七八九～一八〇一）・文化（一八〇四～一八）年間の落書がそれぞれ四箇所、文政（一八一八～三〇）年間が三箇所、弘化（一八四四～四八）・平成（一九八九～）年間がそれぞれ二箇所、天保（一八三〇～四四）・嘉永（一八四八～五四）・明治（一八六八～一九一二）・昭和（一九二六～八九）年間がそれぞれ一箇所である。年代別に見てみると、寛政から嘉永に至るまでの江戸期には比較的落書が多い。しかし、嘉永を最後に約五〇年後の明治三六年の記載まで、年号を記載した落書は見られなくなる(2)。

小菅集落の入口には、集落の側に文字（文面）が向いた石の道しるべがある。梵字《キリーク》の下に「右いちご道、左ぜん光道、市村甚」と彫られている。文字の状態などからして近世に作られたもので、道標を建てた者の意識では小菅が善光寺と越後の間に位置していたのである。

こうした状況がいつ頃まで遡るか定かでないが、天正七（一五七九）年二月二五日に武田勝頼は小菅より赤沢（新潟県中魚沼郡津南町）の往復のため宿を設けさせた(3)。小菅からは中世の珠洲焼の陶片も多数出土しており、日本海側とのつながりが大きく、小菅信仰との関係は不明ながらも、中世に越後との往来は繁くあったといえる。

現在奥社に存在する祈願のために奉納された旗を見ると、約半数が新潟県の妙高市や上越市の人たちのもので、残りは長野市以北の長野県民による。小菅の信仰は近世から現代にいたるまで、現在の長野市や上越市など小菅を中心とするだいたい五〇kmの同心円内が主体で、最も遠くても一〇〇km圏内であった。小菅が信濃と越後の国境に近いという地理的条件もあるが、国を隔てて双方にわたる信仰圏を持っていることが注目される。一方で小菅の信仰は全国的な広がりに乏しく、地域の霊場としての性格が強い。

そこで、小菅の信仰の特徴などを探ることは、政治的な行政単位である国や県を越えて結びつく、境に位置する信仰の実態解明につながるであろう。

一　小菅の信仰対象となる山

小菅山元隆寺が越後住民の信仰対象になった理由の一つに、集落の中心部から越後の妙高山が望まれるということで、妙高山信仰のつながりを挙げうるだろう。この山は本来「越の中山」と呼ばれていたが、好字令により名香山となり、妙高へと変わっていったとされる。妙高の山名は梵語Sumeruの音写、須弥山のことで、仏教において世界の中心にそびえ立つ高山である。したがって、仏教的な世界観からすると妙高山は仏教徒が仰ぎ見るべき、信仰の対象といえる。実際、小菅信仰の圏内においては、独立峰で特徴的な山容を示す妙高山をだいたいの地域において望むことができる。

妙高山は最初から小菅の信仰対象だったのかを理解するため、信仰を中心にして小菅の歴史を概察しておきたい。なお、古代の小菅については史料がなく、具体的なことはわからない。

小菅山元隆寺の草創由来については、天文一一（一五四二）年八月に「別当并並衆徒中」が作成したという「信濃国高井郡小菅山八所権現并元隆寺由来記」（以下「由来記」とする。ただし現在残るものは原本でない）、慶長五（一六〇〇）年五月に別当大聖院澄舜ほか三七坊から、上杉景勝に上申した原本を元禄元（一六八八）年五月に大聖院住職恵我が書き添え、版刻した「信州高井郡小菅山元隆寺略縁起」（以下「略縁起」とする）との二種が伝わる。[4]多少の異同はあるが基本的な流れは同じで、元隆寺の出発点は次のような内容である。

舒明天皇の代（六二九～六四一）に役小角が、仏法を広めるのに相応の地を求めて来訪した。小菅山の山容と渓谷の美、神木霊草の景地に心うたれ、白雲瑞気を払って登頂すると、すばらしい別天地であった。そこに一人の異人が現れて、「我は飯縄明神で、この地の地主神である。当地には古仏錬行の岩窟があり、諸神集合の地なので、当山を久住の地と決めて心おきなく仏法を弘められよ。我はそれを守護しよう」と言い、忽ち姿を消した。

行者が東嶺の岩窟に籠もって祈誓をこらすと小菅権現が示現し、「我は摩多羅神で馬頭観音の化身である。よろしく仏法の興隆につとめよ」と告げた。行者は小菅権現（摩多羅神・馬頭観音）を主神に祀り、熊野権現以下、戸隠権現などの八所権現を勧請して奉斎した。次に左の岩に不動明王、右の岩に愛染明王を祀った。後に行基が馬頭観音の尊像を彫刻して、加耶吉利堂に奉安させた。小菅権現は摩多羅神といって、天竺霊鷲山の地主で、仏教擁護の尊神である。

延暦年中（七八二～八〇六）、東夷征伐の折、征夷大将軍の坂上田村麻呂が小菅山に参拝し、第五世の壽元に祈願をさせて、八所権現の神威で東夷の叛逆を征服した。感謝した田村麻呂は大同年中（八〇六～一〇）、八所権現の本宮ならびに加耶吉利堂（馬頭観音をまつる堂）を再建し、新たに元隆寺（その別当が大聖院）を興し、金堂・講堂・舞台・三重塔・荒神堂・鐘楼・大門（仁王門）等を整備、里宮・諏訪・飯綱・八幡等の神祠、諸堂・末社数十宇ができた。

衆徒の僧坊は、上院内に一六坊、中院一〇坊、下院一一坊で、三院合わせ三七坊があり、区を分け甍を接し美を尽くしていた。また神職四人・修験四人・神楽座八人がいて、各々に所司があった。

役小角は小菅山の山容と渓谷の美、神木霊草の景地に心うたれ、白雲瑞気を払って登頂したという。ここが聖地になった理由は小菅山の山容、渓谷美、神木霊草によるもので、全く妙高山に触れていないし、以降の史料にも出てこない。縁起では地主神である飯縄明神が姿を現し、役小角の活動を守護すると述べる。彼が岩窟に籠もって祈誓をこらすと小菅権現が示現し、「我は摩多羅神で馬頭観音の化身である」と告げた。後に行基がやってきて馬頭観音像を彫刻して、加耶吉利堂に奉安した。小菅権現は摩多羅神なのである。小菅区が管理している馬頭観音菩薩坐像は平安時代後期（一二世紀後半）の作とされ、[5]伽耶吉利堂に祀られた元隆寺の本尊であった。したがって、平安時代後期までに小菅神社奥社の前身が設けられたことは間違いない。

小菅を開いたとされる役小角は修験道の祖として知られ、近世の元隆寺も修験の基地として有名であった。ちなみに修験者の修行に国境は無く、国を超えて広い範囲にわたって活動した。

縁起でも山容が問題にされるように、小菅の信仰は自然に対する畏敬の念、とりわけ水分信仰から出発し、修験道とつながった。修験道は自然の中に伏すことによって、自然の霊力を人間に取り込もうとする宗教で、厳しい岩山などが修行の場とされる。

永禄九（一五六六）年という「信州高井郡小菅山元隆寺之図」[6]には、小菅の集落域でない万仏岩、十所権現、護摩所、アカノタキ（閼伽の滝）、地獄谷、不動滝が記されている。名称からして、このような名前がつけられている深山幽谷が小菅における修験者の修行範囲だったのであろう。慶長五（一六〇〇）年五月付の「略縁起」には、次のような内容がある。

この峰の東南数十町に峨々たる層を成す岩があり、刃を並べたようである。そこには昔数多の悪鬼がおり、権現がこの山に来た時、各々椿を持って妨げた。権現は持っていた鉾で彼らを降伏させ、この山ならびに神地に椿を植えることを禁じた。鉾が砕けて十体の神として現れ、各々が猛威を振るって悉く悪鬼の輩を伏させ、この峰に鎮座した。その後かたわらに宝殿を造って十所大権現と号し、今に至るまで毎年六月に祭礼を行っている。弘法大師が当山に登った時、この峰を見ると光明があったので行って拝した。すると、満山が皆仏体を現したので、ここを万仏岩という。竜穴があったので、大師はこれを封ずるために、神秘の儀を行った。また、峰の東北数十町に層をなす危ない峰があり、悪神がいて国に妖怪をなしていたが、権現が降伏した。御鎮座岩と呼ばれる権現がしばらく鎮座し、凡人が踏むことのできない奇岩がある。弘法大師はその岩で護摩を行い、滝の水を汲んで閼伽水とした。その滝をあか滝と号した。それから毎月そのかたわらで護摩を修している。以上が当山の結界である。

十所大権現、万仏岩、御鎮座岩、護摩所、閼伽滝が記されており、永禄九（一五六六）年に描かれたという「小菅山元隆寺之図」と対応しているが、ここでも妙高山は姿を現さない。

「由来記」や「略縁起」で注目すべきは、地主神が飯縄明神で、小菅権現は摩多羅神で馬頭観音の化身だとされていることである。飯縄明神は飯縄権現、飯綱権現とも表記される神で、長野市・上水内郡信濃町・飯綱町にまたがる標高一〇一七mの飯縄山に対する山岳信仰から生まれ、室町時代に書かれた「戸隠山顕光寺流記并序」に姿を現す。また、上杉謙信の兜の前立ちが飯縄権現であったのは有名である。

もう一つの神である、「摩多羅」（マタラ）の発音は「斑」につながる。飯山市からよく見え、市を代表する山として、飯山市と信濃町との境にある斑尾山（標高一三八二m）がある。この山の主峰は薬師岳で、伝説によれば泰澄

（六八二〜七六七）が山を開いたと伝わる。彼は養老元（七一七）年霊夢によって白山を開山したといい、役小角とならぶ修験道の開祖とされる。彼は和銅五（七一二）年に越前より越後へ赴く際、五輪山（米山、標高九九三m）麓の大樹の下で仮眠し、「五輪山の西南から斑尾山に至る間で濁水が奔流し、人々は大いに苦しみ、これを防ぐことも出来ない、薬師如来を安置して、崇敬するならば濁水は清流となるであろう」と神の夢告を見た。夢から覚めた泰澄は、一本の香木から二体の薬師如来を刻み、一体を五輪山に、一体を斑尾山に安置したので、濁流は清く澄んだと言い伝えられている（これを行ったのは行基だとも）。主峰名から明らかなように斑尾山も信仰の山なのである。

さて、小菅神社の奥社へ行く途中の展望の開けた場所から眺めると、中心部にくっきりと斑尾山が見え、その左手奥に飯縄山が、右手奥に黒姫山が展開する。位置や距離感からして、斑尾山を飯縄山が守護するかのような景観である。「略縁起」などに見える、地主神が飯縄明神で、摩多羅神（馬頭観音）が出現したというストーリーと、ぴったり合致する風景である。ちなみに、視界の開く方向に妙高山は見えず、南面する奥社からも西に当たる妙高山は影すら見えない。

さらに、現状の小菅の集落より一段階前にあったと思われる、新たに発見された参道南遺構群も妙高山を向いていない。(7) この遺跡の中心をなす道路の軸線を延長するならば、斑尾山・飯縄山の方向に向かうといえよう。

したがって、小菅の信仰軸線は本来妙高山に対するものではなく、縁起などに語られることを前提とすると、斑尾（摩多羅尾）山から飯縄山に向かっていた可能性が高い。

二　信仰軸線の変化

仮に本来の信仰軸線が斑尾山に向かっていた場合、何時から妙高山に向かうようになったかが問題になる。それを知るために小菅の歴史を概観しよう。

正平一〇（一三五五）年、信濃における南朝の勢力回復をねらった宗良親王が桔梗ヶ原（塩尻市）の戦いで敗れた頃、志久見郷（長野県下水内郡栄村）に根拠を置く市河氏は北朝の高梨氏と対立し、正平一一年十月、志久見郷に侵入した高梨氏を破り、小菅要害に退去させた。上杉憲将は部下を率いて信州に入り、小菅の要害を包囲した。市河経高も参陣し、搦め手の大菅口に向かった。小菅の要害は二三日に落ち、小菅寺（小菅権現社）仁位阿闍利、三郎五郎等が討ち死にした。こうした歴史事実から、このころ小菅は戦略的に重要な意味を持ち、小菅寺自体も軍事的に大きな力を持っていたと考えられる。

「由来記」によれば、貞治四（正平二〇年、一三六五）年小菅寺が火災に遭ったので、下水内郡にある尾崎三桜城（飯山市寿）主の泉信濃守氏重が将軍の命を奉じて再建したという。

至徳元（一三八四）年に斯波義種が信濃守護になると、小笠原氏は村上・高梨氏等北信の豪族と連合して、義種に反抗した。小菅一山の衆徒も別当（高梨氏か）を中心に応じたので、守護方の市河氏が別当の改補にあたるなどして、高梨・市河両氏の紛争が続いた。至徳三（一三八六、元中三年）年七月一日、守護代の二宮氏康は小菅別当職の某が守護の命に従わなかったので、市河氏に人を選んで説得するよう命じた。

小菅にある菩提院が所蔵する両界曼荼羅図は本来元隆寺に伝わったもので、中国からの輸入品の絹地を用い、南北朝末に畿内で描かれた優品である。[8]これだけのものを持っていたことは、元隆寺がいかに栄えていたかを示している。

南北朝の内乱がおさまる頃、小菅庄は若王子社（京都市左京区）領として改めて確認され、荒れていた小菅社の復興が企てられた。加耶吉利堂が建てられ、応永一二（一四〇五）年には堂内に着色観音三三身板絵が、近隣土豪の本栖入道・吉田木工尉等の血縁者によって寄進された。

応永二八（一四二一）年一二月二五日、将軍足利義持が代替わりにあたって禅林寺若王子別当職、同社領摂津国兵庫下庄や信濃国小菅ならびに若槻庄（長野市）などを大納言法印忠意へ安堵した。足利義政は応仁元（一四六七）年一二月二二日に代替わりとして、禅林寺僧忠意と同忠雅へ、禅林寺若王子の別当職と六箇所の荘園を与えた(9)。この間の永享二（一四三〇）年より四年にかけて、元隆寺の宮社坊中寺観が再建されたと伝えられる。

小菅神社宝物庫保管の銅鏡三点は、いずれも室町時代のものとされる。小菅からは中世の銭貨も多く発見されている。また、集落から出た懸仏も室町時代に位置づけられる。

集落内からは一三世紀後半から一四、一五世紀の頃のものと推定される珠洲陶器が出土している。大聖院跡の護摩堂北・石段地点からは、一四世紀後半から末期の奈良火鉢、一四世紀後半から一五世紀前半の越前陶器、一四世紀から一五世紀の珠洲陶器などが出ている。能登や越前で製作された陶器が多くもたらされたことは、小菅がいかに繁栄し、越後を含む日本海側とつながっていたかを示している。

永正五（一五〇八）年九月に奥社内の宮殿が建立され、天文一五（一五四六）年八月一五日には桐竹鳳凰文透彫奥社脇立二面が作られた。菩提院の墓地には中世のものと思われる五輪塔や宝篋印塔の残欠が多く見られる。一三世紀から一六世紀にかけて小菅が信仰の場として栄えていたことは疑いない。

元隆寺の繁栄をよく伝えているのが、弘治三（一五五七）年五月十日に長尾景虎（上杉謙信）が元隆寺に出した、次の願文である。

長尾景虎願状案

夫小菅山元隆寺者、在信濃國高井郡、大同紀元草創之、鷲尾中将承詔監之、君臣承累葉之慶、人天浴皇華之恩、顧為其境也、誠不霊区哉、東嶺霜古戴慈悲之雲、西河水浄澆知恵之雨、北有温泉、山岳惟隔、洗群迷於平日、南有郊野、草花交色、喜庶類於今日、甚深之義、精款之誠、永襲霊澤芳、益除凡慮臭、加之、上造立八所之寶社、下結構三十坊之紺宇、香花未嘗止、梵唄常傳声、証明無衍、功徳遍于恒沙、観念不変、利益及于衆生、抑當山造一堂、安置観世音、以為鎮守、近証千手現之金容、遠済三千界之塵数、在今尋古、元隆寺者、遷補陀落峯乎、世異趣同、庶彷彿乎衆妙乎、伏惟、武田晴信世抛甲・信競望振威、干戈無息、越後國平氏小子長尾景虎、去夏以来為高梨等、屢雖設諸葛陣、晴信終不出兵、故不能受鋒戦、依之景虎暫立馬於飯山地、欲散積年之憤、無暇涓吉日取良辰、有意平群凶見升康、明日速赴上郡、為進兵馬、願依當山仏慈、為芟夷逆賊、以義誅不義、猶若決江河漑爝、似朽索之懼奔駕、豈克勝哉、古所謂能除天下憂者、則享天下之楽、誠哉此言也、坂将軍仮法力以劉辺垂、隋高帝建仁祠而変戦場、豈今日之利哉、於昔年又然、嗟呼非揮智剣、何剪稠林、他日請扇仏日之光威、併滅敵國平焔、則諸将群士共濡慈海之無辺、千門万戸須保壽木之不老、然則恭分河中島、爰献一所、永奉寄附之、宜報仏恩而傳不朽、仏誠有霊、仰此祈請、伏以発願、稽首敬白、

弘治三年五月十日　　平景虎敬白(10)

謙信は永禄七（一五六四）年八月一日には更級八幡宮（現武水別神社、長野県千曲市）へ願文を捧げたが、そこでは「今、武田晴信者、貪無体、於他方国捨、剰始戸隠・飯縄・小菅三山、善光寺、其外在々所々坊舎供僧為断絶、寺社領欠落故、御供灯明已下怠転、光塔仏閣伽藍無際限焼却(11)」と記している。

謙信は小菅山を戸隠・飯縄と並べ、善光寺と同等の扱いにしている。同日、越後弥彦神社（新潟県西蒲原郡弥彦村）に捧げた願文にもほぼ同じ文言を書いており、かつて小菅山がいかに栄え、謙信が小菅山元隆寺を高く評価していたかが偲ばれる。

明治三三（一九〇〇）年にできた『信濃宝鑑』は、「永禄四年九月、川中島最後ノ決戦ニ、謙信敗レテ国ニ入ル、甲軍追ウテ小菅ニ至リ、ソノ潜匿アランコトヲ疑ヒ、火ヲ放テ焼ク、為ニ四十八坊七堂伽藍等悉ク灰燼ニ帰シ[12]」とする。小菅の繁栄を伝えているとされる永禄九（一五六六）年付けの「元隆寺之図」によれば、衆徒の僧坊は上之院一六坊、中之院十九坊、下之院一一坊、総括する本坊大聖院およびその末院は一九である。「略縁起」は武田軍によって永禄一〇年に火がかけられたとする。永禄九年絵図の石垣は現状の石垣になっており、形態的に時代にあわない。また、坊名にも疑問が残る。いずれにしろ、地元では川中島合戦の兵火を受けて元隆寺（集落全域）が衰退したと現在まで伝えている。

「若王子領知覚」によれば、永禄一一（一五六八）年には小菅庄・若槻庄からの年貢が届いていない。このころ小菅庄も中央からの支配を脱却していたのであろう。

一方、天正七（一五七九）年二月二五日に武田勝頼が、小菅と赤沢の間の往復の便のため人家を作らせているので、小菅の重要性は維持されており、従来主張されてきた武田氏によって一気に小菅が荒廃させられたとする理解は正しくない。

天正一九（一五九一）年四月付の小菅神社奥社棟札銘写には、「小菅山別当并十八坊　天正十九年卯月日再興之畢大工棟梁　越中国新川郡　小野源之丞」とある。このように、小菅神社奥社は上杉景勝領時代の天正一九年に本殿と宮殿が別当大聖院澄吽、ならびに一八坊が願主となって再興された[13]。

大工棟梁が越中の人なので、小菅は日本海側と深いつながりをもっていた。とすると、時期からして、彼を上杉景勝が起用した可能性がある。

奥社のすぐ下の築根岩の上は尖塔が林立したようになっており、微かなくぼみが多数ある。言い伝えによれば、天正頃（一五七三〜九二）に上杉氏が飯山城を築くにあたり、当所の八所大神に千灯を奉じ、この岩の頭を掘って灯器に代えたという。伝説ではあるが、上杉景勝と元隆寺の関係が暗示される。

上杉謙信の願文や景勝による再建、文禄二（一五九三）年閏九月、越後の金丸与八郎が鉄製鰐口を奉納したことなどからして、小菅は依然として盛んであった。「文禄三年定納員数目録」の書き上げによれば、小菅山料大聖院高橋権太夫の知行高は五八石である。

「略縁起」のもとは、上杉景勝の求めによって慶長五（一六〇〇）年五月に元隆寺の別当大聖院澄舜と四九坊が提出した形をとっている。仮に永禄頃、兵火を浴びて灰燼に帰したとしても、大聖院と多くの坊は復活していたことになる。

参道南遺構群は現在の集落より前に造られた遺跡で、ここが原型になって現状のような景観に変えたと考えられる。この遺跡では遺構に計画性がなく、重要な磐座と思われる石をつなぐような形でテラスが造成されている。現在の集落配置の計画性と比較すれば、自然発生的である。参道南にあった小菅集落から、中央に道路が走り、集落全体が雛壇状に並ぶ地割りへと変貌したとすると、大きな権力によって一気に実施されなければならなかったであろう。ちなみに、江戸時代になってから集落が改変されたとは考えにくく、江戸時代に実施されたのなら残っていていいはずの史料も存在しない。区画している石垣の築造技術も近世以前のもののように思われる。

越後の妙高山を信仰の中心に据え、これに向かう軸線を設定して集落を編成し直しえるとすると、強大な権力を持つ越後関係者であろう。これをなしえそうな権力者としては上杉謙信と景勝がいるが、歴史的流れからすると、景勝の可能性が高い。景勝が小菅を領していた時期は、天正一〇（一五八二）年から慶長三（一五九八）年までで、史料が何も残っていないため、断定できないが、この一七年間に集落の景観が一変させられたのではないだろうか。

もし上杉氏が、集落の軸線を妙高山に向けさせたとすると、なぜこれを行ったのだろうか。謙信にとって戸隠・飯縄・小菅の三山は宗教的、精神的に越後を守るバリヤーのような意義があった。それだけに、この三山に権力を浸透させようとしたであろう。しかし、謙信の時代に水内郡に位置する飯山城は上杉氏が領していても、小菅のある千曲川の対岸に位置する高井郡は武田信玄に押さえられていたため、謙信が集落を移動させたとは考えがたい。

天正六（一五七八）年の御館の乱を契機に飯山城は武田勝頼に譲られた。天正一〇年に織田信長が本能寺の変で亡くなると、上杉景勝は一気に北信濃を領有し、謙信が重視した飯縄・戸隠・小菅の三山を支配下に置くことができた。三山の内、面積や組織、軍事力などからして、最も支配に組み込みやすく、集落景観も動かしやすかったのが、小菅だった。仮に景勝が動かしたとすると、彼は小菅信仰と妙高信仰を合体させ、越後の安寧をはかると共に、自己の権力を示そうとしたと推察される。

越後側では関山宝蔵院が謙信の帰依を受けて七堂伽藍七〇余坊を抱えたといわれ、中世を通じて信仰の対象としての妙高山の意識が大きく高まっていた。小菅集落を妙高山に向けることが出来れば、国を超えて越後の妙高山を信仰対象として大きくアピールしうる。それはそのまま、信濃に対しても上杉氏の権威を上昇させることにもつながった。

上杉景勝は慶長三（一五九八）年一月、豊臣秀吉により会津への移封を命ぜられることになった。元隆寺の別当大聖院も同道し、さらに景勝が米沢に移ると従った。このことは元隆寺と上杉氏が武田氏滅亡後、いかに関係を深くしていたかを物語る。

慶長九（一六〇四）年に大久保石見守長安が小菅神社に六〇石の寺領を寄付したことにより、同社の旧観はようやく恢復した。これにともなって、祭礼にあたり六月四日から一一日まで小菅で馬市を開くようになったと伝えられる。大聖院の当住が会津に移住しても、小菅は聖地としての性格を維持し続け、大聖院も引き継がれていたのである。

小菅は上杉景勝が移封されてから、森忠政領、慶長八年飯山藩領、元和二（一六一六）年岩城氏領、同九年幕府領、寛永一六（一六三九）年飯山藩領、宝永三（一七〇六）年幕府領、正徳元（一七一一）年飯山藩領、享保二（一七一七）年から幕府領と、その領主を次々に替えていった。この間の村高は、「慶長打立帳」で関沢村（飯山市瑞穂）を含むと思われる五四九石余、「正保書上」「元禄郷帳」ともに一六七石余、「天保郷帳」四三五石余、「旧高旧領」四一八石余であった。

大聖院へは、慶長一一（一六〇六）年に飯山城主皆川廣照が社領除地七八石（村高の内）を寄進した。同年六月には廣照と廣泰がそれぞれ絵馬を寄進した。慶安五（一六五二）年五六石余、寺百姓一二戸、正徳五（一七一五）年八五石余、享保七（一七二二）年九八石余、延享五（一七四八）年八六石余だった。

奥社は慶安二（一六四九）年に飯山城主松平忠親の命令で修復された。奥社前にある石燈籠には「延宝九年三月吉祥」と彫られている。貞享四（一六八七）年にも飯山藩主が修復させ、元禄十（一六九七）年六月からは飯山藩主松平忠喬の命令で奥社と講堂の修復がされた。宝永六（一七〇九）年には奥社の屋根の葺き替えがなされた。享保一〇（一七二五）年、宝暦五（一七五五）年にも修復が行われ、文政六（一八二三）年には屋根の葺き替えがあった。

小菅神社の里宮本殿は万治三（一六六〇）年に飯山城主松平忠倶が改修した。大鳥居は寛文元（一六六一）年に建立され、神楽殿は寛保三（一七四三）年に再建された。神輿は宝暦六（一七五六）年にできたものである。

菩提院の本尊仏である大日如来趺坐像は元禄一〇（一六九七）年にでき、現存する講堂は同年に修復された。集落の入口の仁王門もその頃再建されたものであろう。昭和五五年にできた『新編瑞穂村誌』によれば、小菅神社奥社への参道杉並木の切り株の木目を調べると樹齢二三二年を数え、宝永三（一七〇六）年に植樹されたことになると記している。

こうした点からすると、元禄から宝永にかけて、小菅は再び中世の繁栄を取り戻したといえよう。

三　小菅と関山における祭礼の異同

現在の小菅集落は妙高山を信仰の軸線に置くように展開しており、信仰の根拠地が小菅神社である。妙高山を信仰の対象としている地域で名高いのは新潟県妙高市の関山で、その精神的支柱は関山神社にある。そこで、最後に小菅と関山のつながりや異同について触れておきたい。

妙高市観光協会のホームページでは、関山宝蔵院跡が次のように説明されている。

関山宝蔵院は和銅元（七〇八）年に裸行上人が勧請した関山神社の別当寺院早くから神仏習合の形態を取っていたと思われます。妙高山（標高：二四五四ｍ）自体が信仰の対象となる妙高山山岳信仰の中核を成し、関山神社の祭祀を司るだけでなく道場としても機能し多くの修験僧が当寺を利用しました。往時は妙高山を中心に前山（標高：一九三二ｍ）・赤倉山（標高：二一四一ｍ）・三原田山（標高：二三四七ｍ）・神奈山（標高：一九〇九ｍ）・大倉山（標高：二一七一ｍ）・火打山（標高：二四六二ｍ）・不動山（標高：一四三〇ｍ）の八山を支配し関の庄一帯は関山神社、宝蔵院の所領とされ許可が無ければ入山禁止とするなど半ば治外法権のような支配体制を確立していました。鎌倉時代には木曽義仲が戦勝祈願の為、妙高山山頂の持仏の阿弥陀三尊像を当時は山頂にあった妙高堂に奉納し、戦国時代には春日山城の城主上杉謙信の帰依が特に篤かったとされ最盛期には七堂伽藍七〇余坊を抱える大寺院となりました。天正六（一五七八）年謙信の死によって引き起こされた「御館の乱」は上杉景勝と上杉影虎の二人の養子が家督を巡る壮絶な戦いとなり、領内は両陣営に二分して対立した為、上杉家自体が弱体化しその間隙をついて織田信長家臣森長可が越後に侵攻、宝蔵院は関山神社と共に全山焼き討ちとなり多くの堂宇、寺宝、記録などが焼失し衰微します。江戸時代に入ると幕府要人で天台宗の僧南光坊天海の弟子俊海によって再興されると幕府からも寺領一〇〇石が安堵され寺運も隆盛しますが明治時代初頭に発令された神仏分離令により関山宝蔵院は廃されます。堂宇が破却されるなか庫裏だけは明治一一（一八七八）年に東本願寺新井別院に移設し明治天皇北陸巡幸の行在所に改修され現存しています。関山宝蔵院跡地には石段や石庭、住職の墓碑などが残り昭和五五（一九八〇）年に新潟県指定史跡に指定されています。特に庭園は妙高山を借景にした池泉式庭園で御膳清水と呼ばれた霊泉を引き込んで高さ五m程の滝を造り出し、庭園そのものが妙高山の遥拝所として機能しました。文明一〇（一四七八）年、宗祇（室町時代の連歌師）が当寺で連歌会を開いた際、庭園を賛美したと伝えられています。旧関山宝蔵院庭園は平成二五（二〇一三）年に国指定名勝に指定されています。

裸行上人はインド出身の僧で熊野浦に漂着し、那智山で滝にうたれて修行した後、妙高山で阿弥陀三尊の出現を見て、宝蔵院を開いたという。宝蔵院は修験道の道場として知られ、戦国時代には上杉謙信の帰依が特に篤く、最盛期には七堂伽藍七〇余坊を抱えたとされる。

このように小菅の大聖院、関山の宝蔵院はともに修験道の寺として有名であったが、神仏分離令を契機に没落した。[14]現在は小菅神社、関山神社として、柱松が用いられる火祭りで有名である。ちなみに、柱松神事として小菅と関山の南方に当たる戸隠神社の柱松神事も山岳信仰といい、祭りの形態といい、関連性が高い。戸隠の柱松神事は中断されていたが、平成一五年から復活されている。

しかし、現在行われているそれぞれの祭りには大きな差がある。ここでは小菅と関山の差異について確認したい。

明治以前に大聖院が関与していた小菅の火祭り（柱松柴灯神事、祇園祭）は、七月（もとは旧六月）一四・一五日近くの日曜日に小菅神社の夏祭りとして実施される。[15] 祭りの前週の日曜日、周囲約四・五m、高さ約三mの柱松を二基立てる。柱松柴灯神事が行われる前日、祭りの主役となる松神子二人とその関係者は大聖院跡の護摩堂で神事をした後、奥社に参詣して儀式をし、そのまま奥社に宿泊する。同日の夜、講堂前と里宮の社務所前、里宮神楽殿で獅子舞（御幣舞・剣舞・くつくつ舞）が行われる。祭り当日は里宮から講堂近くの御旅所に神輿の渡御があり、その後柱松行事が実施される。午後、立烏帽子・白装束をつけた松神子の行列が猿田彦や天狗などの先導で大聖院跡の護摩堂から講堂前に練り込む。松神子の介添えをする松子と呼ばれる若者が柱松の先端に松榊を立て、準備をする。クネリ山伏が柱松の前で足踏みをし、山婆（松神子の介添役で面をつける）に手を引かれた松神子も同様に反閇を踏む。クネリ山伏が相図の太鼓を打つと、松子が松神子を抱えて柱松の上に押し上げ、先端の真萱に火をつける。この柱松の燃え上りの遅速によって、その年の「天下太平」「五穀豊穣」を占う。

関山神社の例祭も小菅と同じ日に催行される。[16] この祭りで有名なのは仮山伏（山伏姿から）の棒遣いで、日曜日に社殿前、翌日関山集落の横町、小野沢、中町、北沢、駅前寿町で各一回行われる。仮山伏は集落の上、下組から各三人選ばれ、二人ずつ火見、火切り、役抜けの役を務める。仮山伏は、太刀、薙、六尺棒を使うが、すべてを棒遣いと称している。棒遣いは太陽・月光・三叉を太刀・薙・棒の山伏の戦闘用具で現し、古くは関山権現の山伏たちが神前に奉納し、本祭りに信州戸隠神社から山伏を借りたこともあるという。柱松引きは、棒遣い神事後に行われ、境内御手洗池前広場の南北約五〇m離れた所に、「若（柱松）」という薪を積み、代証人（代官ともいう）が社殿の神主から、火つけ道具をもらい、火切りに渡す。火切りは駆けて自分の「若」に火をつける。早く火の手の上がったほうが勝ちで、勝ったほうの集落がその年の大豊作になるという。この後、氏子によって北の定地に「若」を引いて終わる。

双方の祭りの類似性を確認しておこう。祭りの中心装置として二本の「柱松」（若）と呼ばれる火をつけるための装置を作る。柱松を上と下と呼び、どちらが早く火がつくかで年の吉凶を占う点は同じである。これは山伏の験比べと理解されることが多い。この評価にも関わるが、山伏（修験）の存在が大きな意味を持つ。小菅の場合、祭りの指揮を執る松太鼓のことを「くねり山伏」と呼ぶ。関山では祭りの中心をなす若者たちを「仮山伏」と称している。神輿渡御における激しいもみ合いも一緒である。

それでは異なるのはどの点だろうか。まず、柱松の大きさ、主たる材料、飾りなどにおいて形態の差が大きい。小菅では雑木の枝を巻いて巨大な柱松を作り立てるのに対し、関山の柱松は大きくなく、中心をなすのは朴の木である。柱松に火がつくと、小菅では柱松が引き倒され、頂部についていた物を奪い合うが、柱松そのものは見向きもされない。関山では点火が終わってから松引きが盛大になされる。また、関山では奉納相撲が盛大になされるが、小菅にはない。神輿の渡御は小菅では柱松当日だが、関山では柱松の翌日である。

祭りの中心、観客の興味は、小菅では柱松への点灯だが、関山では仮山伏による演武であり、松引きである。演武に類することを小菅では行っていないが、飯山市内の祭りでは長刀などを用いて似たような演武が行われている。

おわりに

本稿で扱ってきた小菅は役小角、関山は裸行が開いたといい、修験道との関わりを主張する。実際、近世に小菅の大聖院、関山の宝蔵院は修験の基地となっていた。修験者に国境は無く、広範囲にわたって活動をする。永禄九（一五六六）年という「小菅山元隆寺之図」では、小菅の集落域でない万仏岩、十所権現、護摩所、アカノタキ、地獄谷、不動滝が記されているが、これは修験者の慶長五（一六〇〇）年五月付の「略縁起」の記載に対応しており、修行範囲だと考えられる。

関山権現別当寺であった宝蔵院で書かれた日記は『妙高山雲上寺宝蔵院日記』として刊行され、関係する本も出版されている。(17)この日記によれば、関山権現の夏期祭礼に際して、享保三（一八〇三）年六月十六日などに「信州二ノ倉村山伏大聖院」が出てくる。二ノ倉村に該当しそうな地名として上水内郡信濃町内の旧仁之倉新田村がある。大聖院と山伏、宝蔵院という格からすると小菅の大聖院の可能性もある。また、寛政一〇（一七九八）年八月一六日には「飯山徳法院」が来ている。これは今も飯山市愛宕町にある天台宗の徳法院である。したがって、飯山と関山の関係は深かったものといえる。また、文政二（一八一九）年六月一六日には「戸隠山衆僧十人」が見える。祭礼に柱松を共有する寺院がこのように、国境を越えてつながっていたのである。

修験者などの宗教者は行政単位である国に関係なく活動する。その修行の場も国境に規定されない深山幽谷である。むしろ、信仰対象となる高山の多くが国境に位置し、境界になるような特別な山だからこそ、人間の力を越えた信仰の対象になっている。

領主は行政単位としての国を越え、より広い領地を得ようとする。上杉謙信にしろ武田信玄にしろ国を意識しながらも、国境を越えて活動をし、領域を拡大した。当然のことながら、領主と共に行動する武士たちも所領拡大によって、国を超えて所領を得ることもあった。

一般民衆は年貢や棟別銭など、徴税のために領主側からすると土地に縛り付けたように見えるが、商人や職人、運送業者などをはじめとして、実質的には地域や国を越えて活動していた。国についての考え方は帰属する身分や職業、居住地などによって大きな差があった。たとえば、一宮など地域における精神的な紐帯によって結ばれた国、地域住民たちによって形成されてきた慣習法としての国法など、長年かけて形成されてきた行政単位としての国とその実質的なまとまりは共通性が高い。しかし、国への帰属意識は国の中心に住むか国境地帯に住むかによっても異なってこよう。国を超えて活動する商人や職人と、比較的活動範囲の狭い農民とでは国に対する意識が違うことも考えられる。

生活空間としての地域的なつながりは、国や県といった行政を超える。名目としての国境や県境があったとしても、隣接する他国や他県の市町村とは、同じ国や同じ県の中の遠くにある市町村より遙かにつながりが深い。たとえば、長野県飯山市にとっては新潟県妙高市・上越市の方が、同じ長野県内であっても南端に位置する売木村や根羽村、天龍村などより、実質的にも、意識的にも結びつきが強い。飯山市と妙高市・上越市では気候もよく似ており、距離的な近さもあって婚姻関係が結ばれており、食文化も、言葉も、家の作りや習俗なども共通性が高いのである。

一方、国境自体も動く。長野県木曽地域の場合で見ると、建保三（一二一五）年三月一二日校了と記された個人所蔵の大般若波羅蜜多経の奥書には「美濃州遠山庄馬籠村」とあり、木曽の馬籠村（現岐阜県中津川市）が美濃に属していたことが明示されている。ところが、至徳二（一三八五）年六月一二日の銘を持つ、木曽町の御嶽神社所蔵の鰐口には「信州木曽黒沢」とあり、木曽が信濃として示されている。一方、永享一一（一四三九）年三月の銘を持つ、大桑村の白山神社の鰐口には「北美州小木曽殿村白山奉寶前」とあり、自分たちの住む場所が北美州（美濃）だとしている。木曽の場合にはこのように中世を通じて信濃と美濃の間で帰属が揺れていたのである。

しかしながら信越国境地帯には、国に対する帰属意識に変化はない。

最後に今後の課題について確認しておきたい。水分信仰は全国津々浦々に存在しており、どこにもある。また、小菅山自体は山容に変化がなく、独立峰でも岩山でもなく、遠くから見て目立つ山でもない。それなのに、小菅はいかにして国をまたがる霊場になることができたのであろうか。そして、地域を越えた信仰を集めるようになったのはいつからなのであろうか。基本的な問題は残ったままである。

本稿で特に取り上げたのは、これまでほとんど知られていなかった参道南遺構群であった。なぜこの遺構は忘れ去られたのであろうか。そのことを考えるためにもこの遺構の実態を解明していく必要がある。古文書などが全く残されていない現状では、精密な測量図の作成から始めなくてはならない。その上で、しっかりと目的を設定し、発掘調査を進めるべきだろう。今後の研究進展に期待したい。

近世に小菅と関山がつながっていたことは知られるが、中世はどうだったのか。実は中世の小菅の実態もまだ解明されていない。

これまで信仰については史料の残りの良い大きな寺院や寺、広い範囲に信仰圏を持つ寺社を中心として研究されてきた。あるいは地域の小さな寺、村の中における寺社の役割に目が向けられてきた。本稿で扱った小菅はその中間に位置する国境を越えた信仰圏を持つ信仰の場である。このレベルの信仰圏を持つ寺社の研究を今後進展させていかねばならない。

註

（1）『重要文化財小菅神社奥社本殿修理工事報告書』（重要文化財小菅神社奥社本殿修理委員会、一九六八年）。

（2）『長野県飯山市小菅総合調査報告書―市内遺跡発掘調査報告　第二巻　調査・研究編―』（飯山市教育委員会、二〇〇五年）三二三頁以下。

（3）『山梨県史資料編』四五二号文書（石井進蔵『色部家・市川家古案集』）。

（4）『長野県飯山市小菅総合調査報告書―市内遺跡発掘調査報告　第二巻　調査・研究編―』五一頁以下。

（5）『長野県飯山市小菅総合調査報告書―市内遺跡発掘調査報告　第二巻　調査・研究編―』三二三頁以下。

（6）『長野県飯山市小菅総合調査報告書―市内遺跡発掘調査報告　第二巻　調査・研究編―』八二頁以下、『文化的景観「小菅の里」』口絵（長野県飯山市教育委員会、二〇一四年）。

(7)『文化的景観「小菅の里」』五八頁。

(8)『長野県飯山市小菅総合調査報告書―市内遺跡発掘調査報告　第二巻　調査・研究編―』三三八頁以下。なお、以下の文化財については同書による。

(9)歴史については、拙著『修験の里を歩く　北信濃小菅』(高志書院、二〇〇九年)、『飯山市史　歴史編上』(飯山市、一九九三年)などを参照していただきたい。

(10)『上杉年譜』所収小菅神社文書、『信濃史料』第一二巻、一六四頁。

(11)『信濃史料』第一二巻、五二四頁。以下、注のない史料は『信濃史料』による。

(12)『信濃宝鑑』中巻(歴史図書社、一九七四年)一七八頁。

(13)『増訂小菅神社誌』(私家版、一九三一年)。

(14)時枝努「妙高山信仰の諸段階」(『山岳修験』第四四号、四五～五七頁、二〇〇九年)。小島正巳・時枝努「妙高外輪山の前山における山岳宗教遺跡」(『長野県考古学誌』第一一〇号、二九～五二頁、二〇〇五年)。

(15)『小菅の柱松―北信濃の柱松行事報告書―』(長野県飯山市教育委員会、二〇〇八年)。

(16)妙高村史編さん委員会編『妙高村史』(妙高村、二〇〇一年)、『関山神社火祭り調査報告書』(仮山伏保存会・妙高市教育委員会、二〇〇六年)、鈴木昭英「関山権現の祭礼と妙高山参り」(『山岳修験』第四四号、一一～四四頁、二〇〇九年)、由谷裕哉「一八世紀における宝蔵院祭礼に関わった宗教者について」(『山岳修験』第四四号、七五～九三頁)、由谷裕哉「一九世紀における妙高山関山権現の夏期祭礼について」(『北陸宗教文化』第二五号、五七～七六頁、二〇一二年)。

(17)『妙高山雲上寺宝蔵院日記』第一巻～第三巻(妙高市教育委員会、二〇〇八～二〇一一年)、『妙高山雲上寺　宝蔵院日記の風景』(妙高市教育委員会、二〇一〇年)。

中近世の戸隠山とその信仰 ――「離山」と配札を手がかりに――

遠藤　公洋

はじめに

長野・新潟県境に位置する戸隠山の信仰は、古代末には成立していたとみられる（宮下 一九九七）。中世から廃仏毀釈までは主に寺院として続き、近世には「戸隠山顕光寺」と呼ばれた。その構成は奥院（本院とも。以下「奥院」に統一）、中院、宝光院の三院と火之御子社からなり、廃仏毀釈後は戸隠神社の奥社・中社・宝光社・火之御子社として今日まで続いている。戸隠連峰の東にあってこれと正対する飯縄山も、開山に関わる信仰の山として戸隠の鎮守とされていた。

戸隠神社には、重要文化財の牙笏や法華経残闕（「戸隠切」）など古い史料が今日まで伝わるものの、中世以前の出土遺物や文献史料は限られており、不明な点が多い。

一　戸隠山の特色と課題

1　戸隠衆徒の「離山」

戸隠山の史料は、近世まで規模の大小を問わず一山から離脱することを「離山」と表現した。このうち、少なくとも三院の一つ以上が関与した大規模なものは四回を数える。長禄二（一四五八）年の奥書がある「戸隠山顕光寺流記」に記された最古の例は、建長三（一二五一）年に死去した別当寛明の代の「三院大衆離山中条居住」である。「中条」は、長野市西部の旧中条村付近とみられる。次いで、文永七（一二七〇）年には、「宝光院大衆離山住霊山寺」とある。霊山寺は飯縄山の支峰霊仙寺山とみられ、東麓の標高九五〇m付近の谷間に長野県史跡に指定された霊仙寺跡が残る。

享保一二（一七二七）年に別当位に就いた乗因が著した「戸隠山神領記」「戸隠山大権現縁起」には、記述に若干の異同があるが、一六世紀後半の二度の離山が記されている。(1) いわゆる「第三回川中島合戦」があった弘治三（一五五七）年二月には、離山して頸城の「石山《せきやま》」に居住、同年六月に帰山している。この戦いでは善光寺が武田氏と敵対したため、善光寺別当と同族の栗田氏（山栗田）がいる戸隠山の衆徒も越後側に移転したのであろう。しかし、永禄二（一五五九）年の離山は、「越寇」が原因とされ、「鬼無里ノ小川」(2) に移転したとされる。その後の動向は不明な点が多いが、文禄三（一五九四）年には戸隠に帰山したとされる。

2 戦国期の「離山」と戸隠信仰の広がり

小川村（現長野県上水郡）とりわけ「筏が峰」での信仰生活については議論が分かれる。その理由は大きく二つあり、ひとつは乗因が残した二点の縁起のうち「戸隠山大権現縁起」にしか「筏が峰」での入峰灌頂が記されておらず、その記述が難解であること、(3) もう一つは、そこでどのようなことが行われたかを解明する史料が他にないことである。

牛山佳幸氏は、祇乗坊眞祐による筏が峰での入峰灌頂の際「戸隠山大権現縁起」が記す、「此時モ三院ノ燈明ハ猶ノコリ居テ」(4) の記述を「三院および燈明役（戸隠山の主体部）」が戸隠に残ったと理解する。また、同氏は、昭和一七年に焼失した久山家文書中の「社頭建立供養事」の記述(5) もあわせ、春日山（越後）に移転した者が大多数であるとする。（牛山二〇一五）。

一方、小川村の筏が峰地籍に残る信仰遺跡を踏査した結果、筆者は遺構の規模、広がりの計画性を重視し、大日方氏をはじめとする在地の動向も勘案して、小川村でも相当数が信仰生活を送ったと考えている（遠藤 二〇一五b）。員数や構成など、この間の戸隠山衆徒のありようは今後の課題だが、両論は、ともに戸隠山衆徒が信濃と越後に分散してこの時期を過ごしたとみる点で一致している。また、行き先に衆徒の「離山」を支える基盤があったとみる点も同様である。この基盤について、牛山氏は寺領の存在等から、筆者は小川村内の遺構の計画性から、それぞれ推定しているが、その解明は、戦国期の顕光寺だけでなく、戸隠信仰自体をより深く理解する上で重要である。

二　戸隠御師と講の研究史

1　信仰の広がりに関する先行研究

戸隠信仰の研究には、昭和四六（一九七一）年に刊行された『戸隠―総合学術調査報告』（以下、『戸隠』）が大きな足跡を残している。この中で、宝月圭吾氏は、近世初頭の戸隠山再興に際し、中院と宝光院の衆徒には朱印地が分与されなかったため、講（もしくは配札檀家）が最大の経営基盤になったと指摘し、それは中世以来の旦那場（霞／以下「旦那場」で統一）が再編されたものであろうとの見通しを示した（宝月 一九七一）。一方、宮田登氏は同書で、その蓋然性を肯定しつつも、近世成立の史料「戸隠霊験談（仮称）」の分析から、越後の紫雲寺潟をはじめとした近世の配札圏の拡大（そして変質）も示唆している。ただし、同氏は民俗学的立場から検討したため、檀家の分布や廻檀順路は詳細に分析しなかった（宮田 一九七一）。

『戸隠』の中で宝月氏は檀家の分布について、「膝元の信濃国内が圧倒的に信者数が多い」と述べた（宝月 一九七一）。この記述には典拠史料が示されなかったが、それ以降もこの見方が踏襲されてきた(6)。檀家の広がりについては、その後も江戸や金沢の大名家中や、伊勢・佐渡の檀家など、身分や場所の特異例が紹介されたが、それらを

	北信		中信			東信			南信	
	善光寺領		松本領		木曽郡	牧野領	岩村田領		高遠領	
	安政5		享保7	享保8	延宝5	元禄16	寛延元	延享4	元禄10	延享元
本山派	0	215	74	58	20	38	12	50	0	0
当山派	0	34	56	54	2	16	2	17	0	6ヶ寺
戸隠派	0	(29ヶ寺) 122	1	1	0	1	0	0	0	0
羽黒派	0		2	2	0	0	0	0	0	0
不明 その他	不明6		富士先達4 行人33	行人28	0	不明3	19	0	不明18 行人18	0

【表1】　信濃国内の修験者の分布
※宮本袈裟雄氏作成の表から抜粋（数字は人数）

旦那場全体の中に位置づける試みは行われなかった。時間軸については井原今朝男氏が宝暦一〇（一七六〇）年の佐久郡片倉村での初穂料進納を戸隠講にかかる地方史料の初見として報告している（井原 二〇一五）。

その後、民俗学の立場で宮本袈裟雄氏は、近世信濃の各藩が作成した修験者の史料を集成し、戸隠派山伏が信濃北部に偏在することを明らかにした（表1／宮本 一九八八）。宮本氏の指摘はあくまで信濃国内での分布に限ったものだが、特に南信（諏訪郡・伊那郡）に戸隠派山伏が皆無であるとの指摘は注目すべきものであった。

また、岩鼻道明氏は、出羽三山の研究を土台に、戸隠からの距離によって信仰の形態が変化（水神〜作神へ）するモデルを提示した（岩鼻 一九九二）。一方、西海賢二氏は、戸隠から一五〇km以上離れた埼玉県入間郡三芳町の雨乞い事例を報告した（西海 二〇一一）。いずれも講の個別事例を検討したものだが、戸隠山側の史料による検証は行われていない。

2　戸隠信仰の史料

ここで少し戸隠山関連史料の保存と公開に触れたい。戸隠に残る史料は、総合調査の際に目録化が試みられ、ガリ版刷りのものが二部作成された（信濃毎日新聞社・戸隠総合学術調査会一九六三、一九六四）。しかし、市販されなかったため多くの人の目には触れなかった。掲載された史料はそれぞれ所有者のもとで保存され、その後の追跡調査等もなかった。長野県史編纂に際し、翻刻されたものがあるが、それも一部にとどまる。[7] このため、戸隠信仰の広がりや構造を具体的に再検討することは久しく行われなかった。

現在、戸隠神社では同社所有のものを手始めに、より良い史料保存と公開に向けた準備が進められており、この先、一次史料に基づく調査研究の進展が期待される。また、『戸隠』編纂段階での目録化自体も史料全体の一部にとどまったとみられ、[8] これまで知られていない史料が掘り起こされる可能性も高い。これをうけ、戸隠信仰の研究も、一次史料からこれまでの歴史像を再検討する必要に迫られている。

3　旦那場検討の意義

とはいえ中世以前については、新史料の掘り起こしはそれほど期待できない。しかし、新たな視点で近世史料を集成・分析すれば、遡って中世戸隠の信仰基盤をうかがい知ることが可能かもしれない。とりわけ、開山以来継承・蓄積されてきた資産は、中世以前に遡って戸隠山の成立基盤を解明する手がかりになろう。

たとえば、天保一二（一八四一）年の「本坊并三院衆徒分限帳」（以下「三院衆徒分限帳」）は、当該期の各院について、朱印高、敷地・建物、檀家[9]「前々より預り」の資産、仏像・仏具・教典、歴代住持、そして「預り」の資産の順に列記している。これらは、記載順に「各院の経営基盤となる資産」「教義や法会に要する資産」「来歴と関連資産」の三種に整理できる。これを、各院家や戸隠神社に伝来する史資料と照合すれば、寺院経営の基盤とその変遷が浮かび上がるだろう。[10]

具体例を挙げると、奥院衆徒の六院に記された「前々から預り」の坊が、まだ「院号」を用いていないばかりか江戸期に存在しない坊である点は興味深い。これらには、檀家や建物の記載はなく敷地として記載されている。そのなかで位置がある程度特定できるものには、常楽院預りの「泉蔵坊屋敷」、常泉院預りの「円林坊屋敷地」、妙観院預りの「瑠璃坊屋敷」、成就院預りの「我乗坊屋敷地」がある。これらは、「成就院之西」など近世の院との相対位置で記されているが、その推定位置には人為的に造成された雛壇状の遺構が現存する（遠藤 二〇一五a）。これらの遺構は現在の奥社参道とは軸線が一致しないことから、近世の院とは異質なものとみられ、永禄期に離山して復帰しなかった坊の痕跡の可能性がある。

「三院衆徒分限帳」の形式では「檀家」の位置は上位で、寺院を支える不可欠な資産としての認識を示す。これまで十分検討されてこなかったが、各院には、これに対応する関連史料があったはずで、それらを集成すれば、各院の特色や来歴を解明することができるであろう。そして、旦那場の広がりや構成を具体的かつ面的に検討することは、中世の「離山」を支えた基盤を読み解く第一歩になるだろう。

三　戸隠山の檀家に関する史料群

1　史料の所在と検討対象

そこで、まず『戸隠』編纂時の目録から講や檀家に関係する史料を探すと、最大の史料群は福岡明男氏所蔵文書（以下、福岡家文書）であった。次に大きなものが越志徳門氏所蔵文書（以下、越志家文書）で、他にも本院衆徒共有文書・大西正雄氏所蔵文書（以下、大西家文書）に少数あることがわかった。これらの史料の再調査を試みたが、福岡家文書はすでに失われたことが判明した。一方、越志家には目録未記載のものも含めて史料が残っており、調査の許しが得られた。

本稿では、ひとまず現在知られる中で最大の越志家文書を中心に、戸隠山の旦那場の様相を具体的に検討する。用

史料番号	史料群	年次	史料名	所属	タイプ	種類	原本	翻刻		戸隠山史料目録番号
								長野県史	その他	
1	越志徳門家文書	1785（天明５）	表題欠（信濃・越後の檀方宿一覧）	広善院	A	書上帳	○	○		6
2	越志徳門家文書	1836（天保７）	北越檀方諸用控（２冊）	広善院	C		○			8
3	越志徳門家文書	1861（文久元）	越後御旦方人名改帳	広善院	B	檀方帳	○			11
4	越志徳門家文書	1867（慶応３）	越後国講中連名帳	広善院	B	檀方帳	○			13
5	越志徳門家文書	年欠	表題欠（越後国旦方四帳之内下之上）	広善院	B	檀方帳	○			−
6	越志徳門家文書	1807（文化４）	当国檀方宿帳	広善院	C		○	○		1
7	越志徳門家文書	1823（文政６）	北山河中嶋上田檀方帳	広善院	B	檀方帳	○			3
8	越志徳門家文書	1827（文政 10）	従北山吉田迄御祈祷檀家顕名記	広善院	B	檀方帳	○			5 か
9	越志徳門家文書	1829（文政 12）	上田河中嶋御祈祷顕名帳	広善院	B	檀方帳	○			4
10	越志徳門家文書	1827（文政 10）	松本領檀方控	薬師院	B	檀方帳	○			14
11	越志徳門家文書	1834（天保 5）	午年冬松本御領諸事控	薬師院	B	檀方帳		○		9
12	奥院衆徒共有文書	1745（延享 2）	祈願檀方帳・本院寺内間数并かや場間数 安住院	安住院	A	書上帳	○			748
13	奥院衆徒共有文書	1745（延享 2）	祈願檀方帳・本院寺内間数并かや場間数 妙智院	妙智院	A	書上帳	○		○	749
14	大西正雄家文書	1780（安永９）	静教院 檀方帳	静教院	A	書上帳		○		−

【表 2】本稿で検討した戸隠の廻檀関係史料

いた檀家関係史料は（表2）の通りで、五つの院（後述）について檀家の全容又は一部がつかめる史料（一部翻刻）が現存する。

2　越志家文書の構成と他家の檀家史料

越志家の檀家関係史料は、二種に大別される（表2のタイプ欄）。ひとつは、檀家がある村（以下「檀家村落」）と宿を檀家数とともに書き上げ、本坊に提出した縦帳（以下、「書上帳」。A型）である。もう一つは、配札順に村と宿、配札軒数に加えて一部檀家を書き上げ、加除の痕跡がある横帳や横半帳（以下、「檀方帳」。B型」）である。[11] 他にB型に良く似るが配札軒数などの記載が区々で、代わりに宿への依頼内容や出納等が細かく記されたもの（C型）もある。これはB型を補完し、講の運用や維持管理に関連するものである。[12]

書上帳は、広善院の檀家村落を国と地域ごとに列挙し、全体を把握しやすい。一方、檀方帳は、旦那場の範囲など本質的内容は書上帳と一致するが、配列が異

	年次	信濃	越後	上野	武蔵	江戸	金沢	計	天保12(1841)年三院衆徒分限帳の檀家数
広善院(史1)	天明5(1785)	672 72村	1305 81村					1977 信濃 34%	2000
静教院(史14)	安永9(1780)	505 37村		886 29村		45 26ヶ所		1436 信濃 35%	500 (雪舟一件後)
安住院(史12)	延享2(1745)	0	170 25村			2	22	194 信濃0%	450
妙智院(史13)	延享2(1745)	8 4村		2	183 10村			193 信濃4%	600

【表3】各院の檀家書上帳にみえる檀家数と広がり（上段の数字は軒数）

なる。両者はともに檀家を記録した簿冊だが、構成原理が異なるものであろう。ただしB型の「松本領檀方控」（史10。以下、（表2）中の史料番号をこのように略記）と書上帳（史1）とは、配列ばかりか内容に全く整合性がなく、その性格が問題となった。

原本がある「松本領檀方控」に加え、長野県史に翻刻された史料に、ほぼ同様の檀家が記された「午年冬松本御領諸事控」（史11。長野県史刊行会一九八二）がある。両者は同じ地域を対象とした年次の異なる檀方帳で、後者の表紙の記載から、これらは広善院が預かる薬師院の檀方帳ではないかと推定された。この帳面の終点である稲荷山（現長野県千曲市）付近について、広善院の檀方帳を参照すると、稲荷山を構成する各町や隣接する村だけに、「薬師院分」「広善院分」の但し書きがあることがわかった。稲荷山は両院の廻檀順路が交差する地で、それぞれの檀家を区別するため、あえて「他院」の檀家も記載したのであろう。

こうして「松本領檀方控」と「午年冬松本御領諸事控」が薬師院の檀方帳であることが確定した。同時に、越志家には広善院と薬師院の檀方帳がともに残るが、両院の檀家経営はあくまで別に行われていたことも判明した。これらが広善院の書上帳（史1）とかみ合わないのは、薬師院分について本坊に届け出る書上帳が別に作成されたからであろう。

「三院衆徒分限帳」（天保一二年）で二〇〇〇軒とされる広善院の檀家は、天明五（一七八五）年の書上帳（史1）でも一九七七軒であり、本坊が関与する山内公式の数としてほぼ整合する（表3）。一方、檀方帳は、年次による多少の揺らぎがあっても、檀方帳同士ではほぼ整合するが、その檀家数を合計すると「三院衆徒分限帳」より一〇〇〇軒以上多くなる。これは、公式文書の書上帳と内実を反映した檀方帳とに差異（檀方帳の方が多い）があったとみるべきであろう(13)。また、薬師院の配札檀家は「三院衆徒分限帳」では九〇〇軒だが、文政一〇（一八二七）年の「松本領檀方控」（史10）に記されたものは二二三軒にとどまる。このことから、現存の檀方帳で薬師院の旦那場全体を検討することはできないものとみられる。

以上から、越志家の檀家関連史料には、広善院と薬師院の二院の史料があることが分かった。このうち広善院の史料は、全体として整合性がある書上帳と檀方帳の二種を備えているため、これらを検討すれば同院の旦那場の全体像をとらえ得ることが判明した。

広善院の史料群で判明した史料の形式を踏まえて他院の史料をみると、ともに延享二（一七四五）年の「安住院　祈願檀方帳」「妙智院　祈願檀方帳」（史12・13）は書上帳にあたる縦帳であった(14)。安永九（一七八〇）年の「静教院檀方帳」（史14）は翻刻でしか確認できなかったが、内容はやはり書上帳である。

ただし、これらは、檀家数が「三院衆徒分限帳」と大きく異なる（表3）。奥院所属の安住院、妙智院のものはやや史料成立が早く、近世初めには檀家が少なかったと推定されている奥院衆徒の動向を反映している可能性がある。また、静教院の書上帳は広善院とほぼ同時期だが、史料成立直後にいわゆる「雪舟《そり》一件(15)」で処分され、松寿院預りとなったことが「三院衆徒分限帳」との食い違いの原因とみられる。これにより、檀家数の経年変化を追えば、講の広がりや構造の変化が解明できることも見通せた。

四 戸隠御師の「旦那場」の実像

1 広善院（越志家）の旦那場

① 廻檀ルートの構成

広善院の廻檀順路は、大まかに越後の西頸城を反時計回りに廻って信濃の北安曇に戻るもの（以下、「越後ルート」。史2・3・4・5）と、長野市の川中島付近を仲立ちに「北山」（現長野県上水内郡信濃町・飯綱町）から上田市の範囲を廻るもの（以下、「信濃」ルート）（史6・7）の二種がある。信濃ルートはさらに、「北山〜吉田」（史8）と「川中島〜上田」（史9）に分けて記録された例もある。

越後ルートは、起点が「野尻」（現長野県上水内郡信濃町）で、一応の終点は「立の間」（現長野県北安曇郡白馬村）である。三点の同じルートの檀方帳等のうち、「立の間」の後、大町市北部に足を伸ばす形が確認できたものが二点ある。しかし、いずれの檀方帳でも「立の間」は、大半の荷を戸隠に送り返す結節点の役割を果たしている。ここの「妙覚院」は、文政一〇（一八二七）年の補任史料（長野県史刊行会 一九八二、二一五二号）から広善院弟子の山伏と判明するので、越後ルートの最後の拠点と判断した。「越後」と題した檀方帳に国境から三〇㎞も南の木崎湖周辺までが組み込まれている点は留意すべきである。

② 廻檀ルートから見た書上帳と檀方帳

宮田登氏は、『戸隠』の中で広善院の越後ルートを「上水内郡小川村を通り西へ北安曇郡を北上して越後国にはいり、中頸城郡から糸魚川筋にはいるコース」と述べた（宮田 一九七一）。これは明らかに旅程の合理性に欠け、書上帳（史1）に基づく見解とみられる。書上帳は、檀家のいる村を国単位・地域単位でまとめ、信濃国を先に記載して

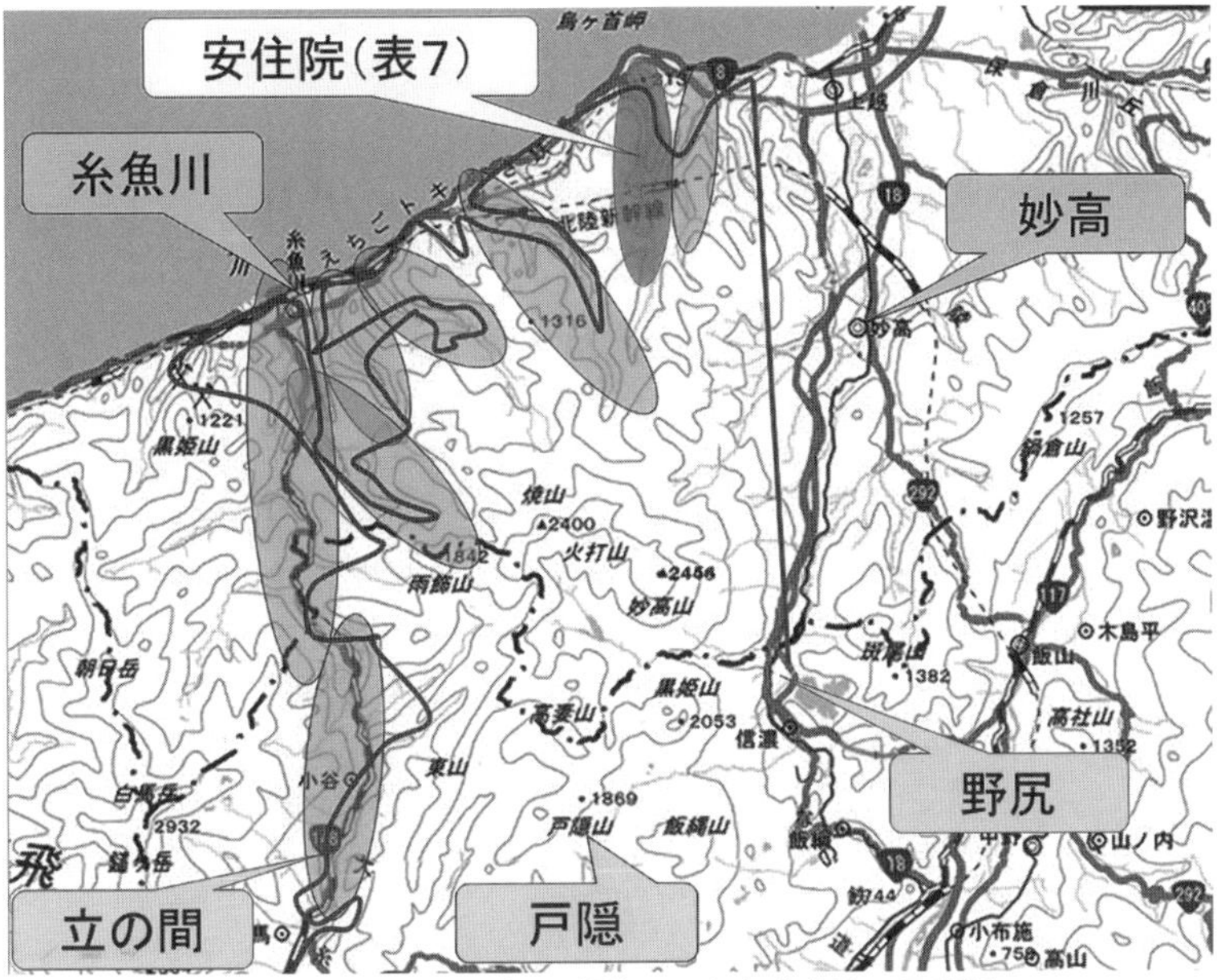

【図１】広善院旦那場の越後ルートと安住院の旦那場
広善院の旦那場は書上帳の形で谷ごとに網かけ表示。野尻から直線的に海辺に出て屈曲する太線は、文久元年の壇方帳（史３）の順路。濃い網掛けは安住院の旦那場。（ベースマップは「地理院地図」を使用）

いる（表4）。このため、「越後ルート」の冒頭（野尻）と末尾（横川～土路立）の村が、信濃の部の最後にまとめられてしまっている（表4の39～72）。実際の越後ルートは、檀方帳等（史2～4）の先々への荷物輸送の記述から、全て野尻からの反時計回りで、檀方帳の記載順通りと判明する（表5：55頁参照）。

では、どうして書上帳と檀方帳とで記載順が異なるのだろうか。書上帳は、越後国内の檀家を谷ごと（桑取、能生、早川、西海、根知、今井の順）に整理して記載している。山地に発した短い川が直線的に海に向かうため、西頸城では信濃側の山地から海に向かって櫛の歯のように尾根が伸びる。書上帳の記載は、この地形に従った整理（水系単位）である。しかし、檀方帳のルートは通行が容易な場所で尾根を横切り、いちいち海岸に戻ることなく複数の谷を結ぶ構成になっている（表4・5（54～55頁参照、図1）。

これは、山内各院の旦那場の調整にあたる本坊と、毎年檀家に足を運ぶ御師の、それぞれの必要性から生

連番	国	地域	村名	檀家数（宿含む）	「庄屋付」	備考
1	信濃	（信濃ルートの村々）	北川村	5		
2			高山	8		
3			稲付	1		軒数記載なし
4			石橋	3		
5			芋川	20		
6			不光寺（普光寺）	1		軒数記載なし
7			倉井	11		
8			加坂（風坂か）	4		
9			釜渕	10		
10			川谷	38		
11			永江	13		
12			足又	11		
13			柳久保	9		
14			堀越	1		軒数記載なし
15			大倉	111	○	
16			加城（神代）	1		軒数記載なし
17			赤沼	10		
18			北石	1		軒数記載なし
19			吉	12		
20			田子	7		
21			方田	6		
22			稲荷山	5		
23			小生塚	11		
24			上田新町	1		軒数記載なし
25			上田時田町（常田）	1		軒数記載なし
26			新井在家	7		
27			伊勢山	2		
28			新屋	5		
29			野竹	15		
30			笹井	2		
31			秋和	5		
32			留之宮（雨宮？）	19		
33			清野越	1		軒数記載なし
34			西寺尾	2		
35			戸部	12		
36			藤牧	3		
37			中氷鉋	3		
38			市	20		
39		（信濃国内の越後ルートの村々）	野尻	6		宿1と庄屋連名
40			横川	12		
41			李平	7		
42			尾編（大網）	1		軒数記載なし
43			陽原（阿原か）	4		
44			外沢	2		
45			田和	1		軒数記載なし
46			奉納	20		
47			上平	3		
48			大久保	8		
49			宮本	3		
50			井堀（伊折）	5		
51			千国	1		軒数記載なし
52			新田	10		
53			塩島	20		
54			青鬼	15		
55			野平	20		
56			大出	1		軒数記載なし
57			飯田	12		
58			田頭	1		軒数記載なし
59			沢渡	12		
60			崩沢	2		
61			海口一津	19		
62			海口南平	9		
63			森	3		
64			仁科	13		大澤寺「門前12軒」
65			木崎	10		
66			大町	9		
67			上一本木	8		
68			下一本木	9		
69			新行	20		
70			二重村のうち関屋	5		
71			向	1		軒数記載なし
72			土路立（泥立）	3		宿3軒（明松寺含む）
73	越後	桑取谷	長濱	1		軒数記載なし
74			高住	20		
75			下津名古（下綱子）	2		
76			山寺	6		
77			小池	40		
78			横山	22		
79			吉尾	23		
80			丸田	1		軒数記載なし 安住院と入会
81			名立	8		
82		能生谷	能性町（能生町）	22		
83			柱道	40		
84			中之口	30	○	
85			川詰	30	○	
86			溝野（溝尾）	5		
87			須川	30	○	
88			下倉	40		
89			崩	8		
90			田麦平	5		
91			横道	1		軒数記載なし
92			柵口	6		
93			平	1		軒数記載なし
94			小見	4		
95			桂	42		
96			中宿	35		
97			中濱	9		
98			間秋（間脇）	1		軒数記載なし
99		早川谷	城貝（東海か）	18		
100			谷内山	6		
101			大越	8		
102			下谷根	10		
103			中谷根	31		
104			高谷根	23		
105			下出	5		
106			上出	1		軒数記載なし
107			日光寺	7		宿が日光寺
108			新町	20		
109			坪根	1		軒数記載なし
110			岡	2		
111			鋸屋敷（梶屋敷）	4		
112			田伏	9		
113		西海谷	大和川	1		軒数記載なし
114			真光寺	20		
115			下坂之沢	5		
116			水保村北山	19		
117			井沢	2		
118			中条	5		
119			堂平（道平）	11		
120			牧（真木）	5		
121			粟蔵（粟倉）	23		
122			来海沢	38		
123			余山	12	○	
124			川久保	7		
125			市野之（市野々）	17		
126		根知谷	御膳山（御前山）	31		宿が「万阿弥」
127			岩野	47		
128			梨子木（梨ノ木）	1		軒数記載なし
129			上沢	25	○	
130			山寺	26		
131			鋸山（梶山）	30		
132			横江	10		
133			上え山	4		
134			稲場	9		
135			杦之当（杉之当）	4		
136			吉尾	2		
137			西山	10		
138			上保	24		
139			和泉	28		
140			栗山	24	○	
141			根小屋	62	○	
142			仁王堂	25		
143			大野	120		
144			糸魚川町	27		
145			片町内三ツ屋	5		
146			年大寺	1		軒数記載なし
147			青海	12		
148			寺地	1		軒数記載なし
149			迷岩	1		軒数記載なし
150			大沢	8		
151		今井谷	大谷知	2		
152			大久保	23		
153			白池	1		軒数記載なし

	軒数	村数
総計	1977	153
信州計	672	72
越後計	1305	81
越後にある檀家の割合	66%	

【表4】広善院の檀家書上帳
（史1／天明5年）の内容
※軒数の記載がない村の「檀家数」は宿の数に等しい。

連番	村名	配札軒数	配札範囲	「庄屋付」	備考
1	野尻	6			ここは信濃国内
2	長濱	2			ここから越後国内
3	高住	26		○	
4	山寺	11			
5	尾池	37	不残		
6	横山	30		○	
7	吉尾	42	不残		
8	名立	9			
9	小泊り	3			安住院と入会
10	能生宿	25			
11	鷲尾	17			
12	柱道	50	不残		
13	指塩	1			
14	中之口	38	不残		
15	下倉	54			
16	川詰	50	不残		
17	須川	23			
18	崩	8			
19	田麦平	9			
20	飛山	27			安住院と入会か
21	柵口	8			
22	横道	14			
23	溝尾	9			
24	槙	1			
25	藤後	3			
26	大沢	3			
27	森本	2			
28	上ハ平（平か）	1			
29	小見	30			
30	桂	47			庄屋記名あるが宿ではない
31	山木浦	11			
32	濱木之浦	2			
33	山木浦村中尾	10			
34	浦本村中宿	29			
35	中濱	5			
36	かじやしき町（梶屋敷町）	8			
37	田伏	12			
38	大和川	2			
39	竹花（竹ヶ花）	1			
40	境（坂井）	5			
41	平氏（平牛）	60			薬 60 ばかり
42	城貝（東海か）	16			
43	ヤチ山（谷内か）	6			
44	大越	8			
45	下谷根	3			
46	中谷根	36			
47	高谷根	50	不残		
48	下出	15			
49	上出	14			
50	瀧川原	15			他は一向宗との注記
51	日光寺	12			
52	甲川谷荒町（早川谷新町）	17			
53	堀切	1			
54	岡	3			
55	四ツ屋	2			
56	上角	8			
57	真光寺	38			
58	坂之沢	5			
59	水保	50			
60	井沢	4			
61	田中	1			
62	中条	10			
63	道平	13			庄屋記名あるが宿ではない
64	まき（真木）	6			
65	あハ倉（粟倉）	49			
66	来海沢	36			1名に「古宿」の記載
67	余山	12		○	
68	河久保（川久保）	7			
69	市野々	23			
70	御膳山（御前山）	10	不残	○	「村中不残配札」だが人数未記載。宿と檀家の記名が計 10 名分。
71	梨子木（梨ノ木）	11			
72	上野	70	不残		
73	上沢	25	不残		村名の下に「庄屋」の記載
74	山寺	29			
75	鋸山（梶山）	50	不残		
76	横江	9		○	「稲葉」「上町家」を含む三ヶ村の札を庄屋に託す
77	稲場	14			
78	上町屋	2			
79	上ヱ山	4			
80	杁之当（杉之当）	5			
81	余所	2			
82	下余所	3			
83	蒲池	17			
84	城方	22	不残		
85	和泉	8		○	
86	大工屋敷	25			
87	栗山	50		○	
88	根小屋	80		○	
89	中村	50			
90	仁王堂	20			
91	大野	250			
92	新舟	2			
93	下	5			
94	水崎	1			
95	上苅	1			
96	片町	5			
97	蓮台寺	5			
98	一ノ宮	1			
99	糸魚川御屋敷	1			「松平日向守」
100	糸魚川町	35			横町・鉄砲町・新田町・田町 七間町・大町・寺町・濱町・荒や町
101	寺地	6			
102	青海	41			
103	大沢	12			
104	中谷知（中谷内）	1			
105	大谷知（大谷内）	6			
106	大久保	24	不残		ここまで越後国内
107	横川	13	不残		ここから信濃国内
108	大網	2			
109	湯原	3			
110	李平	8			
111	深原	6			
112	外沢	4			
113	田和	1			
114	中屋敷	7	不残		配札軒数は記名分のみ
115	半之木平	5	不残		配札軒数は記名分のみ
116	中半坂	4			
117	奉納	31			
118	神平	6			
119	大久保	7			宮本と「宿」の役割を按分
120	宮本	3			大久保と「宿」の役割を按分
121	井堀	5			
122	千国	2			
123	立眼（立の間）	1			「妙覚院」は広善院弟子 荷物を戸隠に送る
124	新田	10			
125	塩島	30			
126	青鬼	11			
127	野平	29	不残		
128	大出	2			
129	飯田村北原	5			
130	飯田	12			
131	田頭	18			
132	枕名	2			
133	北屋知	1			
134	澤土（沢渡）	19			
135	崩沢	2			
136	海口南平	13			
137	海口一津	28			
138	森	4			宿は４軒で輪番制
139	駒沢	14			この村は大澤寺領。大澤寺も筆頭に記される
140	木崎	11			
141	新行				村名のみで内容記載無し

【表 5】広善院の越後廻檀ルート
（史 3 ／文久元年による）
※集計の方法は、註（16）を参照のこと。

じた差異であろう。旦那場の実情を細かく反映するのは檀方帳だが、その院の檀家の全体像や一山の構成をみる上では書上帳が重要になる。

③「越後」と「信濃」の旦那場の性格

試みに比較的年次が近い「越後御旦方人名改帳」（史3）と「北山河中嶋上田檀方帳」（史7）の檀家数を合算すると、総数は三三五四軒となる（表6）。このうち信濃国内の檀家は一二六四軒で、全体の約38％にすぎない。「表題欠の書上」（史1）でも檀家総数は一九七七軒で、信濃国内の檀家は六七二軒、約三四％なので（表3・4・6）、広善院の檀家の六割以上が越後国内にいることは間違いない。[16]

空間的な広がりをみるため、地図上で廻檀ルートを復元すると、越後ルートに編制された村々（信濃の村を含む）と信濃ルートの村々の間には、その分布に違いがあることがわかった。越後ルートでは、檀家村落が互いに隣接もしくは順路上に連続的に並ぶ「高密度地域」が面的（大陸状）に広がる。これに対し、信濃ルートでは「高密度地域」が小さく（島状）、それらの間を飛び石状の檀家村落がつないでいる。

檀家村落の粗密との関連をみるため「表題欠の書上」「越後御旦方人名改帳」「越後国講中連名帳」および、「北山河中嶋上田檀方帳」から一村あたりの檀家数を算出した。機械的に国ごとに集計すると越後が約一六軒～二〇軒なのに対し、信濃が約六～一三軒と少ない（表6）。同じ越後ルートの檀方帳の中でも国による顕著な差が出るので、地形等にもとづく村落規模の影響が強く出た可能性がある。福江充氏は、立山信仰の尾張と信濃の旦那場を比較して「面的でない」旦那場の存在を指摘した（福江二〇〇二a）が、この例では「空間的には小さな密集地もあるが、村ごとの檀家数が少ない」のが信濃国内の広善院旦那場の特色だと言えよう。[17]

次いで、檀方帳から村中に配札したとみられる村の割合を試算すると、越後では約一一～三三％なのに対し、信濃

史料		表題欠（史 1）	越後御旦方人名改帳（史 3）			越後国講中連名帳（史 4）	北山河中嶋上田檀方帳（史 7）	松本領檀方控（史 10）
			全体	「立の間」以北のみ	「立の間」より南のみ	「立の間」以北のみ		
年次		天明 5 年（1785）	文久元年（1861）			慶応 3 年（1867）	文政 6 年（1823）	文政 10 年（1827）
信濃	檀家村落数	72	36	18	18	19	70	58
	檀家数	672	325	114	211	118	939	224
	「庄屋付」の村数	1	0	0	0	0	1	0
	残らず配札した村数	データなし	4	3	1	3	1	2
	一村あたりの檀家数	9.33	9.03	6.33	11.72	6.21	13.41	3.86
	残らず配札した村の率	不明	11.11	16.67	5.56	15.79	1.43	3.45
	「庄屋付」の率	1.39	0.00	0.00	0.00	0.00	1.43	0.00
越後	檀家村落数	81	105			98		
	檀家数	1305	2090			1991		
	「庄屋付」の村数	7	8			8		
	残らず配札した村数	データなし	12			32		
	一村あたりの檀家数	16.11	19.90			20.32		
	残らず配札した村の率	不明	11.43			32.65		
	「庄屋付」の率	8.64	7.62			8.16		

【表 6】広善院の廻檀ルートの性格

では約二%〜一六%である（表6）。よく見ると、信濃国内の数値が檀方帳によって一〇倍ほども違うことに気づく。信濃国内でありながら越後ルートに編制される北安曇では、村中に配札する村の率が、「越後御旦方人名改帳」（史3）で約一一%（「立の間」以北に限れば約一七%）、「越後国講中連名帳」（史4。記載が「立の間」以北のみ）では約一六%である（表6）。これらの数値は、信濃の他地域よりずっと越後国内に近い。

一方、信濃ルートにあたる文政一〇（一八二七）年の「従北山吉田迄 御祈祷檀家顕名記」（史8）と文政一二（一八二九）年の「上田河中嶋御祈祷顕名帳」（史9）を確認しても、村中に配札しているのは白山村だけである。(18) 村中に配札する村が二%に満たない「北山河中嶋上田檀方帳」（史7）の状況（表6）は、信濃ルートのあり方を正しく反映しているのである。

じつは、広善院には書上帳にも檀方帳にも「庄屋付」と記された村がある（表4・5）。書上帳では宿の名の位置に「庄屋付」と記され、御師の宿泊や配札に関与したとみられる。ただし、檀方帳には庄屋方が宿でも「庄屋付」と記さない例もあり、あえて「庄屋付」と記す意図はまだわからない。(19) この記載がある村も、おそらく御師との結びつきの強い村とみて良いだろうが、これも明らかに越後ルートに偏在する（表4・5・6）。村中に配札する率や庄屋との結びつきは、直接は村落規模の影響を受けないので、その高低は旦那場の性格とみて良い。越後ルートに編制された安曇郡北部の檀家村落は、村内への信仰の浸透度（もしくは戸隠との結びつき）が高く、越後国内の様相に似ている。一村あたりの檀家数自体は多くない（信濃的な）北安曇の旦那場のあり方が越後に似るのは、そのような性格の旦那場として意図的に編制された結果ではないだろうか。

2　複数の院の旦那場から浮かび上がる特色

①「国外」にある相当数の檀家

広善院のデータを他院と比較してみたい。書上帳の檀家数は「公称」であり、村中に配札した村なども把握できないが、檀方帳のような加除修正がないので当該期の檀家数を一元的に把握できる利点がある。これをみると、広善院を含む四院は、いずれも信濃国外に三分の二以上の檀家を有することがわかる（表3）。広善院と静教院は、一七八〇年代に檀家のほぼ三分の二が国外にある非常に似通った構成といえる。[20]また、ともに奥院に所属する安住院と妙智院は、延享二（一七四五）年には信濃国内にほとんど檀家がない。[21]少なくともこれら四院の旦那場は、「信濃国内が圧倒的」という『戸隠』以来の見方とは様相を異にする。失われた福岡家の檀方帳も、目録の題名で見る限り、越後・佐渡に広い旦那場を展開していたと推定される（信濃毎日新聞社・戸隠総合学術調査会一九六四）。

ただし、前記四院の旦那場は信濃の東方および北方に広がるため、戸隠山から比較的近い場所に国境があることには留意すべきである。もし、戸隠から広く南方に展開する旦那場があれば、檀家のほとんどが「信濃国内」にある状況も想定し得る。そうなれば、「国の内外」で統計する手法自体の意味が問い直されねばならない。当然、広善院の越後ルートと同様に、檀家村落の広い高密度地帯が、信濃国内に見出される可能性も否定できない。これまでの調査では、松本盆地より南の信濃国内に檀家はみられないが、福岡家文書には「伊那郡より尾州迄御初穂奉納帳」と題する史料があった（信濃毎日新聞社・戸隠総合学術調査会一九六四）。また、伊那郡に檀家の「高密度地域」がありそうな「執事」方の檀方帳も、その存在を確認しており、今後の檀方帳分析の中では、常に検討の地域的枠組み自体を問い返す意識が必要であろう。

② 密集し輪郭が明瞭な旦那場と入会の村

広善院の越後ルートの旦那場は、その輪郭がきわめて明瞭で、桑取谷より東には檀家は一切ない。しかも、この中にはエアポケットのように檀家が存在しない場所もある。その一つである名立谷は、延享二年には安住院の旦那場の核となっている（表7・図1）。ただし、広善院の廻檀順路はこの谷を経由しており、ある時点で広善院の旦那場から名立谷だけが安住院に譲り渡された可能性がある。この谷の海に面した名立村（宿）には、広善院、安住院ともに檀家があり、「入会」の村であることがわかる。[22] このような例を探すと、限られた資料の中でも名立同様の谷口集落としての稲荷山（現長野県千曲市）や、犀川（信濃川支流）の渡しとみられる「舟場（「私場」とも）」（現長野県大町市舟場）がある。[23] 円滑な廻檀に不可欠な交通の要所は、特定の院に独占が許されなかったようである。このような事例から、戸隠一山の旦那場が、本坊によって調整されていたことがうかがえる。

	村名	地域	備考
1	金沢御家中	加賀	
2	金沢町人	加賀	
3	江戸町人	武蔵	
4	高田町	頸城平野	
5	名立泊町	名立谷	広善院と入会
6	車地（車路）		
7	次田		
8	枕之瀬		
9	田之上（田野上）		
10	丸田		広善院と入会
11	高内		
12	平谷		
13	折戸		
14	小田嶋		
15	下蒲生田		
16	上蒲生田		
17	瀬戸		
18	折居		
19	濁沢		
20	峠下（峠か）		
21	池田		
22	森		
23	桂谷		
24	飛山		
25	足崩	不詳	不残配札
26	土口	桑取谷	
27	増沢		
28	谷内		不残配札

【表7】延享2年の安住院の檀家村落（書上帳から）

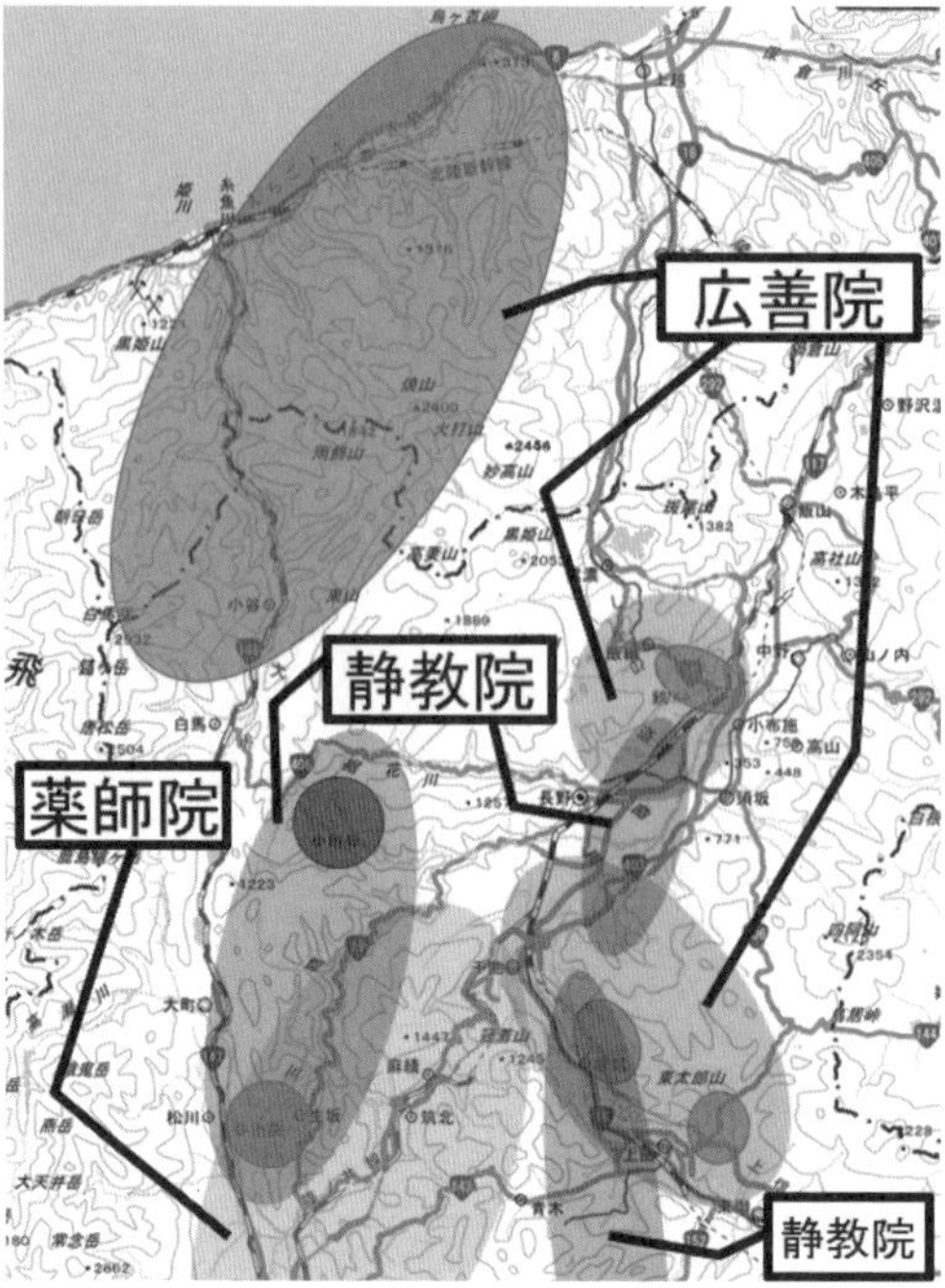

【図2】広善院・静教院・薬師院が信越両国に有する旦那場
＊濃い網かけは各院の檀家村落が集中する「高密度地域」で薄い部分は飛び石状の連結部を示す。
（ベースマップは「地理院地図」を使用）

③ 低密度でモザイク状の旦那場

すでに述べたように広善院の越後ルートの旦那場は全体として村が高密度であるが、その中にも局所的に浸透度の高い村や檀家数が多い村が集中する地域（桑取谷、能生谷、根知谷など）とそうでない地域との濃淡がある。この事実は、西頸城といえども広善院の独占ではなく、広善院とは濃淡の位置を異にする別の院が旦那場を重複させている可能性をうかがわせる。

その具体例は信濃にみられる。広善院と静教院が信濃に有する旦那場にも、小さな島状の「高密度地域」はある。広善院の場合、それは坂城・真田・鳥居川左岸域（長野市北部～飯綱町）であり、静教院の場合、それは小川村域である。薬師院の旦那場では、おそらく現生坂村（東筑摩郡）が同様の存在であろう。しかし、これらの「高密度地域」は、越後と比較して範囲が狭いだけでなく、村々への浸透度も低い。一村あたりの檀家数が突出する村は散見されるものの、「残らず」配札する村はほとんどない（図2）。

島状の「高密度地域」の間は、かなり離れ、飛び石状に檀家の村が散在する程度である。広善院と静教院はともに上田地域にも旦那場をもつが、そこにいたる川中島町から坂城町付近にかけては、散在する檀家の村がモザイク状に入り組んでいる。このことは、戸隠の近在では全ての院が薄い旦那場を重ね合わせている可能性を示唆している。まだ事例数が少ないが、広善院が飯綱町域に有した「高密度地域」の南端にあたる川谷村（現長野市豊野）には、観法院の檀家があり、自院の檀方帳から削除すべきであることが記されている（史8）。少ない史料で大胆に推測すれば、延享二（一七四五）年の安住院檀家の大半が越後の名立谷に集中していたのは、モザイク状に入り組んだ信濃国内（戸隠近在）の旦那場には、後発の奥院衆徒を割り込ませる（または自力開拓する）ことが困難だったため、国外（遠方）で新たに設定した結果ではないだろうか。

3　小括

広善院は越後と信濃にまたがる旦那場をもち、仮に国別に比較すれば、はるかに越後国内の檀家が多い。また、越後ルートと信濃ルートでは檀家村落が密集した場所の広さや村落内への浸透度が異なる。その差は国によるものではなく、廻檀ルートごとに意図的に設定された（または、運用により生じた）可能性が考えられる。

静教院も信濃の北半部中心に、島状の「高密度地域」を伴いながらも薄く広がる旦那場を有し、並行して他国（遠方）の特定地域（群馬郡の一部）に檀家村落の密度が高い旦那場をもつ。戸隠の各院は、このように「戸隠近在」と「遠方（遠国）」といった性格の異なる二種の旦那場を組み合わせて経営基盤の安定性を確保していたのではないだろうか。

本坊（別当）方は書上帳にもとづいて国単位・地域単位で各院の旦那場を把握するが、各院は地域社会に即して廻檀ルートを運用した。広善院の旦那場に囲まれて越後の名立谷に設定された安住院旦那場や、交通の要所にみられる「入会」の檀家村落からは、本坊が一山の利害調整を行っていたことがうかがわれる。

五 旦那場から浮かび上がる地域の信仰空間

1 廻檀ルートから浮かび上がる水の信仰

① 「妙覚院」がいた「立の間」

広善院の越後廻檀ルートは、最終盤に立眼、もしくは立沼（塩島村の枝郷で現在の北安曇郡白馬村「立の間」）の「妙覚院」方に泊まり、大半の荷を戸隠に送り返す仕組みであった。「立の間」は、信越国境から約二〇㎞も南で、国境とは言えない。「妙覚院」が戸隠派山伏で広善院の弟子であったことは前に述べたが、この地域にはさらに強い戸隠との結び付きがある。

広善院は塩島村の枝郷である青鬼にも檀家があったが、この地の青鬼神社は本来は「善鬼堂」と呼ばれ、背後の「岩戸山」には善鬼の岩屋がある。この地域には、「村人が立ち入ってはならない岩窟に善鬼が住む」「岩戸山の岩窟は戸隠に通じている」「頼めば膳・椀が借りられた」といった伝承が残る。[24] 善なる鬼（もしくは龍）が岩窟に籠るという物語は戸隠縁起と同様で、「岩戸」の語も戸隠の由来につながる手力男命の物語を想起させる。白馬村誌によれば、塩島村の産土神である諏訪社には、かつて戸隠権現が祀られ、人別帳等にも戸隠派山伏の記録が残る。さらに、戸隠派山伏の鏡覚院が山体崩壊で出現した堰止め湖の決壊を防いだ功で松本藩から褒美を授かったとの伝承もあるという（白馬の歩み編纂委員会 二〇〇〇）。

また、現在でも白馬村の塩島付近には旧宝泉院（本明院含む）家、旧教釈院（本智院含む）家の檀家があるという。[25] 今日でも大規模な土砂災害が絶えない姫川流域では、「抜け止め」に験力のある戸隠権現への信仰は切実感のあるものであったろう。

② 越後方面への起点「野尻」

広善院の越後廻檀ルートの始点は野尻村である。福岡家文書にも「野尻在より越後国迄檀家順回帳」という檀方帳の名が『戸隠山史料目録（続）』に見え、越後・佐渡方面廻檀の起点として「野尻」が重要であったとみられる。戸隠からの道が北国街道に合流する点では南の柏原村の方が便利なのに、野尻村が拠点とされたのはなぜだろうか。

むろん信越境に位置する利点もあったろうが、野尻という場の宗教性にも留意すべきであろう。「野尻湖弁才天（「沼尻琵琶嶋弁財天」）」は、一四世紀半ばに大般若経六〇〇巻が施入され、一五世紀に補修されるなど、一六世紀の武田氏と上杉氏による争奪まで信仰を集めた聖地であった[26]。弁才天は水神で、野尻湖の水の受益範囲は大半が越後であるから、この弁才天は越後の人々の「水分」の神であったろう。弁才天は戸隠の九頭龍権現の本地でもあるが、野尻湖のそれは中世末に退転したため、これまで戸隠との関係は検討されてこなかった。

白馬村周辺と野尻湖に共通するのは、どちらも越後に流れ下る河川（姫川・関川）の源流部であることである。類例の有無は今後の課題だが、広善院の越後ルートに限れば、旦那場の輪郭は信越国境よりも「関川以西の日本海に注ぐ河川の集水域」と重なる。

2　末寺や山伏の存在と山の信仰の場所

①小川と中条の山伏と「地域性」

上水内郡小川村付近は、文政一〇年の補任史料（長野県史刊行会　一九八二、二一五二号）で確認される戸隠派山伏四二名のうち七名までが密集する地域である。理由として井原今朝男氏はこの地域が三方から戸隠に至る「戸隠道」の入口の一つにあたると指摘している（井原　一九九七）。

しかし、静教院の旦那場として同地を見ると新たな姿も浮かび上がる。ここには、静教院の信濃国内の檀家五〇五

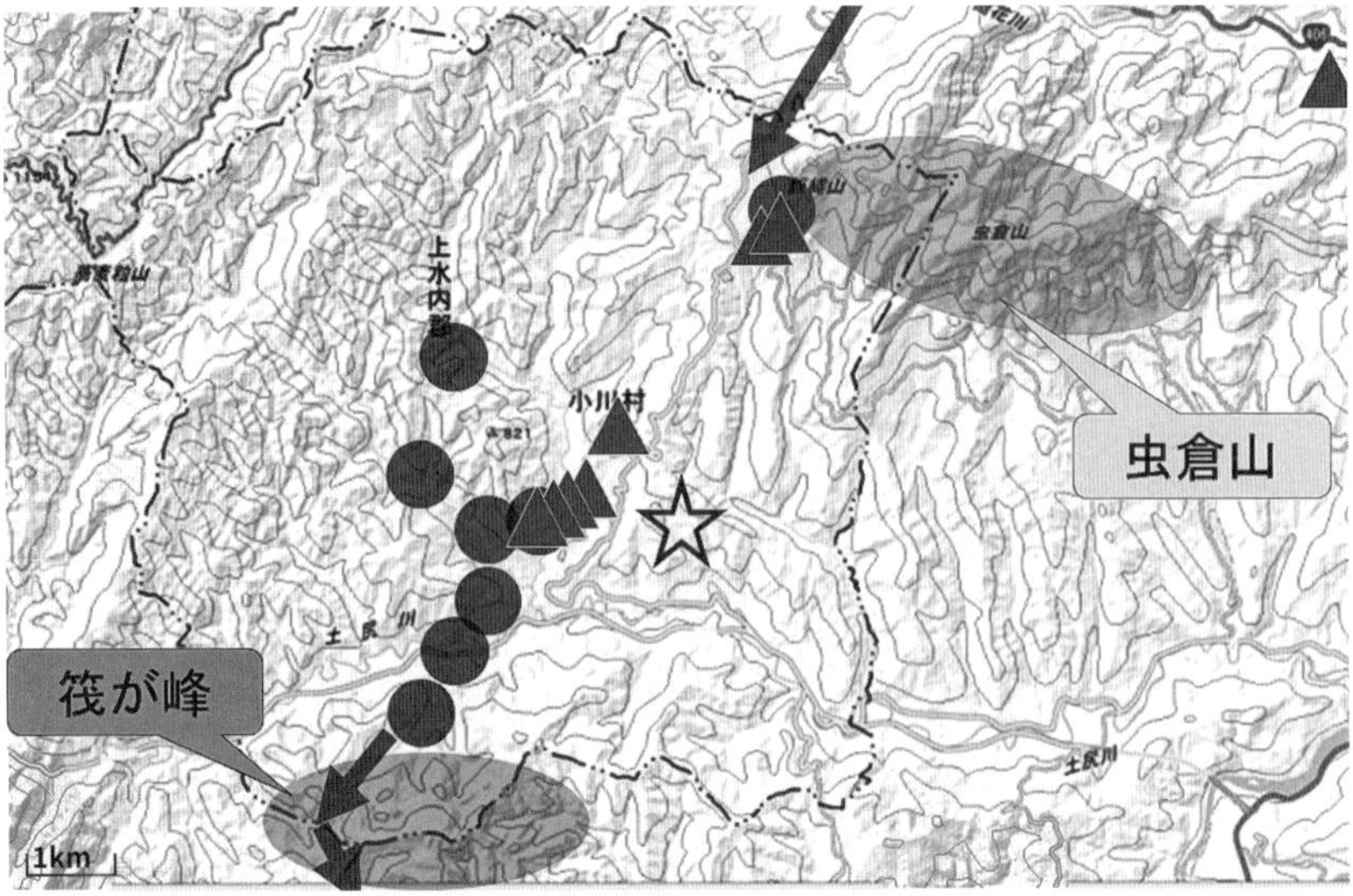

【図 3】小川村と旧中条村付近における静教院・広善院の檀家村落と山伏の分布

＊丸い網かけは静教院の檀家村落で矢印は推定廻檀順路。
▲は静教院弟子の山伏。☆印は広善院の檀家村落で明松寺がある泥立村。
（ベースマップは「地理院地図」を使用）

軒のうち九二軒が集中し、信濃における同院の旦那場の核である（史14・図3）。しかも、先の山伏七名は全て同院の弟子である。文政一〇年の補任史料が戸隠流山伏の全てを網羅しているとは限らないが、静教院にとって小川村付近が一大拠点であることは疑いない。また、広善院も小川村泥立の明松寺を宿にしていた記録がある。(27)

当該地域の総合調査をまとめた『むしくら』によれば、この地域には山伏が多く、戸隠派以外の山伏も多数存在していたとされる（虫倉山系総合調査研究会 一九九四）。小川村から東隣の中条村（現長野市）にかけては急峻な虫倉山が山脈状に伸びる。ここには木食僧も籠もったとされ、この山を核とした小規模な信仰世界があった可能性をうかがわせる。中条村は鎌倉時代に戸隠衆徒が「離山」した「中条」に比定され、土尻川を挟んで北岸の虫倉山と、南岸の筏が峰（現上水内郡小川村）の双方に山の信仰の存在を色濃く伝える場所が向き合っている。現段階では、このような地域性(28)ゆえに戸隠衆徒が離山先にしたのか、中世の離山の影響でこのような性格を備えたのかはわからない。しかし、この地が近世の戸隠派修験を支える基盤の一つであったことは重要な事実である。

② 松本盆地と長野盆地の間に孤立する「法橋」

東筑摩郡の生坂村内の山間部に檀家の密集地をもつ薬師院が、一足とびに安曇野南端の岩岡（現長野県松本市）まで下り、ふたたび長野盆地へと足早に戻る際、松本〜稲荷山間で唯一足を止める場所が「法橋《ほっきょう》」（現在の東筑摩郡筑北村西条）である。ここは、物理的にも宿泊を要する地点だが、信仰面でも着目すべき点がある。法橋には、慶長年間の安堵状が残るという観音寺がある（本城村誌編纂委員会 二〇〇二）。集落の西に富蔵山《とくら》と呼ばれる岩山があり、岩窟堂に馬頭観音を祀る。この山の北西山城に奥の院があった岩殿寺は、戸隠山の有力末寺で観音寺の本寺でもある。岩殿寺は建長九（一二四九）年銘の御正体（重文）をはじめ中世の文化財を数多く伝える。かつて法橋の村内にあった自證院も戸隠山の本末帳（天明六年）に「岩殿寺門徒」として記載されている。付近一帯には、砂岩層の奇怪な姿の露岩や絶壁が多く、岩殿寺と富蔵山岩窟堂以外にも、岩井堂（松本市四賀）、虚空蔵堂（同）、岩殿寺観音堂（松本市相吉）などの岩の聖地がある。これら相互の関連は未解明だが、少なくとも法橋が松本〜稲荷山間の「飛び石」として機能した背景に、戸隠の有力末寺岩殿寺と関連寺院があったことは間違いないだろう。

いずれの例でも、近世の戸隠山の旦那場から、戸隠に似た岩峰の聖地で重要な拠点となる信仰世界が見出されたことは興味深い。

3　地域の社寺と戸隠御師

広善院の「越後国講中連名帳」（史4）は、多様な宗教者との関係を示す。同帳に記された寺社一八軒のうち、寺社堂名のみのものは三、「和尚」を付すもの六、同じく「方丈」二、「法印」七である。別に、受領名や「神主」と記したものが一〇軒ある。

このうち、法印とされたものは修験者の可能性が高いが、その寺は日光寺（日光寺村）、吉祥院（水保村）、千手院（根知の山寺村）、正福院（二王堂村）、成就院（糸魚川町）、明王院（同）、法教院（同）である（以上は全て現新潟県糸魚川市内の旧村落）。ことに山寺の千手院は「延年」が重要無形民俗文化財に、水保の吉祥院は十一面観音が重要文化財にそれぞれ指定され、地域の信仰の核となっていた寺院と言える。補任状が現存しないので、これらが本当に戸隠派山伏かどうかは不明だが、広善院との一定の結びつきから「法印」と記したであろうことは見逃せない。

一方、修験との関わりが推測される能生の白山神社と別当寺は、能生を旦那場とする広善院の檀方帳には現れない。戸隠山自体と競合関係にあったか、本坊もしくは山内の他院と結びついていた可能性も考えられ、今後解明すべき課題である。

4　小括

戸隠の旦那場で重要な意味をもつ場所には、「小さな戸隠」とでも言えそうな信仰世界がみられる例がある。また、檀方帳からは、地域の核となる寺院の住職らが「法印」を名乗っていた事実が浮かび上がり、戸隠山と地域の社寺との奥行きのある結びつきがうかがえる。

今後、より多くの檀方帳を検討すれば、戸隠山が地域とどのような関わりをもって活動したかが、さらに明確になるであろう。それは、それぞれの地域においても、戸隠信仰を紐帯とした「間《あわい》」の視座から地域史を再確認する機会になるだろう。

まとめ

戸隠山の信仰空間は、信濃の国境を越えて広がっており、国外に旦那場の核をもつ院が複数あった。廻檀ルートにはそれぞれの特色があり、それ自体がひとつの「間」を形成している。同時に、一山として一定の法則に基づく合理的な構成をもっていた可能性が高い。各院の廻檀の基礎単位は「檀方帳」に編制された廻檀ルートだが、本坊による管理には国郡制や地域（谷など）単位の「境」が作用したとみられる。まだ検討されていない戸隠山の檀家関係資料は、このような一山の存続基盤を検討する上で重要である。

また、各院の旦那場で重要な意味をもつ地域には、それ自体が一つの信仰空間を形成しているとみられる場所も見出された。戸隠山の信仰空間は、このような場所の総体として構成されていたのであろう（「間」の重層性）。戸隠山の旦那場の分析は、このような地域の失われつつある信仰史の解明にも役立つであろう。

この作業を通じ、戸隠山の信仰空間を検討するさまざまな視点や方法が、おぼろげながら見えてきたように思う。調査にあたってお世話になった多くの方々に、あらためて御礼申し上げ、結びとしたい。

註

（1）「戸隠山神領記」「戸隠山大権現縁起」はともに成立年が未詳だが、曽根原理氏は、先行研究を参考に、前者を享保年中に、後者を元文元年に位置づけた乗因の年譜をまとめている（曽根原 二〇〇一）。

（2）これは「戸隠山大権現縁起」の記述で、「戸隠山神領記」には「木那佐」とのみ記される。

（3）「戸隠山神領記」は永禄二年の離山直後に「未幾而又帰山」と記し、その後に改めて上杉景勝による文禄三年の戸隠再興を記す。しかし、「戸隠山大権現縁起」では、永禄二年の離山に続けて永禄七（東北大学付属図書館蔵の写本には

「一七」とある）年に「筏カ峯ノ地久波山ニテ（中略）入峰灌頂ヲ修行セリ」と記している。

（4）『続神道大系 神社編 戸隠（二）』の翻刻による。牛山氏は『戸隠信仰の諸相』の中で「三院燈明」と引用して検討した（牛山 二〇一五）。筆者が東北大学蔵の現存写本を確認したところ「三院ノ燈明」であったが、その意味は難解である。

（5）『信濃史料』第一七巻五四九頁に翻刻が残る。復興のために戸隠に遣わす者を「別当院主の弟子権大法印岩殿令遣成本人ト其外百余人衆徒（後略）」と記す賢栄（復興後の最初の別当）の記述等から戸隠山衆徒の多くが春日山にいたとする。

（6）たとえば古川 一九九七など。

（7）長野県史刊行会 一九八一a、同 一九八一b、同 一九八二の「戸隠山神領」の部に所収。

（8）旧広善院家で戸隠神社の代表役員を務められた越志徳門氏をはじめ複数の方から、目録に記載されなかった檀家関係史料の一部が現存することをご教示いただいた。

（9）「三院衆徒分限帳」には、配札檀家と滅罪檀家が記されている。

（10）上原真人氏は、古代寺院の資財帳の検討を通じ、その構成原理や、「諸資産が寺院という事業体・経営体のなかでどのような有機的関連性をもっていたのか」まで踏み込むことの重要性を指摘している（上原 二〇一四／一一九頁）。同氏はまた、多様な資財帳を比較することにより、それぞれの寺院や時代による相違が浮かび上がることも指摘している。戸隠山の「戸隠山顕光寺流記」や「三院衆徒分限帳」は中近世の史料だが、古代寺院の公文書としての資財帳の姿がある程度受け継がれている。上原氏の作業に学べば、戸隠山の場合、各院が所蔵する資財関連史料を集成し、一山の「資財帳」と対比すれば、院ごとの特色や一山の動向を描くことができるだろう。

（11）檀方帳に記された個人名は檀家とみて間違いないが、これを足し上げても総数があまりに少ない。本稿では無記名の「配札数」も全て檀家の数に計上した。

（12）日付はないが時系列に記載され、部分的には檀方帳と酷似するため、厳密な分別は難しい。「北越檀方所用控」（表2の史料番号2）には、ところどころ「外帳面ニ有」「帳面にてよくよく調べ」などの記述があり、檀方帳と組み合わせて使用されたことがわかる。

（13）「三院衆徒分限帳」では、ほとんどの院の配札檀家が百単位の数で記され、数字に「余」と付記された例も多い。毎年の変動も織り込んで、本坊が各院の檀家を概数で把握することには合理性がある。広善院の「表題欠の書上」は末尾に総数と異なる「右惣〆千八百軒」の書き込みがあり、このときの公式な檀家数が一八〇〇軒とされていた可能性がある。

(14)それぞれ冒頭に朱印高、後半に敷地・建物と「前々から預り」の茅場などを記載する。この点は広善院や静教院の書上帳と異なるが「各院の経営基盤となる資産」を書き上げた形式は「三院衆徒分限帳」と共通し、資財帳の性格がよく現れている。

(15)安永九年三月、宝光院衆徒の福寿院が、薪を乗せたそりを本坊門前で引いたことを発端に、中院と宝光院の衆徒が争論となった。その中で本坊の裁決を不服とした宝光院衆徒が無断で戸隠山から立ち退いたことが問題視され、天明二年五月に寺社奉行の裁決によって、当時の宝光院衆徒一七院が追放となった。うち一二院は中院から移転した宗徒が引き継いだため、このときから中院と宝光院に他院の預りとなった院が一七院生じた。広善院と静教院はいずれも追放された宝光院衆徒だったが、広善院は中院の薬師院が移転して引き継ぎ、薬師院が「広善院預り」とされた。静教院は中院の松寿院の預りとなったが、表2・3の静教院の書上帳は雪舟一件前の安永九年のものであるのに対し、「三院衆徒分限帳」は同院が「預り」となってからのものである。

(16)ここでの信越の比較は、檀家を機械的に信濃・越後の国ごとに集計している。なお、檀方帳は一定期間使用され、随所に墨消しや加筆がみられる。そこで、一度でも記載された檀家の数から墨消し数を差し引いた、「帳面の使用終了時」の数を用いた。このため、結果は必ずしも標題の年次と一致しない。また、檀方帳に記載されている檀家と、村の配札数を集計する際は、配札数に対して外数である旨が明記された檀家以外は配札数の内数と見なした。このため、計算上の檀家数は実数を少し下回る可能性がある。本稿を通じて書上帳・檀方帳から得た檀家数は、このような処理で得た数値である。

(17)薬師院の「松本領檀方控」（表2の史料番号10）の旦那場のうち、金熊川流域（大町市）は、約二km四方に檀家村落が一八村ある「高密度地帯」である。この地は現在過疎化が進む山間部だが、当時も一村あたりの檀家数を算出すると三軒に満たない。

(18)この村は「北山河中嶋上田檀方帳」でも村中に配札した。隣の大倉村が「庄屋付」とされるので、戸隠信仰が浸透した地域とみられるが、信濃ルートではともに例外的である。

(19) 福江充氏は、房総半島に広がる立山信仰の旦那場の検討で、名主の役割の重要性を指摘した（二〇〇二b）。そのような役割は戸隠の旦那場にもあるが、それと「庄屋付」がどのような関係かは未解明である。

(20) ただし、広善院の書上帳は「雪舟一件」後のものであることには留意すべきである。

(21) これら二院も天保年間には「三院衆徒分限帳」と同等以上の檀家を獲得したであろう。

(22) 戸隠山内の史料に「入会旦家」などの語が見える。たとえば、長野県史刊行会　一九八二、二一六〇号。

(23) 稲荷山には薬師院と広善院、舟場には静教院と薬師院がそれぞれ檀家を有する。

(24) 白馬の歩み編纂委員会　二〇〇〇、白馬村公民館　一九七九、宮澤智士　一九九七など。なお、善鬼の音は役小角の「前鬼」も想起させる。

(25) 越志徳門氏（旧広善院家）のご教示による。

(26) この大般若教は佐久市の安養寺に現存し、その奥書で経緯が判明する。

(27) 「表題欠の書上」（表2の史料番号1）に「土路立」として記載される（表4）。

(28) 仮に「地域性」としたが、エドワード・レルフが提示した「場所性」に近いもの（レルフ　一九九一）。

参考文献

井原今朝男「顕光寺と修験道の発達」（『戸隠信仰の歴史』、戸隠神社　一九九七年）
井原今朝男「戸隠・飯縄の修験―戸隠修験は何処を目指したか―」（『戸隠信仰の諸相』、戸隠神社　二〇一五年）
岩鼻道明「戸隠信仰の地域的展開」（『山岳修験』、第一〇号　一九九二年）
上原真人『古代寺院の資産と経営　―寺院資財帳の考古学―』（すいれん舎　二〇一四年）
牛山佳幸「信濃から見た山岳信仰の受容と特徴」（『山岳修験』、第四七号　二〇一一年）
牛山佳幸「中世の戸隠顕光寺をめぐる諸問題　―山内衆徒の確執と対立抗争について再検討―」（『戸隠信仰の諸相』、戸隠神社　二〇一五年）

遠藤公洋「戸隠信仰遺跡の研究―戸隠本院編―」（『戸隠信仰の諸相』戸隠神社　二〇一五a）
遠藤公洋「戸隠信仰遺跡の研究 ―筏が峰編―」（『戸隠信仰の諸相』戸隠神社　二〇一五b）
信濃史料刊行会『新編信濃史料叢書 第四巻』（信濃史料刊行会　一九七一年）
信濃史料刊行会『新編信濃史料叢書 第一四巻』（信濃史料刊行会　一九七六年）
信濃毎日新聞社・戸隠総合学術調査会『戸隠山史料目録』（一九六三年）
信濃毎日新聞社・戸隠総合学術調査会『戸隠山史料目録（続）』（一九六四年）
曽根原 理『続神道大系 神社編 戸隠（一）』（神道大系編纂会　二〇〇一年）
長野県史刊行会『長野県史 近世史料編 第七巻（一）北信地方』（長野県　一九八一a）
長野県史刊行会『長野県史 近世史料編 第七巻（二）北信地方』（長野県　一九八一b）
長野県史刊行会『長野県史 近世史料編 第七巻（三）北信地方』（長野県　一九八二年）
西海賢二「武蔵野の戸隠講―江戸期農民の雨乞信仰―」（『東日本の山岳信仰と講集団』、岩田書院　二〇一一年）
※初出は『あしなか』第二五七号、二〇〇一年
白馬の歩み編纂委員会『白馬の歩み 第二巻 社会環境編 上』（白馬村　二〇〇〇年）
白馬村公民館『白馬のしるべ』（白馬村公民館　一九七九年）
福江 充「信濃国の立山信仰 ―芦峅寺衆徒が江戸時代後期以降に信濃国で形成した旦那場について―」（『近世立山信仰の展開―加賀藩芦峅寺の旦那場形成と配札―』、岩田書院　二〇〇二a）
※初出は『富山県［立山博物館］研究紀要』第八号、二〇〇一年
福江 充「房総半島の立山信仰―芦峅寺衆徒が江戸時代後期に房総半島で形成した旦那場について―」（『近世立山信仰の展開―加賀藩芦峅寺の旦那場形成と配札―』、岩田書院　二〇〇二b）
※初出は『富山市日本海文化研究所報』第二六号、二〇〇一年
古川貞雄「戸隠山神領の成立と展開」（『戸隠信仰の歴史』、戸隠神社　一九九七年）

宝月圭吾「江戸時代における戸隠御師」(『戸隠─総合学術調査報告』、信濃毎日新聞社 一九七一年)
本城村誌編纂委員会『本城村誌 歴史編』(本城村誌刊行委員会 二〇〇二年)
宮澤智士(編)『白馬桃源郷青鬼の集落』((財)日本ナショナルトラスト 一九九七年)
宮下健司「掘り出された戸隠の歴史」(『戸隠信仰の歴史』、戸隠神社 一九九七年)
宮田 登「戸隠信仰と巳待ち」(『戸隠─総合学術調査報告』、信濃毎日新聞社 一九七一年)
宮本袈裟雄「信濃国における修験道の組織化」(『山岳修験』、第四号 一九八八年)
虫倉山系総合調査研究会『むしくら─虫倉山系総合調査研究報告─』(虫倉山系総合調査研究会 一九九四年)
エドワード・レルフ『場所の現象学─没場所性を越えて─』(筑摩書房 一九九一年)

エゴ食文化にみる越後と北信地域

大楽　和正

はじめに

エゴとは海藻で、和名をエゴノリと称する。北海道から九州にかけて分布し、寒天に使用するテングサに似た凝固作用があり、主に日本海側の一部の地域で食利用されている。新潟や秋田ではエゴもしくはイゴ、京都ではウゴ、福岡ではオキュウトと呼ばれる。その食べ方は新潟県の越後側では羊羹のように厚く切り、佐渡ではきしめん状に細く切るなど、地域によって違いがある。

この海藻であるエゴが、海から遠い山国信州でも食されていることは興味深い。その分布は長野県でも限られた地域で、飯山市や下水内郡などの北信地域、大町市や北安曇郡などの大北地域など、新潟県と接する長野県北部に広がっている[1]。

長野県から最も近い海は越後沿岸の日本海である。歴史的にみれば、信越国境域には多くの物資と人が行き交った北国街道と千国街道が整備され、塩や魚などの海産物が越後から信州へと移入輸送された。エゴもその例外ではなく、安政六（一八五九）年に越後国山口・虫川関所（現糸魚川市）を通過し、松本領へと運ばれた[2]。エゴ草がどこまで運ばれたかの記録はないが、宿場などに集積された後、行商人によって信州の近在近郷へと運ばれたものと推測され、エゴ食は国境を越えて信越地域に浸透していた。

エゴはその独特な風味や食感、見た目などから、少し癖のある料理と感じる人もおり、往々にして好き嫌いが分かれる食べ物である。そのようなエゴが山国信州の人びとにどのように受け入れられ、地域の食文化として定着していったのであろうか。その課題を追究する一つの糸口として、本稿では越後沿岸部と長野県北信地域のエゴ食の実態を比較検討し、その原料となるエゴ草の流通と食利用の諸相を明らかにしたい。

なお、陸上交通路を徒歩で物資輸送する行商の時代は終焉し、人びとは手軽に遠隔地の商品を入手することが可能になった。県境を軽々と超えて、現代社会の物流システムは、あらゆる場所とつながっている。それはエゴの原料となるエゴ草にもいえることで、その流通網は信越間に限定されず、他県産のエゴ草が長野県内で流通する現象を生み出している。そうした入手経路の変化にも目を向けながら、信越国境域のエゴ食文化の持続と変容も含めて検討をすすめたい。

一　海女にみるエゴ食文化――新潟県柏崎市笠島――

1　笠島の素潜り漁

柏崎市笠島は霊峰米山の麓に位置する沿岸漁村である。その海岸線に沿った旧道は断崖絶壁が続き、往時は米山三里と称される北国街道の中でも有数の難所であった。そのような急峻な岸壁が広がる笠島の周辺海域は、海藻類や貝類の定着性に恵まれた岩礁地帯が形成され、素潜りによる採藻・採貝漁業が行われている。

笠島では素潜り漁をする海女（海士）をヨソシと呼ぶ。笠島のヨソシは女性のみであったが、近年は定年退職後に海に潜る男性が増え、現在実際に素潜り漁にかかわる約二五名のうち、その半数以上が男性である。笠島のヨソシが対象とする主な漁獲物は、サザエ・アワビ・イワガキなどの貝類のほか、エゴ・モズク・テングサ・ワカメなどの海藻である。このほか、ヨソシが活動する生産域は、素潜りによる水中に限定されず、磯も含まれるため、岩場で摘み

【写真1】素潜り漁をする海女　（平成27（2015）年7月30日撮影）

採るイワノリも漁獲の対象となる。

笠島の素潜り漁ではウケ、テゴ、ツクシが主要な道具として使用される。ウケは軽さのある桐材を井桁状に組んだ形状で、これを海面に浮かべて使う。いわば浮き輪のような役割を果たす道具で、漁場まで泳いだり、水面で休んだりする際に必要となる。

このウケにテゴあるいはタステゴと呼ばれる網袋を取り付ける。テゴはウケから水中にぶら下がった姿形となり、この中に海底で採取した貝類や海藻を入れていくのである。エゴやモズクの海藻を採取するときだけは、これに加えてコヅケと呼ばれるテゴよりも小さな網袋をウケに取り付けるなど、対象とする漁獲物によって使用する道具が微妙に異なる。ツクシと呼ばれる金属製の棒も同様で、これは岩礁に密着した貝類を採る道具である。海藻採取では直接使用しないものの、素潜りでは必ず携帯する道具で、エゴ採りの際に海底でアワビ等の貝類を見かけた場合には、岩肌と貝の隙間に差し込んで採る。

さて、一般的なエゴは生物学上のエゴノリに分類されるが、笠島ではエゴに二種類あると認識されている点は注目される。この二種類のエゴを笠島では、それぞれをオジエゴ（男）とオバエゴ（女）と呼ぶ。

オジエゴは生物学的にエゴノリに分類され、その先端に鉤状の枝を有する特徴をもつ。一方、オバエゴはアミクサに分類されると考えられ、全体が細かな棘状の海藻である。(3) 両者の生育場所は異なり、オジエゴは水深一～三mの浅い場所、オバエゴは水深七～八mの深い場所にあり、それぞれ別種のホンダワラ類に付着して生育する。その採取方法にも違いあり、オバエゴは手の指先を櫛のように使ってすくい採るのに対し、オジエゴは手で掴むように採る。収穫量の割合としては、概ねオジエゴが九割、オバエゴが一割である。このように採取したエゴ草は海水で洗ってゴミを取り除いた後、天日に干して乾燥させて保管する。

2　エゴをひろう人びと

主要な海藻類と貝類の採取解禁日及び開始時間については、地区内で組織された笠島海女(士)会が毎年取り決めを行う。平成二七年度を例にあげれば、ワカメは五月一〇日八時三〇分、貝類・テングサは六月二〇日八時三〇分から八月二〇日まで、エゴは七月二〇日八時三〇分、モズクは七月一五日八時三〇分、ノリは一二月一日八時三〇日が解禁日に設定されている。当日の天候や採取対象物の生育状況によって、多少の日時変更もある。

エゴは盆を過ぎると繊維が固くなり、食材として適さない。また、八月一三日から一六日までは休漁日に設定され、実質的なエゴ採りは盆前の八月一二日までとなる。

しかしながら、地区内で上記の規制を定めても、エゴを求めるのは地元住民ばかりではない。笠島の海岸には「町内以外の人のエゴひろいを禁止　違反品（没収する）」と書かれた注意喚起の看板が数か所に設置されている。アワビやウニなどの貝類であれば、その密漁を禁ずる看板は全国津々浦々の海浜で目にする。ところが、笠島では漂着した海藻のエゴにまで禁止の対象を広げ、その規制を強めているのである。そのことはエゴが普遍性を有する価値ある資源として、周辺地域で認識されていることを意味している。

では、このエゴをひろいに来るのは誰か。エゴは海底に自生したホンダワラ類などの他の海藻に絡みつくように付着して生育する。そのため、強風などの悪天候によって海が時化ると、その荒波にもまれたエゴ草が海岸線に打ちあげられる。その漂着したエゴを内陸部の人がひろうのである。こうした他所者の活動は、ながらく黙認されていたが、近年のエゴ草収穫量の減少もあって、次第に規制を厳しくして、一〇数年前に禁止看板の設置に至っている。

このような内陸部の者たちによるエゴひろいが繰り返される一つの要因には、エゴを行事食および儀礼食として利用する周辺地域の食習慣が影響する。エゴを盆の料理や供物として利用する例は新潟県内に多い。内陸部の小千谷・魚沼周辺でも、盆が近づく頃、台風の翌日などをねらって海辺にエゴをひろいに行くという。そうした地域では、鏡エゴと称する供物を盆棚に供えるなど、エゴが盆に欠かせない料理と意識されている。

【写真 2】エゴひろい禁止の表示

以上のように、海産資源であるエゴの採取活動は、沿岸漁村にとどまらず、内陸農村に暮らす人びとも介入するかたちで展開されている。その両者が資源獲得をめぐって対峙する一方で、エゴは海と山の双方に共通する文化として、その地域一帯に深く浸透しているのである。

3　笠島のエゴ食文化

エゴは酢味噌で食べるほか、わさび醤油や辛子醤油をつけて食べるなど、エゴに合わせる調味料はその地域の食習慣や個人の好みによって分かれる。一方で、その中心であるエゴそのものは、作る際の水の分量や火にかけて練る時間、切り方などはさまざまなであるが、完成した状態に大きな違いはない。

ところが、海女の集落である笠島には、季節や行事によって調理法を使い分けるなど、多様なエゴ食文化が存在している。そのエゴ料理は、通常の黒いエゴ、ナツエゴ（夏エゴ）、味付けエゴの三種類に分けられる。ここでは各エゴ料理の調理法と食利用についてみていきたい。

①エゴ

紅藻の一種であるエゴノリは水に浸した状態では赤っぽい色で、乾燥させるとやや黒ずんだ色に変わる。煮溶かして固めたエゴも黒みをおびた色となる。笠島においても通常はこの黒っぽい色のエゴを食べる。これをエゴと呼ぶ。

エゴを作る際は、オジエゴとオバエゴの二種類を混ぜて使う。オバエゴのみを煮溶かしても固まらず、オジエゴのみでは固まるが、しっかりとは固まらないとされる。混ぜる割合はオジエゴ七割に対し、オバエゴ三割が目安となる。収穫した年によって固まり具合が異なる場合もあり、適宜その割合を調整することもある。それは後述する夏エゴや味付けエゴも同様で、笠島のエゴ作り全般に共通してみられる特徴である。

エゴは水に戻してゴミを取り除いた後、水から煮て、火にかけながら約三〇分間、しゃもじを使って練る。この作業をエゴネリと呼ぶ。練った後は容器に流し込み、粗熱をとった後に冷蔵庫に入れて凝固させる。この固まり具合が完成したエゴの良し悪しを左右するものと認識され、笠島では二種類のエゴを使用するのである。この黒い状態のエゴは、羊羹のように厚く切り、酢味噌を付けて食べる。

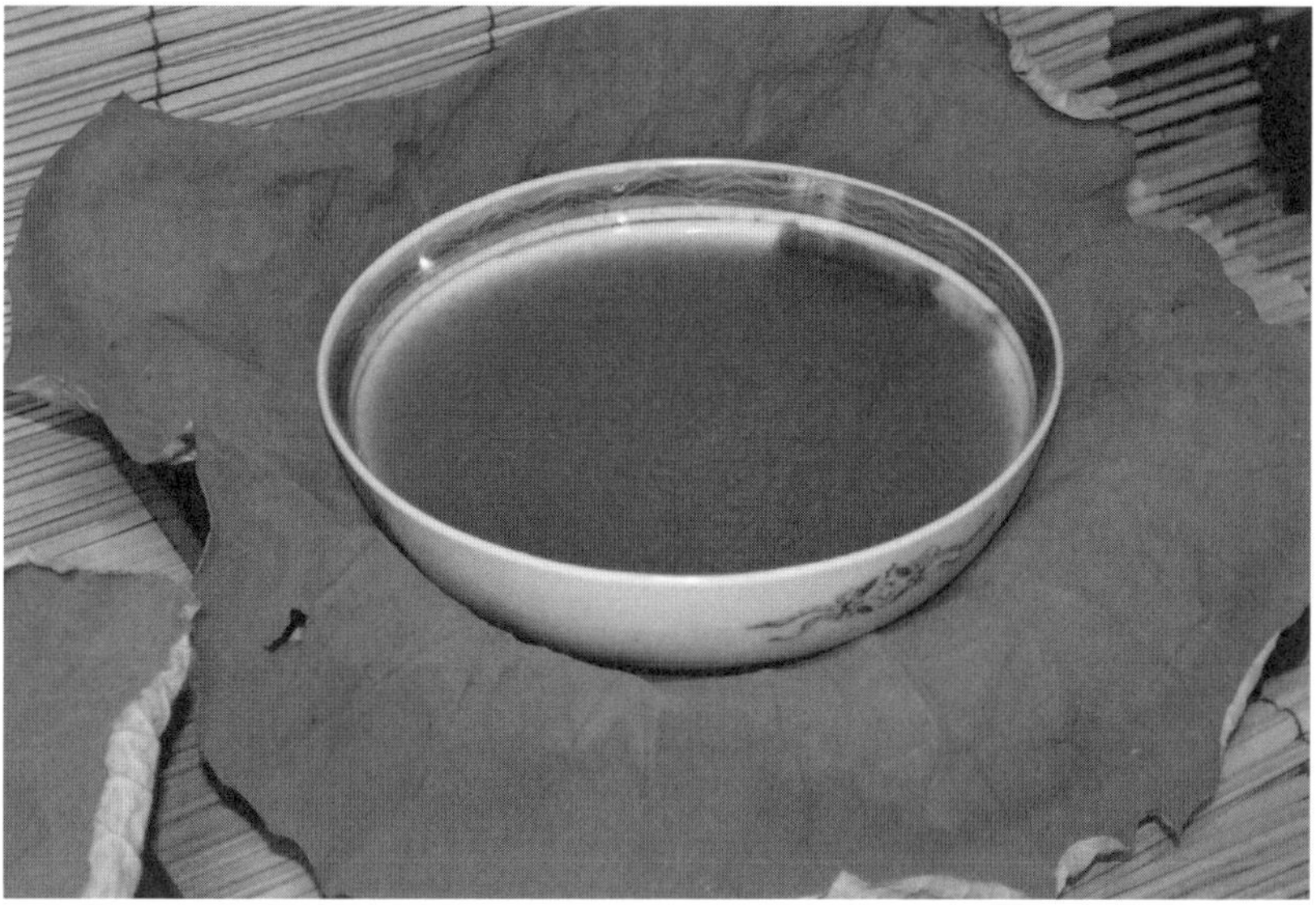

【写真3】盆棚に供えられた鏡エゴ

②夏エゴ（サラシエゴ）

その一方で、盆の期間を中心とした夏場だけはエゴ草を白く晒し、薄っすらと白く透きとおったエゴを食べる。この白っぽい色のエゴ料理を笠島ではナツエゴ（夏エゴ）やサラシエゴと呼ぶ。厚く切って酢味噌で食べる点は、通常のエゴと変わりはない。

夏エゴに使用するエゴ草は、前年に採った古いエゴを利用する場合が多い。黒い状態のエゴを海水に浸け、地面に広げて天日干しする。この作業を三回ほど繰り返すことで、エゴ草の色素が抜け白っぽい色へと変わる。

ひと手間かけて白くさらしたエゴを作る理由は、以下の二つの点から把握できる。一つは白く透きとおった色がもつ清涼感である。それは熱い夏にトコロテンを食べて涼しさを得る感覚と似ており、白く透きとおった色が清涼感をさそうと意識されている。もう一つの理由は、盆の供物となる鏡エゴの影響である。

笠島では盆に迎える先祖の霊をオショライサマと呼び、精霊を迎える棚を一三日の朝に設置する。棚には位牌等の仏具

料理名	日常食	行事食	供物
エ ゴ	夏の食事	―	―
夏エゴ（サラシエゴ）	夏の食事（主に盆時期）	盆	鏡エゴ
味付けエゴ	冬の食事	結婚式・葬式	―

【表1】 柏崎市笠島のエゴ食

のほか、盆花や野菜、果物、精進料理を配したお膳等の供物とともに、鏡エゴと呼ばれる料理が供えられる。この鏡エゴも、白くさらした夏エゴで作るものと伝えられている。丸い鉢（深皿）に白くさらしたエゴを流し込むと、薄っすら透きとおった色で、鏡のようになる。そして、鏡エゴが入った鉢ごと蓮の葉にのせ、一六日朝までオショライサマの棚に供えるといったように、鏡エゴは盆行事に欠かせない料理として位置づけられる。

③味付けエゴ

このほか、笠島には味付けエゴと呼ばれる独特なエゴ料理が伝わる。味付けエゴは、葬式と結婚式など大勢の来客があるときの振る舞いの料理として作る。

通常のエゴ作りでは水以外の調味料を使わないが、味付けエゴでは煮干しでダシをとり、砂糖・醤油・酒を入れてエゴネリをする。練ったエゴは容器に入れ、少し時間をおいてから、クルミを振りかけて固める。クルミの代わりに、ゴマやピーナツを使う場合もある。味付けエゴでは、必ず黒い状態のエゴ草を使用するため、完成品の色も黒く、表面にクルミを振りかけたような仕上がりとなる。料理そのものに味付けされているため、一般的なエゴのように酢味噌をかけずに、厚く切ってそのまま食べる。

また、冠婚葬祭のほか、味付けエゴを冬場のお茶飲みの時や、ごはんのおかずにする場合もある。ふつうのエゴは主に夏場の料理であるのに対し、味付けエゴは冬に作る料理と意識され、季節によって調理の使い分けがなされていることも笠島におけるエゴ食の特色といえる（表1）。

以上のように、柏崎市笠島には、通常の黒い状態のエゴ料理に加え、白くさらした夏エゴ、調味料と具材を加えた味付けエゴの三種類のエゴ料理が伝わっている。その食習においても、日常食とハレの食事、季節によって調理法に違いがある。その複雑性を孕んだ多様な食文化は、海女生活で蓄積された海藻に対する豊富な経験と知恵を支えられ、その地域固有の展開を見せている。

4　エゴ草の販売と流通

次に、笠島のエゴがどのように流通したのかをみていきたい。笠島では自家消費用だけでなく販売するエゴ草も、オジエゴとオバエゴを混ぜた状態で出荷する。ただし、出荷用のオジエゴとオバエゴの混合比に厳密な定めはなく、オバエゴが少し入っていれば良いという程度で、その量は自家用で使用するオバエゴの割合よりも少ないことが多い。

そうしたエゴ草の販売出荷先は、時代によって推移がある。笠島では平成一九（二〇〇七）年に発生した新潟県中越沖地震を契機に、エゴ草の収穫量および出荷量が激減した。そのため、現在は知人に個人販売する程度で、小規模な流通にとどまる。笠島のT氏は、平成二六（二〇一四）年のエゴ草収穫量（乾燥状態）は二～三kgで、これを自家消費のほか個人販売した。

それ以前の状況をみると、中越沖地震以前は、年間あたり五〇～六〇kgのエゴ草を収穫し、柏崎市内のほか長野県から買い付けに来る仲買人や小売業者に直接販売した。長野に出荷する乾燥させたエゴは、各家で一袋一〇kg入りに袋詰めし、集落を上と下に分けた二軒の家に集積して出荷する。当時のエゴ草の相場は一袋一〇kgあたり六万円で、これを四袋以上も出荷する人もいた。笠島の海女にとってエゴ採取はそれなりの現金収入源に位置づけられる生産活動であった。また、長野の仲買人も、その仕入先を笠島だけに求めず、出雲崎方面から海岸に沿って買い付けにまわっており、相当量のエゴが長野へ運ばれたものと考えられる。

いつの時期から笠島産のエゴが長野県へ流通するようになったのかは、今のところ定かではない。柏崎ふるさと人物館の調査成果によると、昭和二〇年前後には長野県の寒天業者がエゴやテングサの買い付けに訪れており、その用途も寒天製造であったことがうかがえる(4)。

笠島産のエゴが長野へと流通する一方で、笠島近在への行商販売も行われた。その行先は柏崎市内や東頚城の内陸農村部である。昭和二七（一九五二）年に笠島駅が開業するが、それ以前は隣の青海川駅まで歩き、そこから鉄道で柿崎まで移動し、さらにバスを乗り継いで東頚城で売り歩いた。なお、北越鉄道の駅として青海川駅が開業したのは、明治三二（一八九九）年のことである。

エゴの行商が展開をみせる背景には、当然のことながら、荷を背負った際の重量の軽さにある。笠島産のモズクは塩漬けにして長期保存できるが、多量の水分を含んだ状態のため重い。そのため、行商で扱う商品とされなかった。それは鮮度が商品価値を左右する貝類も同様である。

その行商形態は、夏にエゴを差し上げて、秋に米や小豆をいただく物々交換であった。各家で代々受け継がれている常連の顧客が決まっており、布団皮を再利用した風呂敷にエゴ草を包んで売り歩いた。

こうした行商は海女自身によって行われたものの、すべての海女が行商に関与したわけではない。多くの家が半農半漁の生活を営む笠島では、農地を保有していない家を中心に行商が行われ、エゴの販路は農地の有無や双方の生業活動への依存度に応じて、自己の選択のもと決められた。

二　糸魚川市沿岸部のエゴ食文化

沿岸漁村でも藻場が形成されず、エゴが採れない地域がある。沿岸部のエゴ食文化を理解する上では、エゴ採取活動の有無がその地域で展開される食文化に与える影響も考慮する必要がある。ここでは糸魚川市の二地域を例に、採取活動の有無に注目しながら、エゴ食文化の現状を確認したい。

1　エゴ採りをする地域——新潟県糸魚川市藤崎の事例——

糸魚川市内では藤崎や親不知がエゴの漁場とされる。近年のエゴ草の不漁は前述の笠島だけでなく、越後沿岸全域に及ぶ。エゴの収穫量が年々減少に向かう中、平成二八（二〇一六）年は藤崎だけが豊漁で、例年の三倍以上の収穫があった。藤崎でのエゴ採りは、素潜り漁と船上からの磯見漁に分けられる。その生業活動は、素潜り漁も含め男性を中心に行われる。磯見漁ではエゴマキと呼ばれる先端に海藻を巻き取る金属具を取り付けた柄の長い漁具でエゴを採取する。

平成二八（二〇一六）年八月一二日に筆者が藤崎で見たエゴは、翌日のお盆用に作ったもので、黒っぽい色であった。エゴは盆に食べるほか、婚礼や法事に出す振る舞い料理と意識されている。固めて完成したエゴは厚切りにし、酢味噌をかけて食べるのが一般的で、近年は柚子味噌をつけて食べる。

エゴの調理は、笠島の海女のように生産者自らが行うわけではない。エゴ採りは男性の仕事であって、その調理は女性へと委ねられるのである。また、エゴ草に男女の区別があるといった認識はなく、エゴを盆供にすることもない。

2　エゴが採れない地域――新潟県糸魚川市大和川の事例――

大和川地区は、沿岸部でもエゴ草が採れない地域である。昭和四五（一九七〇）年、猛発達した南岸低気圧による高潮発生で、大和川地区の護岸は壊滅的な被害を受けた。それ以後に行われた護岸復旧工事や、近年の海岸線の浸食は、周辺海域の漁場環境を一変させ、その影響があって同地区はエゴを含む海藻が生育する環境にない。

大和川地区においても、エゴは盆や正月、婚礼、法事のときに作る料理とされた。同地区在住のF氏（昭和二二年生まれ：男性）によると、昭和三〇年頃までは、藤崎地区の人がエゴ草を売りに大和川地区に訪れた。その行商が絶えた後は、藤崎地区の知人から直接購入し、自家で作って食べていたそうである。

しかし、現在ではエゴを食べる機会がほとんどなくなったという。その理由は、近年エゴ草の漁獲量が減少し、高騰しているためである。

食べる機会が失われつつも、夏場に食べたくなったときは、エゴ草を購入して食べることもある。ただし、エゴ草が高価で、入手困難であっても、既製品のエゴを買って食べることはない。既成品のエゴには混ぜものとして、エゴ草ではない別の海藻が混入しており、口に合わないと評価が低いのである。

また、大和川地区ではエゴをお盆の供物にする習慣がないため、盆に必ず作らなければならないといった規制や拘束性がはたらかない。その日に作る行事食としての定着度合いも低く、沿岸部でもエゴ草が手に入らなければ、エゴ食文化は衰退の方向へ向かっていくことを示唆する事例といえるであろう。

三　内陸北信地域のエゴ食文化――長野県飯山市――

エゴ食文化は県境を越えて長野県にまで及んでいる。前述した越後沿岸部の事例を見ただけでも、エゴ草に対する男女の認識やエゴの調理法、食べる機会や定着度、供物としての利用などに地域的な違いが見られる。海から採取されるエゴ草が内陸へと持ち込まれ、どのようにエゴ食文化が浸透し、展開しているのであろうか。ここでは長野県北信地域に位置する飯山市の実態をみていきたい。

1　飯山市のエゴ食

筆者が初めて飯山市を訪ねたのは、平成二八年のお盆の時期である。その八月一三日一二時頃、飯山市内のスーパーマーケットに入ると、既製品のエゴは売り切れ状態で、「〇〇食品の『練りえご』はただいま品切れしております。お昼頃の入荷となります。ご了承くださいませ」とお詫び文の貼紙が掲示されていた。海藻であるエゴ食が、海から遠い信州山国でも、多くの人に受け入れられていることを感じさせる光景であった。

飯山市では実際にエゴ作りを続けている人も多い。飯山市瑞穂では、盆・正月・祭り・婚礼などのモノビとされる日にエゴを作る風習がある。飯山市瑞穂の小菅地区では三年ごとの七月に柱松行事が行われ、この祭りにおいてもエゴが振る舞われる。『小菅の柱松―北信濃の柱松行事調査報告書―』では、柱松行事におけるエゴ料理について次のように記している。

祭に出す料理では、嫁に来てまず初めにエゴ作りを教わる。天草同様の海草であるエゴは、寒天（ママ）ように煮て溶かしたものを冷やし固め、からし醤油などをつけて食すもので、このエゴだけは、昔から作らない家など一軒もないと言っていいほど必ず作られている。たとえ作れない人があっても、知り合いに頼んだり店から買ったりして、祭のさいには必ず食卓にあがる。(5)

嫁いで来て最初にエゴ作りを覚え、エゴを作らない家など一軒もないといった記載は、祭りにおいてエゴが重要な料理として位置付けられていることを示す。

飯山市瑞穂の中組地区に住むＦ氏（昭和一二年生まれ）の協力のもと、平成二八（二〇一六）年八月一四日にエゴを作っていただき、調理者からの聞き取りを交え、その様子を観察調査した。今回は能登産のエゴ草を使用し、その調理手順は次のとおりである。

はじめに、下処理として乾燥したエゴ草を水に五～六分浸し、余分なゴミを取り除く。このエゴ草を鍋に移し、エゴ草全体が隠れる程度の水を入れて煮る。今回はエゴ草約五〇ｇに対して、水約一・四ℓの割合であった。これを火にかけ、はじめは強火にし、煮立ってきたら中火に調節して、泡立て器で上層部だけ混ぜる。約一〇分後、上下にかき混ぜ、そのとき泡立て器に付着したゴミを指でつまんで取り除く。今回は少し粘りが強いと判断し、ここで一〇〇ｇの水を注いで追加した。煮始めてから約一八分後、しゃもじを使って約一～二分間練る。この段階で、エゴが融けないときは酢を入れる場合もあるが、今回は酢を入れなかった。その後、火を止めて、ホウロウ製の型に流し込む。粗熱をとった後、冷蔵庫に入れて固める。そうして完成したエゴは厚く切り、辛子醤油もしくはわさび醤油で食べる。

以上のように新潟県に伝わるエゴ作りの手順や食べ方とほとんど変わりはないが、エゴを練る時間がやや短い。それは地域的な違いと捉えるよりも、個人の食に対する経験や嗜好によって左右されると考えた方がよいであろう。飯山市

【写真4】秋祭りのエゴ料理（飯山市戸狩）

戸狩では三〇分から一時間ほど練るという人や、最後に晒し布で濾して食感を滑らかにする人もおり、そうした調理方法をめぐる個人差は新潟県内においても同様にみられる。

飯山市戸狩の秋祭りで実際に出される料理をみると、エゴや笹寿司、いもなますが定番の料理として食卓にあがる。この日だけは故郷を離れた家族や親戚が集まり、各家でこれらの料理を食べて祭りに出かけるのである。祭り会場にいた地元の参加者にも、家でエゴを食べてから見物に来た人がおり、飯山市内には現在もエゴ食文化が色濃く根付いている状況がうかがえる。

また、飯山市内においても、現在では黒色のエゴを作る場合が多い。ところが、飯山市戸狩の秋祭りで見たエゴは白く晒したエゴであった。その理由を尋ねたところ、今回購入したエゴ草は少しゴミが多かったため、ゴミがよく見えるように白く晒したという。飯山市内で聞き取りを進めると、昔は白く晒したエゴが一般的であった答える人が多い。その晒し方は、養蚕に使用する蚕籠にエゴを広げて並べ、その上から水を二、三回かけて干したり、冬場であれば雪の上にひろげて晒したりする方法があった。概ね昭和四〇年頃までは白く晒すエゴの方が一般的で、その後より強い風味と香りのある黒いエゴが好まれるようになった。

このほか、飯山市内ではエゴを味噌漬けにする食べ方もある。これは調理して余った分の処理方法で、味噌に漬け込んで長期保存させる。エゴの味噌付けは弁当のおかずにもなったという。このような調理法は、前述の越後沿岸部では確認できず、魚沼市などの越後内陸部にみられる食習で、信越地域の内陸部に向かって、長期保存に適した加工が付随し展開していったものと考えられる。

2　エゴ草の入手経路

北信地域から最も近い海は、越後の海である。しかし、飯山市内で現在販売されているエゴ草は、その大半が能登産と青森県産で占められている。新潟県内のエゴ草収穫量の減少や全国的な商品流通網の発達によって、現在はより遠隔地のエゴ草が飯山市内で流通している状況にある。消費者の目線に立ってみれば、より安価で良質なエゴ草を自ら選択して入手することも可能で、さらには手間をかけてエゴを作らずとも、既製品のエゴを手軽に購入することもできる。

ここでは、その入手経路の変遷を聞き取り調査から明らかにすることで、そこに現われるエゴを求めようとする意識を見ていくことにする。

歴史的にみても、多種多様な海産物と一緒に信越国境を越えて越後から北信地域にエゴ草が移入されたことは想像に難くない。越後からエゴ草が持ち込まれた様子は『信州いいやま食の風土記』にもみえる。

越後の沿岸でとれるえご草は、日本海側の一部沿岸のみに見られる海草で、天日干しされてカラカラの針金の

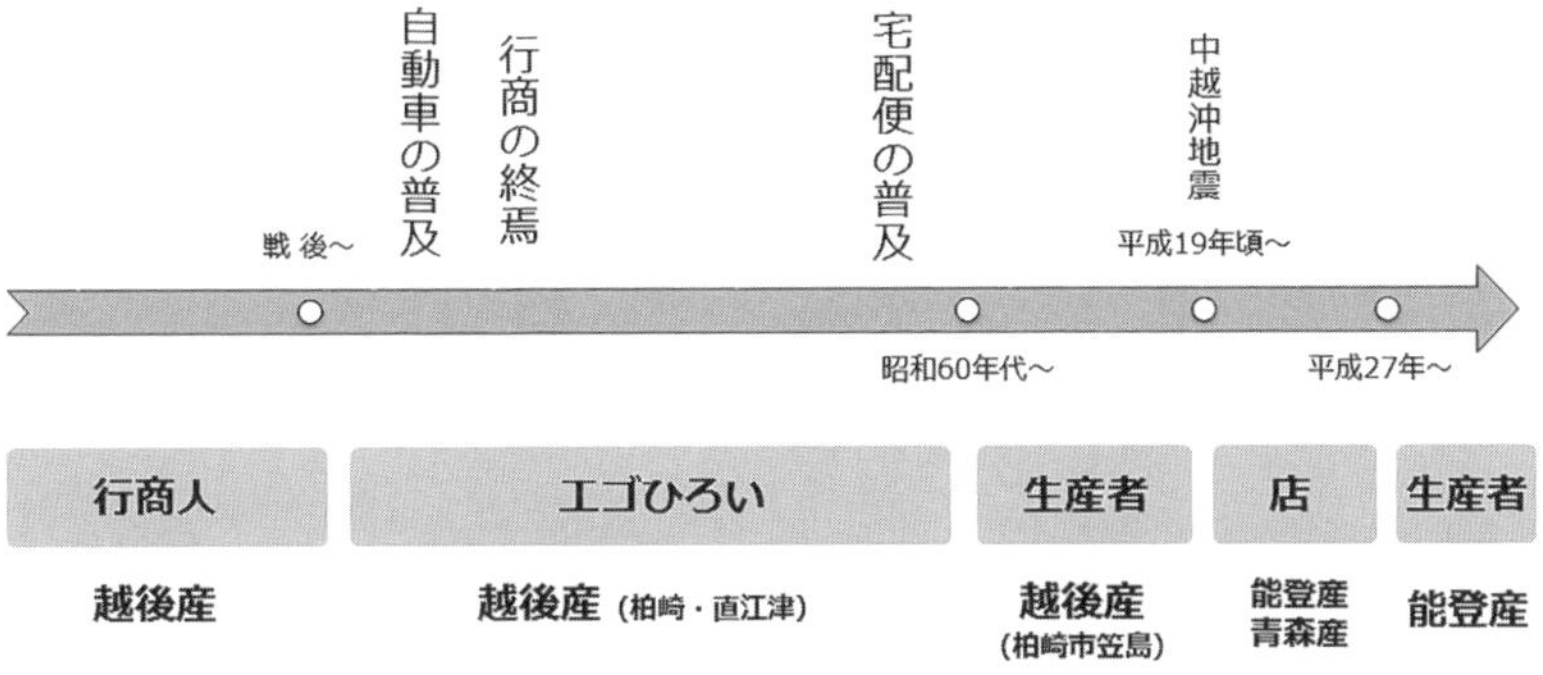

【図1】エゴ草の入手経路の変遷
（飯山市太田地区K家の例）

ような状態で、峠道を通う越後の魚商人が運んで来た。魚商人が飯山の南部地域に行きつくころには売り切れてしまっていたのか、飯山町・木島・秋津ではつくられていない(6)。

飯山市内では越後から遠ざかるほどエゴ食が希薄になる。これは現地で調査すると実感できることで、飯山市南部に隣接する中野市内ではエゴ食を確認できない。国境を越えて越後のエゴ草が北信地域に持ち込まれたとするならば、それはどのような経路を辿ったのであろうか。

飯山市内で聞き取り調査を進めたところ、「エゴ草は関田峠を越えて、越後の人が売りに来た」と複数の話者が伝えている。その道は信越国境の東端に連なる関田山脈を越える峠道で、現在の上越市板倉区関田から飯山市温井へ通じる。この峠道を越えて、行商人のほか、屋根葺職人や高田瞽女なども越後から訪れ、その光景は現在でも飯山の人びとの記憶に刻まれている。

飯山市太田地区のK家のH氏（昭和七年生まれ：男性）も関田峠を越えてエゴ草を売り歩く行商について記憶している。現在はその妻のK氏（昭和一八年生まれ：女性）がエゴ草の入荷にかかわるが、この夫婦の記憶からエゴ草の入手経路の変遷を整理すると次のとおりになる（図1）。

〈戦前〉　六月すぎ、関田峠を越えて新潟から一人の女性が風呂敷を背負ってエゴ草を売りに来た。その女性は湯治を兼ねて訪れ、野沢温泉に寄って休養し、その後太田地区の各家を売り歩いた。ここで売れ残れば隣の地区へ行って売った。

〈戦後〉　四、五人の仲間で柏崎や直江津の海へエゴ草ひろいに行った。車に乗り合わせて朝五、六時頃出発し、砂浜に打ちあがったエゴ草をひろった。エゴ草をひろいに行ったのは昭和六〇年頃が最後である。

〈昭和六〇年頃〉　柏崎市笠島の海女からエゴ草を購入するようになる。その契機は知人が笠島の海に行楽で立ち寄った際、海女と知り合いになったことによる。

〈平成一九年頃〉　平成一九（二〇〇七）年の中越沖地震以後、笠島のエゴ草が不漁続きとなり、飯山市内のこんにゃく店からエゴ草を購入した。

〈平成二七年以降〉　値段が安く、良質な能登産のエゴ草を見つけ、直接現地の生産者に連絡して知人らと共同購入している。

周囲の状況に応じて、ときには積極的に、また、ときには気の向くままに入手経路を変えてきた。そのありようはとても柔軟で流動的なものであるが、エゴに対する強いこだわりを感じさせる。戦前から戦後になって生じた入手経路の転機は、自動車の普及にともない行商が終焉に向かう時期でもある。そうした状況下で、山国である北信地域から遠く離れた海に赴いてエゴをひろう行為は、エゴ食文化がその原料となるエゴ草の移入といった外発的な要因によって形成される段階を超えて、その地域に深く浸透していることをあらわしている。

また、昭和五〇年代から急速に普及した宅急便の影響もあって、昭和六〇年頃以降は柏崎市笠島の海女からエゴ草を入手するなど、消費者は生産者から直接購入できる時代になった。中越沖地震以降は飯山市内の店からの購入を経て、現在は能登の生産者から購入するなど、エゴ草の入手が困難な状況にありながらも、エゴ作りは続けられているのである。

おわりに

本稿では信越国境域に広がるエゴ食文化に注目し、越後沿岸部と長野県北信地域を中心にその流通と食利用の諸相を述べてきた。

柏崎市笠島では、三種類のエゴ料理をその場面や季節に応じて使い分けるなど、他の地域と比べても相対的に豊かなエゴ食文化が受け継がれている。エゴ草をオジエゴとオバエゴの二種と認知する民俗的知識に加え、その混合比を調整しながら調理するなど、海女文化を背景とした独自のエゴ食文化が育まれた。

一方、同じ沿岸漁村においても、エゴ採取の有無、供物の有無によってエゴ食文化の伝承のあり方に差異が生じている。エゴ草の入手が困難であれば糸魚川市大和川のようにエゴ作りの伝承が衰退に向かった地域もある。

倉石あつ子はエゴをめぐる味の伝承や定着度を考察する中で、葬儀や盆などの仏事に関わる儀礼食が変化しにくい傾向にあることを指摘し、「イゴが盆の供物などとして定着しないかぎりは、伝承されていく可能性は少ない」と述べている(7)。その指摘は本稿で対象とした柏崎市と糸魚川市の事例にも当てはまることで、供物の有無によって伝承の度合いに差が生じている。

しかしながら、エゴを盆の供物としない長野県北信地域では、エゴ食の定着度や伝承の持続性は高い傾向にあると考えられ、盆の供物の有無だけでは伝承の実態を捉えきれない側面もある。飯山市内の祭りでエゴを食す習慣は、越後よりも顕著な状況にあり、今後はエゴ食文化を持続させる要因を、地域社会がもつ諸条件と照らして検討を進める必要がある。

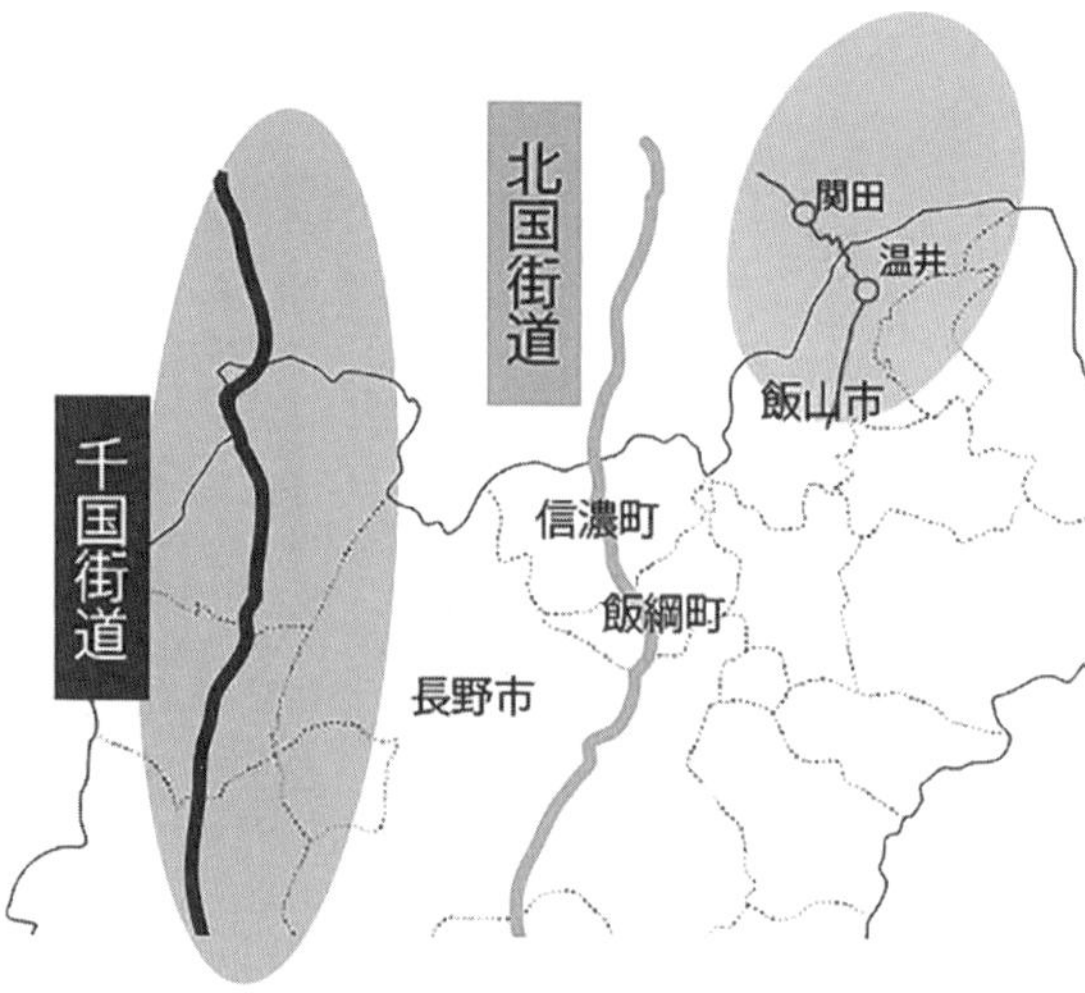

【図2】エゴがきた道

また、同じ北信地域でも、北国街道沿いの信濃町や飯綱町の数カ所で調査を実施した結果、エゴ食の実態を確認できなかった。その意味を追究することも、今後の重要な課題となる。

『信州いいづな 食の風土記』では、「えご草は日本海沿岸の一部で採れる海草で、天日干しされて、からからの針金のようになっている。不思議なことに、もともと北国街道沿いの飯綱にはなかったが、西山や飯山からきた嫁さんが持ち込んだようだ」と紹介している(8)。北国街道沿いにエゴ食文化が根付いておらず、存在したとしても後発的であった状況を考えると、北国街道沿いでは歴史的にエゴ草が流通していなかった可能性も考えられるであろう（図2）。

北国街道以外の北信地域と上越地域を結ぶ道については、花岡公貴が問題提起した関田山脈を越える峠道がある(9)。北信地域へのエゴ草の流通においても、この関田山脈の峠道が重要な役割を果たしており、今日に続くエゴ食文化の契機をもたらしている。そして、峠道による行商の時代が終焉を迎えた以降も、峠を越えて自ら海に向かうほど、エゴに対する執着心と強いこだわりを見せている。信越間のエゴ草流通が途絶えてもなお、その文化的な結びつきは持続しているといえる。

エゴ食は千国街道沿いの小谷村から大町市を経た南安曇にかけての地域や、その街道から分かれる長野市西部や小川村などの西山と呼ばれる地域にも広がっている。[10] 物資や人が行き交う大動脈として信越国境を結んだ北国街道と千国街道であるが、エゴ草の流通とその食文化といった意味では異なった様相を呈しており、信越国境域の歴史的展開を考えるうえで重要な多くの課題が内包されている。

註

（1）伊藤徳「エゴノリに関する研究（第1報）─長野県中学校生徒のエゴノリ喫食に関する調査報告─」（『長野県短期大学紀要』第二二号、長野県短期大学、一九六六年）。伊藤徳「エゴノリに関する研究（第2報）─新潟県中学校生徒のエゴノリ喫食に関する調査報告─」（『長野県短期大学紀要』第二二号、長野県短期大学、一九六七年）。

（2）「越後国山口・虫川関所出荷物運上金上納帳」（長野県『長野県史 近世資料編 第五巻（三）中信地方』長野県史刊行会、一九七四年、第一二五七・一二五八号）。本史料には安政六（一八五九）年四月に「いこ天草拾九箇半」、同年六月「いご弐拾八箇」、同年七月「てん草・いこ四拾五箇六分　壱箇拾貫めつゝノ積り」、同年九月に「いこ五拾貫目」の荷物が記載されている。

（3）『柏崎の海藻─観察・標本づくりの手びき─』（柏崎市立博物館、一九八八年、一一頁）。本書では「柏崎ではエゴノリ・カギイバラノリを共にオジエゴと呼び、アミクサをオバエゴと呼んで、まぜ合わせて食用としている。」とある。

（4）『第22回企画展図録 海と暮らす─素潜り漁と人の道具』（柏崎ふるさと人物館、二〇〇八年、九頁）。本書では昭和一九年（一九四四）から本格的に素潜り漁を始めた昭和五（一九三〇）年生まれの笠島の女性からの聞き取りとして、「当時は実家の手伝いをして、エゴやテングサを晒して白くしたものを取り扱い、長野県から寒天業者がトラックで買い付けに来たこともあった。」と記す。また、『寒天の話』（諏訪史談会、一九四九年）にも、寒天原料の一部として、日本海産のエゴが直江津を経由して諏訪へと移入された記載がある。

（5）『小菅の柱松─北信濃の柱松行事調査報告書─』（長野県飯山市教育委員会、二〇〇八年、八九頁）。

（6）飯山市「食の風土記」編纂委員会編『信州いいやま食の風土記』（飯山市「食の風土記」編纂委員会、二〇〇五年）

（7）倉石あつ子「イゴ（エゴ）をめぐる味の伝承」（『信濃』第四八巻─第一号、信濃史学会、一九九六年）。

（8）だんどりの会・飯綱町『信州いいづな食の風土記』（農山漁村文化協会、二〇一〇年、一二三・一二四頁）。

（9）花岡公貴「信越を結ぶ街道と峠道」（『地方史研究』第三八二号、地方史研究協議会、二〇一六年）。

（10）前掲註（7）倉石論文、多田井幸視「西山地域のエゴ食─裾花川水系のエゴ食─」（『長野県民俗の会通信』第一三八号、長野県民俗の会、一九九七年）。

第二章　「境」の形成と「間」

北陸道の越後国と東山道の信濃国

原田　和彦

はじめに

古代において、越後国（北陸道）と信濃国（東山道）との交流が盛んであったということは、多くの研究者によって指摘されている。たとえば、考古学の立場からは、佐藤慎氏が[1]、古墳時代の信越の交流について、信越の古墳の類似性から論じているし、坂井秀弥氏[2]は、栗原遺跡（妙高市）と雨宮廃寺跡（長野県千曲市）出土の軒丸瓦が同笵であることなどを取り上げ、北信濃と上越とのモノの交流を論じている。

また、文献史学の立場からは、小林昌二氏[3]や傳田伊史氏[4]、そして川尻秋生氏[5]の研究があげられよう。特に川尻氏は、北陸道は峻険であるために、越後国からは信濃国を介して東山道を使って都へ向かったと結論付ける。換言するならば、越後国府からは北陸道ではなく東山道を利用していたと推定しているのである。

一方、牛山佳幸氏[6]は、都から信濃国（北信）へは北陸道を通って向かう例が多いとする。川尻氏と牛山氏は逆の結論を導いているが、相互に「道」を利用していたと考える立場は変わらない。このように、越後国と信濃国との交流については多くの事例が報告されている。そのため、本報告においてこの点を新たに論じ、指摘する必要はあるまい。

ただ、基本に立ち返ると、こうした交流は、制度として、また国家が意図してこの関係を作り出したのであろうか。この点を、越後国（主に上越）と信濃国（主に北信四郡）に焦点をあてて論じる。その指標として官道としての東山道支道（東山道越後連絡道）の在り方を考えたいと思う。

しかし一方で、越後国と信濃国の古代の歴史を総合的に見通して論じた研究は皆無に等しい。信濃国の特性と、越後国の特性を鑑みて、その関係を解釈することは、両国の古代地域史の解明に有用であると思う。

本稿では、越後国と信濃国の古代地域史研究の概略を先学の研究に導かれながら述べ、私見としてまとめる。そのうえで、両国の交流について東山道支道のあり方について考えることとしたい。

一 北陸道の越後国

1 越後国の成立

古代の越後国については多くの研究がある。こうした研究をまとめたものとしては、平成二四年度に開催された「越後国域確定一三〇〇年事業」の報告書[7]がある。この報告書によりつつも、私なりに越後国についてまとめておきたい。

浅香年木氏[8]は、「北陸地域のイメージは、「天ざかる鄙」であると同時に、「科離る越」の国である、「北陸道」すなわち「クヌガノミチ」であった。つまり、畿内地域群からは、重畳たる山坂を越えねば到達することのできぬ、「科」（坂）を隔てた陸地としてとらえられていたのである」と論じる。また、山田英雄氏[9]は、越は「コシノミチ」であるとする。七道制成立以前には、越は「ミチ」としての認識があった。越前は「古之乃三知乃久知」、越中は「古之乃三知乃奈加」、越後は「古之乃三知乃之利」である。それでは「越」から越後国（「古之乃三知乃之利」）が成立するまでを、史料を引用しつつ、これまでの通説を振り返ることとする。

『日本書紀』天智七（六六八）年七月条には、

高麗従㆓越之路㆒、遣レ使進レ調。波風高。故不得歸。以㆓栗前王㆒、拝㆓筑紫率㆒。于レ時、近江国講レ武。又多置レ牧而放馬。又越国献㆔燃土与㆓燃水㆒。（後略）

とある。「越」が「越之路」としてあらわれ、「越国」とも記される。このことから、両者は同義であったことがわかる。この後、「越」と記載される史料は、天武元（六七二）年七月[10]、天武四（六七五）年二月[11]、天武一一（六八二）年四月[12]、天武一一（六八二）年八月[13]、持統三（六八九）年正月[14]、持統三（六八九）年七月[15]にあらわれる。[16]また『日本書紀』持統六（六九二）年九月癸丑（二一日）条には、

越前国司献㆓白蛾㆒。

とある。「越前国」の初見史料である。「越」から越前・越中・越後の三国が分立したことが想定される。鐘江宏之氏[17]は国内の国境が確定した時期を天武一二（六八三）年[18]から天武一四年[19]までとしているが、この史料から「越の分割の時期は、天智七（六六八）年から持統六（六九二）年の間に求められる」と結論付ける。『続日本紀』大宝二（七〇二）年三月甲申（一七日）条には、

分㆓越中国四郡㆒、属㆓越後国㆒。

とあり、これが「越後国」の国域（国境）確定についての史料である。ここで言う越中国の四郡とは、「頸城・古

志・魚沼・蒲原」（三島郡は平安時代の成立）である。越後国はもともと、沼垂郡（渟足柵・沼垂柵）と岩（磐）船郡（磐船柵）からなっていた。信濃川・阿賀野川の河口が国境であったのである。

この越後国の成立については、後の出羽地域に王権のフロンティアが移ることを見越したうえでの後方支援的な地域を付加させようとするもので、天然難所の親不知付近を境に分割するという意味があったと考える向きもある[20]。とすると、城柵のための国と言い換えることができよう。

『続日本紀』大宝二（七〇二）年四月壬子（一五日）条には、

令下筑紫七国及越後国簡-二点采女・兵衛一貢上レ之。但陸奥国勿レ貢。

とある。これは采女の貢進を命じる記事である。「新しい越後国に移管して、律令制をよりきちんと実施したのではないか[21]」とする。また、沼垂郡・岩船郡の二郡を含めた支配が可能になった、あるいは対蝦夷政策からこの段階で脱したとの指摘もある[22]。それでは、筑紫・陸奥についてはどう説明するのかが問題となろう。新しい越後国の成立と論じることは不可能ではないかと考える。この点は後述する。

『続日本紀』和銅元（七〇八）年九月丙戌（二八日）条には次のようにある。

越後国言、新建二出羽郡一、許レ之、

越後国に出羽郡が新設されたことがわかる。ただ、これは分郡なのか、越後国が北に延びたのかは意見が分かれるところであろう。私は越後国が北に延びたという理解が穏当と思われる。それは次の史料からも類推できる。『続日本紀』和銅五（七一二）年九月己丑条に、

太政官議奏曰、建レ国辟レ疆、武功所レ貴、設レ官撫レ民、文教所レ崇、其北道蝦狄、遠憑二阻険一、実縦二狂心一、屡驚二辺境一、自二官軍雷撃一、凶賊霧消、狄部晏然、皇民無レ擾、誠望更乗二時機一、遂置二一国一、式樹二司宰一、永鎮二百姓一、奏可之、於レ是始置二出羽国一、

とあり、これは出羽国の新置記事である。広範な出羽郡が国となったのである。出羽国の設置目的はあくまでも対蝦夷対策の「柵」の設置に関係した国であることが読み取れる。なお、ここで出羽郡のみで一国とし、沼垂郡、岩船郡を入れなかったのは、沼垂郡には城柵とともに国府が置かれており、越後国府はやがて頸城郡に移るものの、沼垂郡は越後経営上重要な地であったとの指摘がある。[23]傾聴すべき指摘であろう。

『続日本紀』和銅七（七一四）年一〇月丙辰（二日）条に、

勅割二尾張、上野、信濃、越後等国民二百戸一、配二出羽柵戸一

とある。出羽国が出羽柵であることを示す史料である。このことは、出羽国が成立すると越後国が城柵の国という性格を脱することとなる。ただ、出羽国が北陸道の国として残されているので、完全に脱したとは言えない。

永田英明氏[24]は、出羽国が北陸道の国から東山道の国に移管された時期を養老四（七二〇）年末から六年初めとす

る。越後国が城柵の国から完全に脱したのは、出羽国が東山道の国に移管された時期であるとまとめておこう。

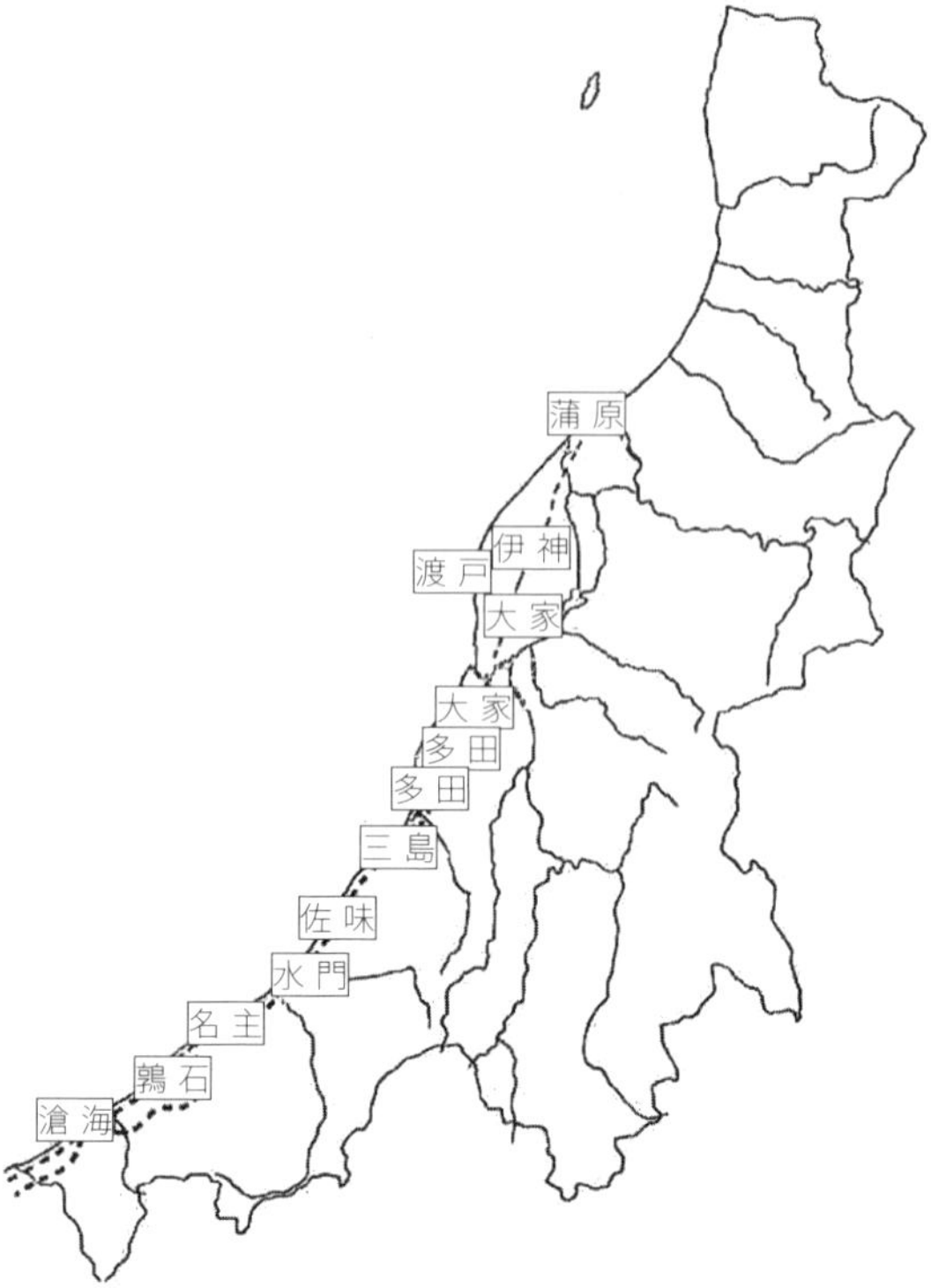

【図1】古代北陸道と駅推定地
（『新潟県史』通史編1原始・古代）

2　越後国府と「神済」

次に越後国の特徴として、対蝦夷政策との関係を確認しておきたい。越後国が対蝦夷対策の国と認識されていたことは養老令の規定からも明らかである。(25)『職員令』大国条には、「其陸奥。出羽。越後等国。兼知二饗給。征討。斥候一」とあり、その性格がはっきりとする。少し時代をさかのぼらせて、城柵の設置と、国境の変化を越後国と城柵について振り返っておきたい。

大化四（六四八）年には、「治二磐船柵一、以二備蝦夷一、遂選下越与二信濃一之民上、始置二柵戸一」(26)とあり、「磐船柵」（岩船柵）がつくられ、「信濃之民」が移されることとなる。なお、「信濃之民」が実際に移されたことは、岩船郡内の郷名に信濃と地名が見られることから想定されている。(27)

文武二（六九八）年には、「令三越後国修二理石船柵一」(28)とあり、また文武四（七〇〇）年には「令下越後佐渡二国一修中営石船柵上[29]」とある。出羽地域への進出の拠点として「石船柵」（岩船柵）が整備されたのである。なお、「渟足柵」（沼垂柵）は行政官衙として整備されている。この点は『威奈真人大村墓誌』に明らかである。

小納言正五位下威奈卿墓誌銘并序
卿諱大村、檜前五百野宮御宇　天皇之四世、後岡本聖朝紫冠威奈鏡公之第三子也、卿温良在性、恭倹為懐、簡而廉隅、柔而成立、後清原聖朝初、授務広肆、藤原聖朝小納言闕、於是高門貴甲各望備員、天皇特擢卿、除小納言、授勤広肆、居無幾、進位直広肆、以大宝元年、律令初定、更授従五位下、仍兼侍従、卿対揚宸扆、参賛絲綸之密、朝夕帷幄、深陳献替之規、四年正月進爵従五位上、慶雲二年、命兼太政官左小弁、越後北彊衝接蝦虜、柔懐鎮撫允属其人、同歳十一月十六日、命卿除越後城司、四年二月、進爵正五位下、卿臨之以徳沢、扇之以仁風、化洽刑清、令行禁止、所冀享茲景祜、錫以長齢、豈謂一朝遽成千古、以慶雲四年歳在丁未四月廿四日、寝疾終越城、時卌六、粤以其年冬十一月乙未朔廿一日乙卯、帰葬於大倭国葛木下郡山君里狛井山岡、[30]（下略）

ここから、「越後城司＝越後守＝沼垂城司」と考えられている。[31]「伊奈大村墓誌銘」にある「越後城」は、越後国の初期越後国府（沼垂柵の後継）と考えられている。[32]そして、八幡林遺跡出土の「・□祝沼垂城」「・廿八日解所請養老×」の木簡[33]からは、養老年間にも沼垂城が機能していたことがわかる。その後、国府は頸城郡内に移され、それにともなって「越城」は沼垂城に名称が変更されたと理解されている。[34]

頸城郡内においても国府の移動が想定されており、上越市・今池遺跡が頸城郡に移されての初期国府とする。[35]その後直江津周辺に移ったと考えられている。[36]ただし、国府を今池遺跡にあてることにはあまりにも物証の少ないことが気にかかる。今池遺跡に隣接する国分寺推定遺跡についても同じである。直江津には「郷津」地名があり、これは国府津と関連すると考えられているし、ここには北陸道の水門駅がある。このことから頸城郡に国府が移った当初から、直江津に国府があったというのが私の考えである。ただし、この点は指摘だけにとどめる。[37]

さて、越後国を論じるにあたって、重要な地名がある。これが神済である。神済は、『令集解』公式令の次の条文にあらわれる。

凡朝集使、東海道坂東謂、駿河与二相模一界坂也、釈云、須流河与二桑花一界内東山道跡云、奈加津道、山東謂、信濃与二上野一界山也、釈云、科野与上毛野界山、北陸道跡云、北道、神済謂、越中与二越後一界河也、釈云、高志道中与二道後一界以北、山陰道跡云、影友出雲以北古記云、問、山陰道従二誰国一レ乗駅、答、従二出雲一在二乗限一、山陽道跡云、疏止毛安芸以西、南海道土佐等国、穴云、於二南海道一只土佐国乗レ駅耳、及西海道、皆乗二駅馬一、自余各乗二当国馬一、謂、賃乗二民間一、准折雑徭、即以二一日馬力一、折二一日人徭一也[38]

神済については、米沢康氏[39]の専論がある。米沢氏は、神済を越後国と越中国の境である「親不知」付近にあてる。一方、荒井秀規氏[40]は、神済の「神」の指すところを弥彦神と考え、信濃川・阿賀野川の河口あたりに想定する。私はこの考えを支持する。なぜなら、釈説のいうところの「高志道中」と「高志道後」が大宝二年以前の国境を示しており、「越中」と「越後」の表記もこれにならった概念と思われる。とすると、その境の河とは、信濃川・阿賀野川のことを指すと理解できるのである。なおここには沼垂城が存在したことも指摘しておく。

神済については、平安時代の初めにもその認識が残る。弘仁一〇（八一九）年五月二一日の格[41]に神済の名があらわれる。この格は「飢民数を偽ったことを問題」とするものである。[42]格の検討が主眼ではないので、詳しくは触れないが、ここには「其損田者限内必申、若有下縁二実録一須上レ経レ日者、限内預申二損状一、追早進二実録帳一、若レ不レ進レ帳不レ聴レ遣レ使、但於二遠国一九月之損、定知レ不レ堪二限内言上一、宜下東海道坂東、東山道山東、北陸道神済以北、山陰

道出雲以北、山陽道安芸以西、南海道土左等国、大宰管内大隅薩摩日向、多褹、対馬等国島、九月之内風水之損、雖二十月後一行程之内特聴中通計上、過程之外不レ聴二判収、一自今以後立為二永例一、不レ得二疎漏一」とある。

東海道は「坂東」、東山道は「山東」、北陸道は「神済以北」、山陰道は出雲国より北、山陽道は安芸国より西、南海道は土佐国、大宰府管内（西海道）は大隅国・薩摩国・日向国・多褹、そして対馬国は十月以降の報告も許すというものである。この条文はそのまま、朝集使条を引き継ぐものと言える。とするならば、少なくとも弘仁一〇年までは、北陸道の「神済」という境の意識は引き継がれていたことがわかる。また、北陸道については、その区分を越中国(43)や能登国(44)といった国名で表記する例が他に見られるので、神済が国境を意味する可能性は低い。神済が北陸道における境であることも読み取れよう。すなわち、沼垂城の位置がその後も神済と理解されていたと考えたい。

結論として、延喜式駅制において、北陸道の終着は弥彦山あたりの伊神駅であり、その先には神済があったと解釈できる(45)。そしてこのルートは、越後が確定された出羽国が東山道に編入された時期に確定したと考えたい。

二　東山道の信濃国

1　信濃遷都計画と諏方国の建国

信濃国の性格を考える上で二つの事項を取り上げたい。一つが天武一三（六八四）年から始まる天武天皇による信濃遷都計画、そしてもうひとつが養老五（七二一）年の諏方国（諏訪国）の分国である。

まず、天武天皇による信濃への遷都計画を見たい。関連する史料を掲げると、まず、『日本書紀』天武一三（六八四）年二月庚辰（二八日）是日条がある。

遣浄広肆広瀬王・小錦中大伴連安麻呂、及判官・録事・陰陽師・工匠等於二畿内一、令レ視二占応都之地一。是日、遣二三野王・小錦下采女臣筑羅等於信濃一、令レ看二地形一。将レ都二是地一歟。

次に、『日本書紀』天武一三（六八四）年閏四月壬辰（一一）条には、

三野王等、進二信濃国之図一。

また、『日本書紀』天武一四（六八五）年一〇月壬午（一〇日）条には、

遣二軽部朝臣足瀬・高田首新家・荒田尾連麻呂於信濃一、令レ造二行宮一。蓋擬レ幸二束間温湯一歟。

とある。この三つの記事を見ると、天武天皇は都を信濃国に移そうとしていたことがわかる。これは天武天皇の複都構想によるものと思われる。この意図するところについては、①防衛上の必要から信濃宮を計画、[46]②代替湯治場としての行宮、[47]③西国支配を担当した難波宮と同等に東国支配を前提とした、[48]この三つの説に絞られよう。天武一四年九月といえば、前述のように「七道制」が確立された時期にあたる。国家としての地方制度が成立した時期と言い換えることができる。これに合わせて信濃遷都（複都）が考えられたのである。このことから、私は信濃国への遷都は③の東国支配を前提とした遷都と考えている。

そもそも、天武天皇と信濃国は壬申の乱においても深いつながりがあった。[49]壬申の乱における「信濃兵」[50]の役割を

評価する向きがある。信濃兵は、善光寺平からも派遣されたと理解されているのである。(51)

次に取り上げたいのが、「諏方国」の分離と併合の問題である。関連する史料を掲げる。

『続日本紀』養老五（七二一）年六月辛丑（二六日）条には、

割二信濃国一、始置二諏方国一

とあり、諏方国が設置された。諏方国は信濃国から諏訪郡、伊那郡、筑摩郡、佐久郡を割いて成立したものと考えられている。なお、信濃国には、北信四郡と国府のあった小県郡が残された。

『続日本紀』養老三（七一九）年七月庚子（一三日）条には、

始置二按察使一、（中略）美濃国守従四位上笠朝臣麻呂管尾張、参河、信濃三国、（中略）越前国守正五位下多治比真人広成管二能登、越中、越後三国一（中略）其所レ管国司、若有三非違及侵二漁百姓一、流罪以上録レ状奏上、若有二声教条々一修二部内一粛清、具記二善最一言上、

とある。按察使は信濃国と同じく美濃国守が管した。

そして、『続日本紀』天平一三（七四一）年三月乙卯（七日）条に、

廃二諏方国一并二信濃国一

とあり、諏方国は信濃国に併合される。

この短い期間の諏方国の建国の意義は、①美濃国司の木曽路の開削[52]により、美濃から伊那郡を通らずに国府（小県）への道ができるようになったこと、②諏訪郡主帳の須芳山嶺道[53]、すなわち諏訪郡から佐久郡への道[54]が開かれたことなど、交通との関係から論じられる[55]。

諏方国が建国した養老五年は、すでに述べたように出羽国の北陸道から東山道への移管の時期である。そして岩城国・岩背国の再併合による「広域陸奥国」の成立の年でもある[56]。こうしたことから考えると、信濃国からその南半分にあたる地域を分けて諏方国としたことは無関係ではないと考える。私は、広域陸奥国との関係のなかで、諏方国と信濃国とがその性格をわける意味を持っていたと考える。

この二つの点から、信濃国は東国における蝦夷政策、あるいは東国支配の重要な国であったと理解できよう。それでは次に、蝦夷政策と信濃との関係について見ておきたい。

2　信濃国と蝦夷

信濃国と蝦夷との関係も従来から指摘されているところである[57]。ただ、越後国とは少し性格が違っている。この点を見ておきたい。まずは関連する史料を挙げる。

『続日本紀』和銅二（七〇九）年三月壬戌（五日）条には、

陸奥・越後二国蝦夷、野心難馴、屢害二良民一、於レ是遣レ使、徴二発遠江・駿河・甲斐・信濃・上野・越前・越中等国一、以二左大弁正四位下巨勢朝臣麻呂一為二陸奥鎮東将軍一、民部大輔正五位下佐伯宿祢石湯為二征越後蝦夷将

軍一、内蔵頭従五位下紀朝臣諸人為二副将軍一、出レ自二両道一征伐、因授二節刀并軍令一

『続日本紀』和銅七（七一四）年一〇月丙辰（二日）条には、

勅割二尾張、上野、信濃、越後等国民二百戸一、配二出羽柵戸一

『続日本紀』霊亀二（七一六）年九月乙未（二三日）条には、

従三位中納言巨勢朝臣麻呂言、建二出羽国一、已経二数年一、吏民少稀、狄徒未レ馴、其地膏腴、田野広寛、請令下二随近国民一、遷二於出羽国一、教二喩狂狄一、兼保中地利上、許レ之、因以二陸奥国置賜最上二郡、及信濃、上野、越前、越後四国百姓各百戸一、隷二出羽国一焉、

『続日本紀』養老元（七一五）年二月丁酉（二六日）条には、

以二信濃、上野、越前、越後四国百姓各一百戸一、配二出羽柵戸一焉、

八世紀の初めは、日本海ルートの蝦夷問題が主流の時期であり、このことから「越前国・越後国」（北陸道）と「信濃国・上野国」（東山道）の二つのグループによって対蝦夷政策が実施されていたことがわかる。なお、駅路との関係から一志茂樹氏[58]は、上野国から出羽国へのルートを三国峠を越えたルート提示する。また、信濃国については、飯山から越後に入るルー

ト、すなわち北陸道の三島駅へのルートを想定している。いずれも沼垂城に向かうルートであることは注目すべきである。

延暦年間になると、太平洋側の蝦夷の問題がおこるが、ここでも信濃国は重要な役割を担う。延暦一〇（七八一）年には、「勅、為レ征二蝦夷一、仰二下諸国一、令レ造二革甲二千領一、東海道駿河以東、東山道信濃以東、国別有レ数、限二三箇年一並令レ造訖」(59)とあり、また、延暦二一（八〇二）年には「勅、官軍薄伐、闢レ地瞻遠、宜下発二駿河・甲斐・相模・武蔵・上総・下総・常陸・信濃・上野・下野等国浪人四千人一、配中陸奥国瞻沢城(60)一」とある。蝦夷征討のために、物的・人的な負担をしていたことがわかる。伝承でしかないが、坂上田村麻呂伝承が信濃では千曲川沿いに飯山まで確認できるという。(61)おそらくは、飯山から越後へのルートの話であると考える。(62)

このように、信濃国は城柵の国という性格をもつ越後国を後方から支援するという性格を持っていたのである。

3　越後国と信濃国の併記

信濃国と越後国とは、どのような関係にあるのか。これまでの研究をまとめると、①磐船柵の築造に関して、信濃国から民を移した。これを契機として、柵戸の供給先、兵士等の供給先としての信濃国、そして越後国があらわれる。②軍粮などを負担する国として両国があらわれる。(63)なお、このあたりの事情について永田英明氏(64)は、蝦夷地への道として、兵員の道、すなわち兵士派遣の道、軍粮の道、すなわち米の輸送の道を想定する。永田氏の指摘は信濃国と越後国の在り方に共通するのである。

さて『類聚国史』弘仁四（八一三）年九月丙子（二七日）条には、

勅、辺要之地、外寇是防、不虞之儲、以レ粮為レ重、今大軍頻出、儲粮悉罄、遺寇猶在、非常難レ測、若無二貯蓄一、如二機急一何、宜下陸奥出羽両国公廨、混二合正税一、毎年相換、給中於信濃越後二国上、但年穀不レ登、無二物混一レ税、

并有下不レ可レ得二公廨一之人上、合二随レ状移送一、依レ実相換、停止之事、宜レ待二後勅一、

とある。これが唯一、越後国と信濃国が併記される例である。これについては、征討政策により疲弊した陸奥・出羽両国を救済するため、他国の正税を陸奥・出羽の公廨稲にあてることが制度化されたものである。当該史料は「陸奥・出羽両国の公廨稲は正税稲といっしょに官庫におさめ、そのかわり公廨稲は信濃国と越後国で負担することとなった」と理解されている。そのうえで、「おそらく、陸奥分は信濃が負担し、出羽分は越後が負担したものであろう[65]」という。これはあくまでも臨時的なものであった。そのため、その後制度化された形跡は見られないのである。

このように、平安時代初期まで、信濃国と越後国は陸奥・出羽両国との関係の中で認識されていたことが指摘されよう。ただし、制度として両国が深くかかわることがないことも確認しておきたい。

三　越後国と信濃国を結ぶ道

1　七道制とその変遷

ここでは、信濃国と越後国府を結んだ道である東山道支道について考える。そこでまずは、七道制についてこれまでの研究を確認しておきたい。七道制は天武一二（六八三）年から一四年にかけての時期に成立[66]したとする。そもそも「道」とは、「基本的には都城を起点に四方に延びた交通路を軸に諸国を編成する、きわめて中央集権的な論理で編成される行政単位」である。そして、この成立時期は国境確定の時期でもある。「越や吉備はこの国境確定事業の際に令制の北陸道や山陽道の交通路に沿って分割されたもの」で、「そのために各道に沿って前・中・後と並ぶことになった[67]」とする。

七道制の成立は、『日本書紀』天武一四（六八五）年九月戊午（一五日）が根拠となっている。

直広肆都努朝臣牛飼為㆓東海使者㆒。直広肆石川朝虫名為㆓東山使者㆒。直広肆佐味朝臣少麻呂為㆓山陽使者㆒。直広肆巨勢朝臣粟持為㆓山陰使者㆒。直広参路真人迹見為㆓南海使者㆒。直広肆佐伯宿禰広足為㆓筑紫使者㆒。各判官一人。史一人。巡㆓察国司・郡司及百姓之消息㆒。

この史料には、北陸道を除く六道に巡察使が派遣されている。それではなぜ、「北陸」道が抜けているのか。この点について鈴木景二氏(68)は、「北陸道の北方の地域は行政システム整備が遅れていて、それで天武十四年の巡察使も派遣しなかったか、あるいはできなかった」とする。しかしこの点は、山田英雄氏(69)が越《コシノミチ》は「道」と同義であると言っており、「越」が「ミチ」としてすでに認識されていたために、派遣をする必要がなかったとは考えられないであろうか。このことは、同じく「西海道」も筑紫としており、また、前出の大宝二年に采女の簡点を命じたのも、「筑紫七国及越後国(70)」としている。この共通点に注目すると、これをもって七道制の成立といえるのかは疑問である。この遣使の性格が問題となると思われる。

さて、七道制の意義について鐘江宏之氏(71)は、「軍事的側面を強調する必要」はなく、遣使のためのものであり、「行政のための道としての性格を持っている」とする。具体的には、七道を利用して文書を下達するシステム（専使と逓送）、地方からの上申文書の単位であるという。また、道を単位として使者も派遣される。こうした七道制の性格を確認しておきたい。

次に、駅路再編や伝路の再編について見ることにしたい(72)。七道間連絡駅路の廃止については、霊亀二（七一六）年に東山道の武蔵路が廃止されることに代表されるように、『延喜式』からイメージされる「七道駅路」像が、八世紀末から九世紀初頭の時期に作られた。また、神護景雲二（七六八）年に淡路国坂本駅の廃止などに代表されるように、駅家の廃止記事が多く見受けられるので、国府以遠の駅が廃止され、整備が進んだのはこの時期である。

一方、郡家間をつないでいた伝路について大日方克巳氏[73]は、延暦一一（八〇二）年から延暦二四年の間、伝路が廃止されその後復活しているとする。また、馬場基氏[74]は、「伝路が廃止されている間に、駅制についても主にその装置、駅路などを中心に再編成が模索されて」おり、「この再編は、「伝路」も視野に入れたものであろう」とする。

これらの研究をふまえると、どうも東山道支道（東山道越後連絡道）の持つ意味に疑問が生まれる。鐘江氏の結論からすると、「越後国府」と「信濃国府」という国府間の連絡道の存在は考えにくいし、これまでの研究の流れに齟齬するのである。この問題を解決するために信濃国内の駅路の問題を解決しよう。

2　「中道」と北信濃の駅路

信濃国から越後国への連絡路について、これまでの話を整理しておきたい。

一志茂樹氏[75]は、信濃国と越後国とを結ぶ古代の幹線道路を三つ想定している。一つは、「多古駅家のあったあたりからさらに千曲川べりの替佐に進み、斑尾山の東麓を過ぎ、新潟県中頸城郡妙高高原町樽本を経て頸城平野に出、その東縁部を東北行して通じていたもの」、二つ目は「替佐付近でこれと分かれ、千曲川左岸にそうて、越後の中魚沼郡にいたっていたもの」、そして三つ目が「その中途、下水内郡栄村白鳥から深坂峠越によって三嶋駅家が置かれるにいたった柏崎市附近に通じていた」道である。

福島正樹氏[76]は、善光寺平に現在もその呼称を残す「中道」の存在に注目し、「中道」が善光寺平の条里制の基準であるとする。この道は近世以前の善光寺の東門・本堂から真東の近世の布野の渡しまで一直線に続く道である。千曲川を隔てた先には、沼目村、そして長者屋敷遺跡や善光寺と同范の軒丸瓦が出土する左願寺廃寺遺跡がある。私はここを高井郡家を想定しており[77]、水内郡と高井郡とを結ぶ、「条里プランにのった計画的道」と結論付けることができ

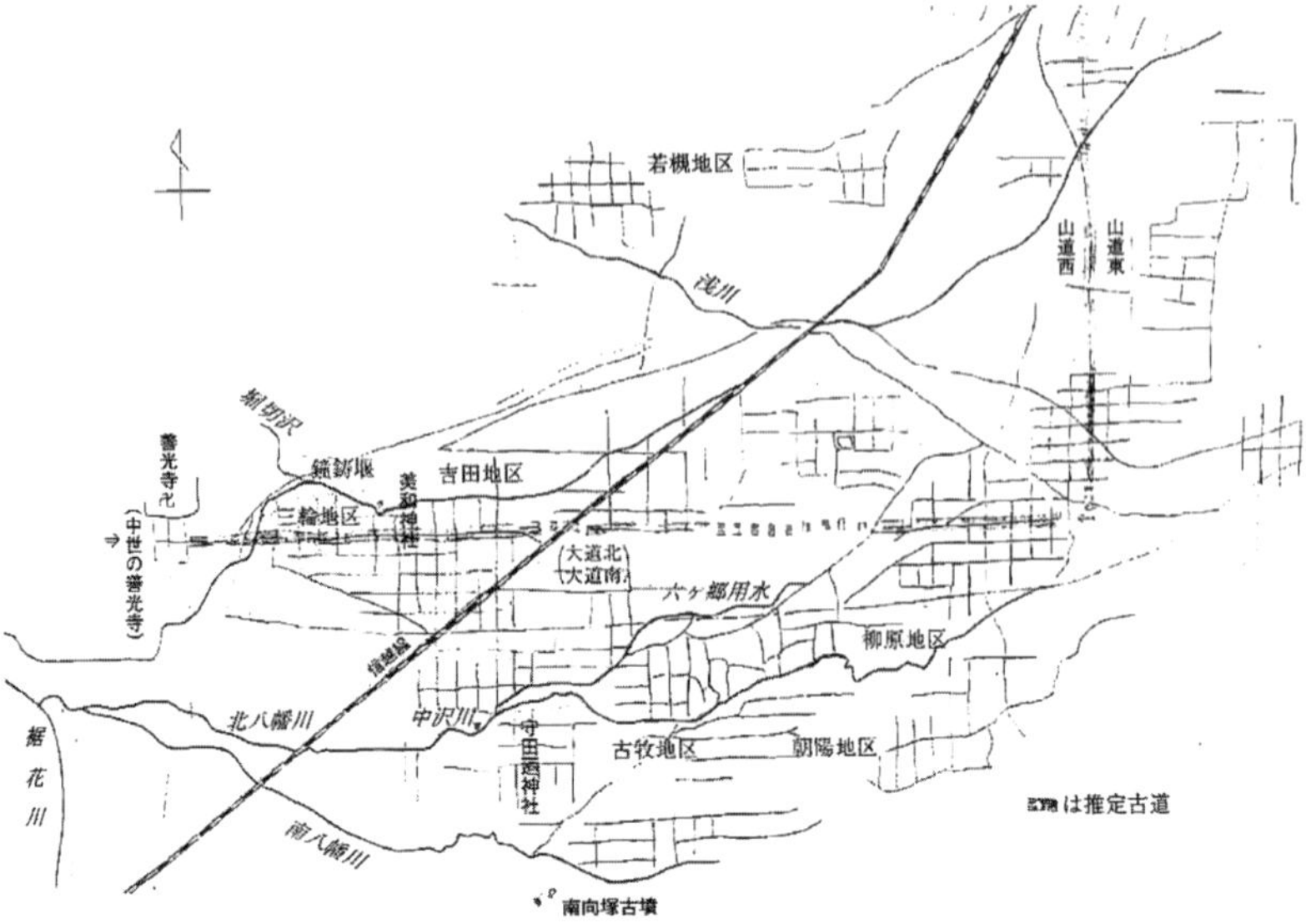

【図 2】旧長野市街地における条里遺構
（福島正樹 註（76）論文より）

る。北陸新幹線建設に伴う発掘調査[78]で、この中道に想定される溝が検出されていることを付言しておこう。

福島氏は中道を東山道あるいは官道とは断言していないが、条里制プランのなかで中道のみが古代の計画道として確認できる点、そしてこれが、水内郡の善光寺と高井郡の郡家とを結ぶ直線道路であることから、その可能性を否定していない。

善光寺平の条里制で注目すべきは、善光寺のほかに美和神社がある。美和神社も善光寺平の条里の基準となっている。なお、古代にあらわれる美和神が美和神社と同じであるとすると興味深い。美和神について大江篤氏[79]は、貞観八（八六六）年に美和神が神怒をあらわす[80]が、これは信濃国内の情勢が不安定なことを意味していたとする。この点については詳しく触れないが、私は美和神の神怒は信濃国内の政情不安ではなく、「災疫」への予防策であると考えた[81]。このようにみると、美和神（美和神社）は平安時代にあっても重要な役割を持っていたことがわかる。

善光寺平において計画道である駅路として想定できるのは中道が唯一であることが指摘できよう。ただ問題となるのは、『延喜式』兵部省駅伝条の規定である。

東山道

（中略）

阿知卅疋。育良。賢錘。宮田。深沢。覚志各十疋。錦織。浦野各十五疋。曰理。清水。各十疋。長倉十五疋。麻績。曰理。多古。沼辺各五疋

信濃国駅馬

伝馬

伊那郡十疋。筑摩。小県。佐久郡各五疋

北陸道

（中略）

越後国駅馬

滄海八疋。鶉石。名立。水門。佐味。三嶋。多田。大家各五疋。伊神二疋。渡戸船二疋。

伝馬

頸城。古志郡各八疋

ここで明らかなように、越後国内には信濃国との想定連絡路上には駅家がないのである。ただ、東山道支道と裏付ける史料が提示されている。木下良氏[82]は、東山道支道について上越市の延命寺遺跡出土の天平七（七三五）年の木簡[83]に「伊神郷」の郷名が見え、これが信濃・越後両国間の東山道・北陸道連絡路の駅、すなわち『延期式』の北陸道の駅家である「伊神駅」

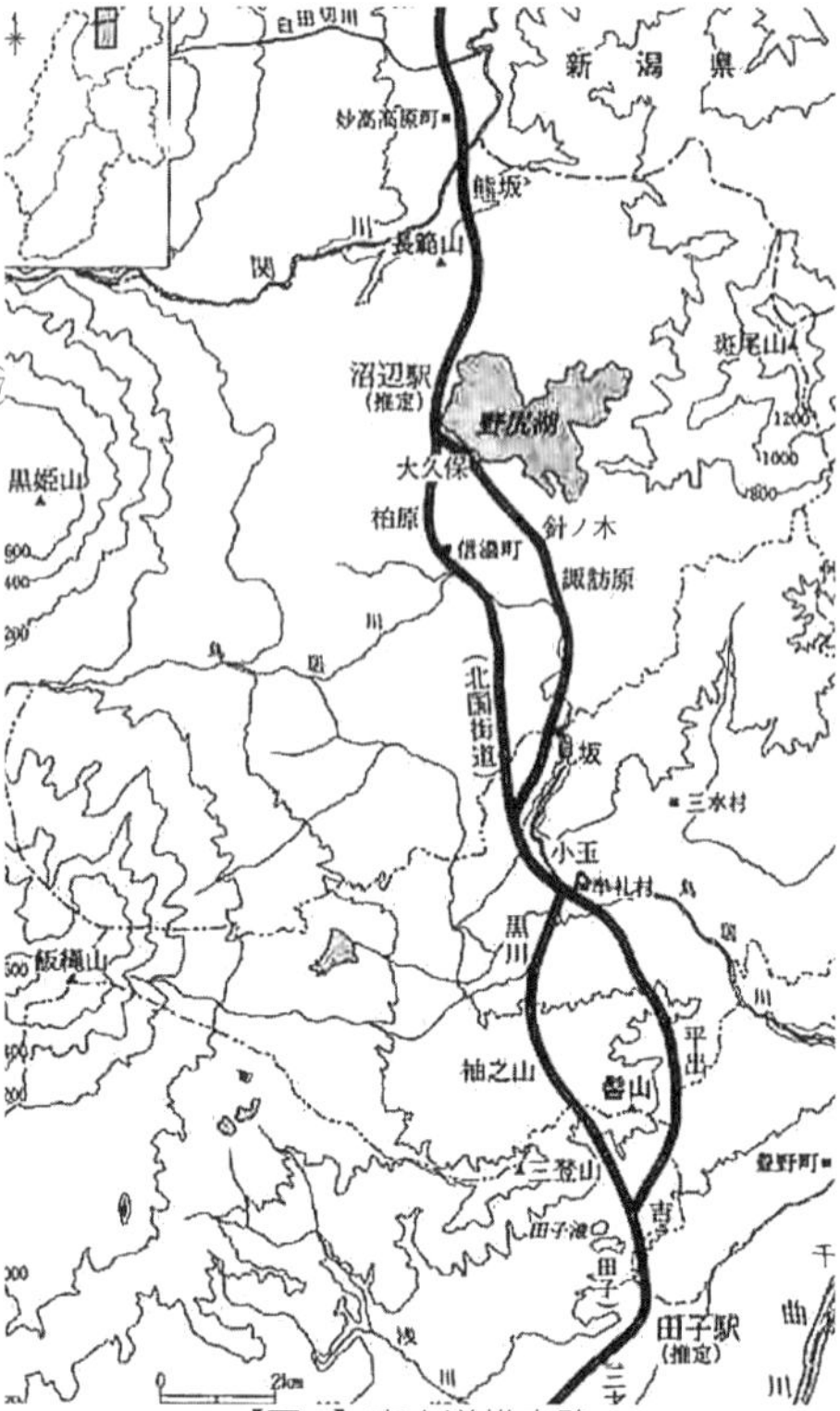

【図3】東山道推定路
（『長野県史』通史編１原始・古代より）

の可能性があるとする。ただ、この伊神郷は、「五十公[84]（以支美）」であると思われ、新潟県上越市にあたり、遺跡に隣接した場所である。[85] このことは、木下氏が言われるような、越後国府と沼辺駅（長野県信濃町の野尻湖）との直線上には位置しない。[86]

「伊神駅」は、これまでの見解のように、北陸道の最終地点の駅家であると考える。

次に北信濃の駅家について見ておこう。北信濃には、曰理、多古、沼辺の駅家が設置されていた。[87] 曰理、多古については善光寺平に推定されているが、沼辺について従来の説は、長野県信濃町の野尻湖近くに置く。[88] たとえば、『古代地名辞典』の沼辺の項には、「信濃国府と越後国府を結ぶ官道の宿駅。野尻湖から流れ出る池尻川の沿岸、現在の信濃町野尻字駅屋尻付近に比定され、近世の北国街道野尻宿北端の新町がその中心と思われる。越後への道は、中世の熊坂長範伝説を持つ熊坂越えとみられる」[89] とある。また、『長野県史』[90] では、長野市内と想定される多古駅から、野尻湖周辺に沼辺を比定し、そこに駅路が存在した根拠として、長野市から飯綱町に抜ける道に、U字状に山麓の台地を切り開いて造成された跡があること、飯綱町の境には、「み坂」（見坂）の地名があること、野尻湖の西北に馬屋尻（駅尻）の地名があること、長範山の登り口に「八方口」という地名があることをあげる。ただし、野尻湖は文献上では「沼尻」としか出てこない。[91]

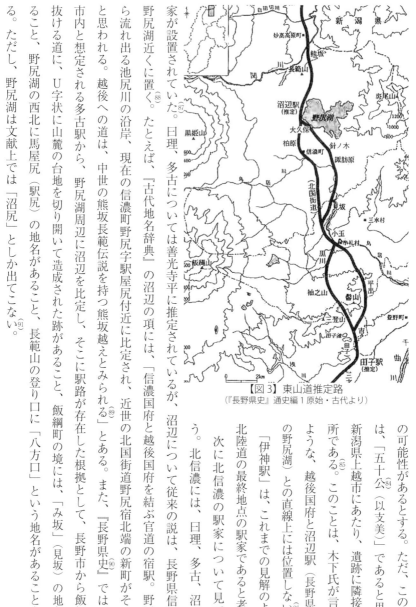

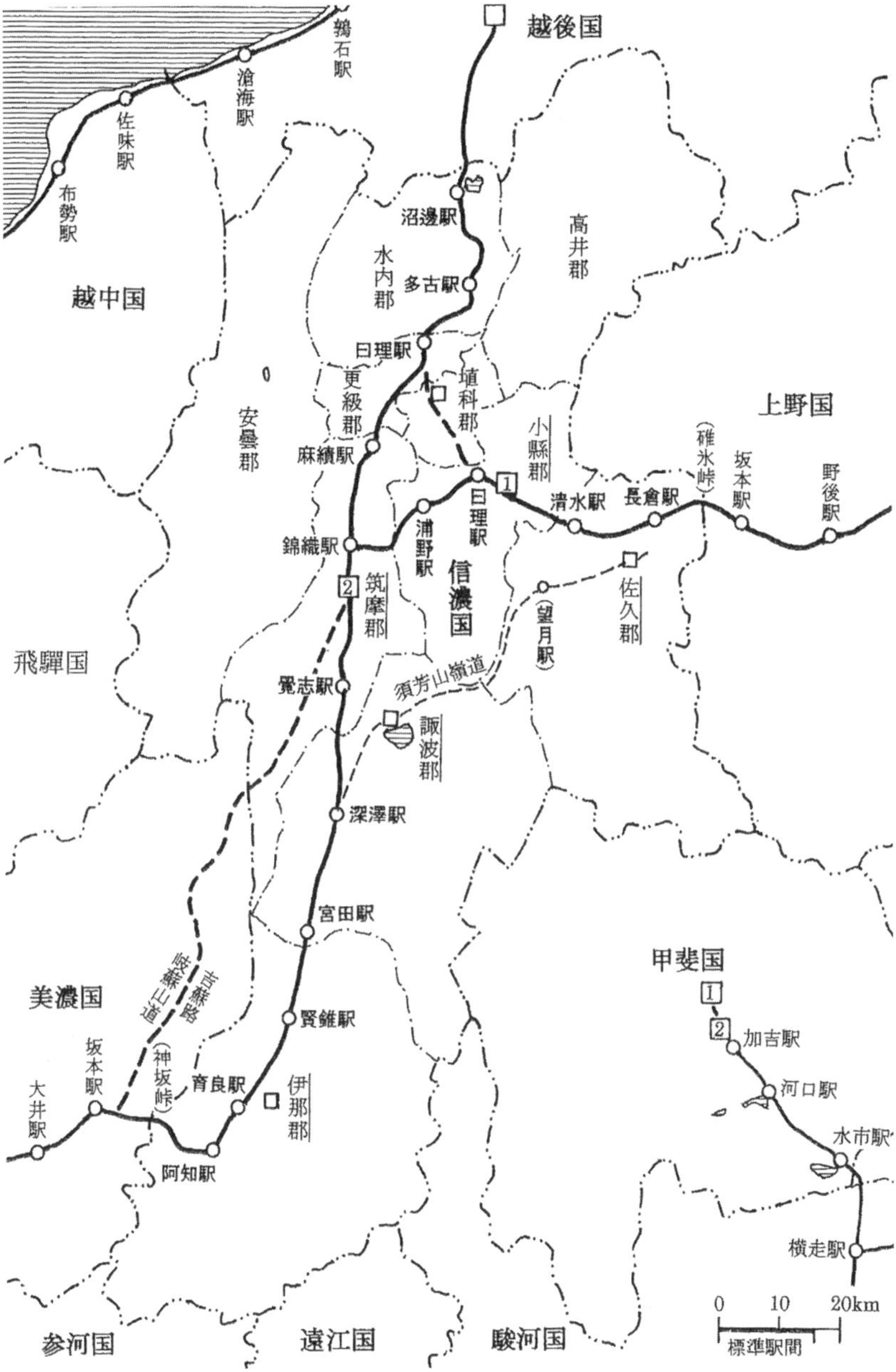

【図 4】これまで信濃国の古代交通路の考え方
（木下良『事典　日本古代史の道と駅』より）

富竹村	長野市富竹	山道東	東山道の比定地として使われる
		山道西	
		大道	
豊津村	中野市豊田	立石	
		飛山	発掘調査が行われ、奈良時代の須恵器や紡錘車が出土
中松村	小布施町中松	大道上	
		立石	
雁田村	小布施町鴈田	立石	
桜沢村	中野市延徳	烽火台遺跡	「方六間五稜形をなし、幾百回の星霜を経たる残礎薩々として存せり。故に和銅の頃佐伯宿祢石湯将軍越後の蝦夷征伐に方り、本郡所々山嶺に烽台設置あり。其際即ち之を築けりと里俗今に言伝せり。
新野村	中野市延徳	烽火台跡	二所あり、一は本村の正南、屏風山の中字旗杭山にあり。東西十一間、南北十五間、回字型にして、樹木鬱蒼たり。一は、本村の西同山の中、字金鎧山（此烽火台中に一塚あり、往昔之に金作の甲冑を埋めしと云ふ故に字す）にあり。東西十八間、回字形にして痩松を生ず。此二台は、年暦不詳、小曽崖城主某之を築く。其後吉田氏亡ぶ。尋て廃台となり、今は共に民有に属す。
吉田村	中野市吉田	立石	
寒沢村	山ノ内町	大坂	
		大坂	
佐野村	山ノ内町	大坂	
往郷村	木島平村	立石	
		中道	
		大道端	

【表】『長野県町村誌』にあらわれる道にかかわる地名

3　信濃国と越後国の神済

結論から言うと、私は、沼辺駅を長野市の「長沼」「赤沼」、あるいは須坂市「沼目」の付近に推定する。長沼の地名は、嘉暦四年（一三二九）にあらわれ[92]、また赤沼についても、『諏訪御符礼之古書』[93]「文安三年丙寅御射山」に「一赤沼、同年御符礼銭三貫三百文、御鉾本三貫三百文、使一貫文、代官野田長興、頭役銭七拾貫文、御教書銭ハ如御符之礼也、御教書礼六貫六百文、神鷹・神馬出候、神長取」とある。この「沼」呼称は、千曲川（信濃川）の流れがここで狭まり、沼状になるためではなかろうか。この長沼、赤沼や沼目あたりは、前節で述べた中道の到達する場所に近い。そして一志茂樹氏[94]が指摘する飯山から越後国の北陸道へとつながる道[95]との接点でもある。[96]

沼辺駅から先は、信濃川（千曲川）を介して北陸道につながっていたと思われ制度上には現れない道が存在したと思われる。[97]これはいわば征討の道の遺制であり、平安時代初めの制度が『延喜式』に引き継がれたものと考えたい。平安時代初期の征討軍は坂上田村麻呂伝承にみられるようにこの道を使った可能性もある。[98]この道について、試みに『長野県町村誌』（一九三六年）に記されている「大坂」[99]「見坂」[100]「烽火」[101]「山道」[102]「立石」[103]地名・伝承を掲げると表のようになる。この表からは、古代道を彷彿させる地名が千曲川に沿って連なっていることが読み取れる。付言するならば、『飛山遺跡』[104]が豊田村（現中野市）大字豊津字飛山に所在し、飛山の地名から烽火と想定することができる。奈良時代の須恵器や紡錘車が出土している。[105]

次に、長野市長沼周辺の古代遺跡とその特性をあげておきたい。まず、越後国との関係で注目されるのが、長野市豊野町石村の北土井遺跡[106]である。この遺跡は、奈良時代から中世まで遺物が出土しており、九世紀代と想定される一棟の掘立柱建物が出土している。また、古代の豪族館を囲む可能性も考えられる大溝も検出されている。このことから、通常の集落遺跡ではないことが指摘されている。また出土遺物には、九世紀後半から一〇世紀代の佐渡小泊産の須恵器が三点出土している。この遺物は、長野県内では飯山市で確認されているだけである。このことは、この地域が飯山市方面を介して越後国と結ばれていたことを裏付けるのである。

また、長野市長沼の対岸、中野市（旧高井郡）には「佐玖郡」銘の線刻土器が出土した「清水山窯跡」、そして瓦窯である「池田端窯跡」がある。[107]これらは、国衙の関与する工房と私は考えている。

ここで、これまで述べてたことをまとめておく。善光寺平においては、制度上、官道は沼辺駅で終わっており、沼辺駅は長野市長沼・赤沼などのあたりに想定されると考えたい。この先の道については、制度としては現れないものの、それ以前から信濃国から越後国・沼垂城への道として整備されていたと私は考えるのである。このことは渡辺育子氏[108]が指摘する、沼垂柵の位置は越中・越前等の北陸道諸国、上野・信濃から出羽に入るときの結節点となっていることと整合する。そして、沼垂城は神済と同じ場所、あるいは近い地域と先に結論付けた。そして神済は平安時代にも認識されており、この時期まで信濃国と越後国とを結んでいたこの道は、重要な役割を担っていたと言える。

なお、これまで東山道支道とされてきた信濃国と越後国府（頸城郡）を結ぶ道は、市大樹氏[109]のいう七道制の枠組みを超えた交通としての「七道連絡路」[110]と位置付けたい。この道も制度上現れないものの、重要な交通路として機能していたことは、先学の指摘するところである。

まとめ

これまで、越後国と信濃国とを関連付けた研究が少なかった。本稿では、越後国と信濃国の性格を抽出した。ここで得られた結論として、越後国の性格が変化すると、信濃国の役割も変わることがわかった。

また、越後国においては「神済」（沼垂城）という意識は、平安時代初期にも引き継がれる。一方、北陸道の終着点は伊神駅であり、この先には信濃川・阿賀野川河口の「神済」と、「沼垂城」があったことになる。このように、北陸道は越後国の拠点であった沼垂城を終着点としていた。

信濃国にあっては、東山道支道が大きな問題となる。従来、この道は越後国府との連絡道と理解されていたが、本稿では、善光寺平に古代の計画道としての中道に注目し、延喜式にあらわれる「沼辺駅」を長野市の長沼や赤沼、須坂市の沼目村など、千曲川流域の「沼」地名に由来する駅家と考えた。とすると、信濃国から越後国への道はこれも千曲川（信濃川）に沿った道であると結論付けた。そしてこの道の先には、北陸道と同じく、「神済」や「沼垂城」がある。

結論としては、北陸道（神済駅が終着）と東山道支道（沼辺駅が終着）とは、蝦夷征討のための道の性格も持つという共通性があり、また、その終着点（目的地）は「沼垂城」（「神済」は「沼垂城」を意識しての境界）であったことでも共通している。延喜式に規定される駅路はこの遺制ともいえる。

以上のようにまとめられる。大方のご批判をいただければ幸いである。

註

（1）佐藤慎「考古学から見た古墳時代の信越」（『地方史研究』第三八二号　二〇一六年）。
（2）坂井秀弥「考古学からみた古代の信越関係」（『地方史研究』第三八二号　二〇一六年）。
（3）小林昌二「越後国域の変遷と信濃」（『地方史研究』第三八二号　二〇一六年）。
（4）傳田伊史「古代・中世の信濃国と日本海沿岸地域」（『地方史研究』第三八二号　二〇一六年）。
（5）川尻秋生「山道と海路―信濃国・越後国・会津郡と日本海交通―」（鈴木靖民ほか編『古代山国の交通と社会』八木書店、二〇一三年）。
（6）牛山佳幸「文明十八（一四八六）年七、八月の堯恵と道興」（『地方史研究』第三八二号　二〇一六年）。
（7）新潟県教育委員会『越後国域確定一三〇〇年記念事業　記録集』二〇一二年。
（8）浅香年木「古代の『北陸道』と海運」（『古代地域史の研究』法政大学出版局、一九七八年）。
（9）山田英雄「もう一つの道制試論」（『日本古代史攷』岩波書店、一九八七年。初出は一九七六年）。
（10）『日本書紀』天武元年（六七二）七月辛卯（二日）条。
（11）天武四年（六七五）二月癸未（九日）条。
（12）『日本書紀』天武一一年（六八二）四月甲申（二二日）条。
（13）『日本書紀』天武一一年（六八二）八月壬申（一一日）条。
（14）『日本書紀』持統三年（六八九）正月壬戌（二三日）条。
（15）『日本書紀』持統三年（六八九）七月甲戌（二三日）条。
（16）なお、米沢康氏は、「越の三段階説」を唱えている。すなわち、五世紀には越前が、六世紀には阿賀野川より南の越中が、七世紀には阿賀野川以北の越後国が王権との関係を深めていくというものである。なお、米澤康氏は、『北陸古代の政治と社会』（法政大学出版局　一九八九年）として、北陸道諸国の研究をまとめている。
（17）鐘江宏之「『国』制の成立―令制国・七道の形成過程―」（『日本律令制論集』上巻　吉川弘文館、一九九三年）。
（18）『日本書紀』天武一二年一二月丙寅条。

(19)『日本書紀』天武一四年一〇月己丑条。
(20)米澤康「神済をめぐる史的環境」(『北陸古代の政治と社会』　法政大学出版局、一九八九年　初出は一九七〇年)、藤森慎太郎「古代王権の北陸支配」(『日本海域歴史体系』古代篇1　清文堂、二〇〇五年)。
(21)鈴木景二「ヤマト政権の越後進出について―神の済・弥彦神社―」(新潟県教育委員会『越後国域確定一三〇〇年記念事業記録集』　二〇一二年)。
(22)渡辺育子「七・八世紀における越後と出羽」(『日本歴史』第五八一号　一九九六年)。
(23)渡辺育子前掲論文註(22)。
(24)永田英明「出羽国の東山道移管と陸奥按察使」(『日本歴史』第八一一号　二〇一五年)。
(25)『職員令』70　大国条。
(26)『日本書紀』大化四(六四八)年 是年条。
(27)たとえば、『新潟県史』通史編1　原始古代　一九八六年(「律令制下の越後・佐渡国」)においても、同様な指摘をしている。
(28)『続日本記』文武二(六九八)年一二月丁未(二一日)条。
(29)『続日本記』文武四(七〇〇)年二月己亥(一九日)条。
(30)『新潟県史』資料編2　原始古代二　五三号。
(31)なお、『続日本紀』慶雲三(七〇六)年閏正月庚戌(五日)条には、「以従五位上猪名真人大村、為越後守」とある。同書は編纂史料であるので「国守」と表記されたと考えられる。
(32)小林昌二「古代日本海地域と高志の城柵」、相沢央「古代北疆地域の郡制支配―越後国沼垂郡・磐船郡を中心に―」(いずれも、小林昌二・小嶋芳孝編『日本海域歴史体系』第一巻古代篇Ⅰ　清文堂、二〇〇五年に所収)、坂井秀弥「地域社会の環境・交通・開発―越後平野を例に―」(三宅和朗編『環境の日本史2 古代の暮らしと祈り』吉川弘文館、二〇一三年)。
(33)小林昌二「古代東北「双子の城柵」名称考―郡山遺跡と沼垂柵―」(『新潟史学』第七四号　二〇一六年)。
(34)小林氏前掲註(33)。
(35)野村忠司「遺跡の分布からみた古代の頸城」(新潟県教育委員会『越後国域確定一三〇〇年記念事業記録集』二〇一二年)。

(36)中西聡「越後府中の復元と変遷」(仁木宏・綿貫友子編『中世日本海の流通と港町』清文堂、二〇一五年)。
(37)平川南氏は、越後国栗原郷(新潟県妙高市)の地名に注目し、この地が国府に関連していることに言及する(平川南「古代社会と馬」鈴木靖民編『日本古代の地域社会と周縁』吉川弘文館、二〇一二年)。
(38)『令集解』公式令　朝集使条。
(39)米澤康「神済考」(米澤康『北陸古代の政治と社会』法政大学出版局、一九八九年　所収、初出は一九七一年)。
(40)荒井秀規「公式令朝集使条と諸国遠近制」(鈴木靖民編『日本古代の地域社会と周縁』吉川弘文館、二〇一二年)。
(41)『類聚三代格』巻七　牧宰事条。
(42)黒羽亮太「救急料と九世紀賑給財源の再検討」(『日本史研究』第六四五号　二〇一六年)。
(43)『続日本紀』養老元(七一七)年九月甲寅(一八日)条には、「美濃国、東海道相模以来、東山道信濃以来、北陸道越中以来、諸国司等詣行在所、奏風俗之雑伎」とある(傍線筆者)。
(44)『延喜式』主税上　五位已上位禄条には、「凡五位已上位禄、給諸国者、東海道駿河以東、東山道信濃以東、北陸道能登以北、山陰道伯耆以西、給運賃、自余諸国及在国司者、不在此限」とある(傍線筆者)。
(45)伊神駅が弥彦神(神社)の参道であるとの理解があるが、おそらく無理があろう。『新潟県史』通史編1原始古代中世(一九八六年)では、「新潟市に比定される蒲原津が、延喜式においても国津的な性格をもった重要な港として記されていることからすれば、それに向かう途中に於かれた駅である」と想定する。首肯すべきであろう。
(46)松本政春「天武天皇の信濃遷都計画について」(『続日本紀研究』第二六四号　一九八九年)。
(47)中山薫「天武天皇信濃都城建設計画の背景」(『続日本紀研究』第二六〇号　一九八八年)、牛山佳幸「信濃温泉史についての雑考―古代中世の筑摩湯を中心に―」(『信濃』第五七巻第八号　二〇〇五年)。
(48)栄原永遠男「天武天皇の複都制構想」(『市大日本史』第六号　二〇〇三年)、仁藤敦『都はなぜ移るのか』(歴史文化ライブラリー三三三　吉川弘文館、二〇一一年)。
(49)『日本書紀』天武元(六七二)年六月丙戌(二六日)条。
(50)『釈日本紀』一五　述義一一に「発東山道　私記曰、案安斗智徳日記云、令発信濃兵」とある。

(51) 田島公「科野国への動き」(長野市誌編さん委員会『長野市誌』第二巻 歴史編 原始・古代・中世 長野市 二〇〇〇年)。
(52) 大宝二(七〇二)年から和銅六年にかけて開削された。
(53) 『令集解』考課令 殊功異行条。
(54) 押野谷美智子「須芳山嶺道」の一考察」(『信濃』第三八巻第八号 一九八六年)。
(55) 一般書ではあるが、野田敏雄氏が吉蘇路や須芳山嶺道についての研究史をまとめている(野田敏雄『天武の夢はるか―尾・参・濃・信の古代史誌』風媒社、二〇一〇年)。
(56) 永田英明前掲論文註(24)。
(57) 早川万年「屋代木簡の人名から見た北信濃の部民制」(『信濃』第五三巻第一一号 二〇〇一年)。
(58) 一志茂樹「信濃と越とを結ぶ古代の幹路」(『信濃』第一五巻 第一〇号 一九六三年)。
(59) 『続日本紀』延暦一〇(七八二)年閏三月庚午(四日)条。
(60) 『日本紀略』延暦二一(八〇二)年正月戊辰(廿一)条。
(61) 郷道哲章「田村麻呂・田村丸・田村利仁―信濃における田村麻呂伝承―」(『信濃』第五三巻第一二号 二〇〇一年)。
(62) ただこの伝承は江戸時代までさかのぼるのが限界だとされる。
(63) 『続日本紀』延暦七(七八八)年三月庚戌(二日)条。
(64) 永田英明「古代東北の軍事と交通―城柵をめぐる交通関係―」(舘野和己・出田和久編『日本古代の交通・交流・情報』1 制度と実体 吉川弘文館、二〇一六年)。
(65) 『長野県史』通史編 原始古代「律令支配の変質と信濃」一九八九年。
(66) 鐘江宏之前掲論文註(17)。
(67) 鐘江宏之前掲論文註(17)。
(68) 鈴木景二前掲論文註(21)。
(69) 山田英雄前掲論文註(9)。
(70) 『続日本紀』大宝二年四月壬子(一五日)条。

(71)鐘江宏之前掲論文註(17)。
(72)中大輔「平安初期における律令交通システムの再編」(森公章編『倭国から日本へ』日本の時代史3　吉川弘文館、二〇〇二年)。
(73)大日方克己「律令国家の交通制度の構造」(『日本史研究』二六九号 一九八五年)。
(74)馬場基「駅と伝と伝馬の構造」(『史学雑誌』第一〇五編 第三号 一九九六年)。
(75)一志茂樹前掲論文註(58)。
(76)福島正樹「古代における善光寺平の開発について」(『国立歴史民俗博物館研究報告』第九十六集 二〇〇二年)。
(77)拙稿「千曲川流域における古代寺院」(川崎保編『信濃国の考古学』雄山閣、二〇〇七年、初出は一九九四年)、拙稿「善光寺平の官衙研究をめぐる諸問題」(『信濃』第五三巻第三号 二〇〇一年)。
(78)長野県埋蔵文化財センター『北陸新幹線埋蔵文化財発掘調査報告書』5浅川扇状地遺跡群・三才遺跡 一九九八年。
(79)大江篤「神の怒りと信濃国定額寺」(『日本古代の神と霊』臨川書店、二〇〇七年 初出は一九八四年)。
(80)『日本三代実録』貞観八年二月七日条。
(81)拙稿「信濃定額寺についての試論」(『長野市立博物館紀要』第一号 一九九二年)。
(82)木下良『事典 日本古代の道と駅』(吉川弘文館、二〇〇九年)。
(83)新潟県教育委員会『延命寺遺跡』二〇〇八年、山崎忠良「高田平野の古代社会―上越市延命寺遺跡を中心に―」(新潟県教育委員会『越後国域確定一三〇〇年記念事業記録集』二〇一二年)。
(84)『和名類聚抄』高山寺本(『新潟県史』資料編2 原始古代二 三九三号)。
(85)山崎忠良氏前掲論文註(83)。
(86)川尻氏は「このルートは、越後に達していたはずであるが、越後にはこの支線に当たる駅家は見えない。しかし、越後国府を直江津・五智地区に想定するにしろ、今池遺跡に想定するにしろ、沼辺駅の延長した先は、越後国府に到達していたと考えて差し支えあるまい」と述べ、それが齟齬することを認識していると読み取れる(川尻氏前掲論文註(5))。
(87)専論として間室江利子「古代信濃国北部の駅路について」(『古代交通史研究』第八号 一九九八年)がある。
(88)『妙高高原町史』(一九八六年)には、「沼辺駅家の所在については、野尻(野尻湖畔)・古間(古駅の転化)・沼池(飯山市）の三説が」あるとする。また、『妙高村史』（一九九四年）は、「奥沼（飯山市）」の説を加える。『上水内郡誌』歴史編（一九七六年）は、「沼辺についいては、近世の野尻宿にあてる説があるが、これは慶長十五年にできた宿であるので、古間宿のあたり。道は野尻湖の東を通っていた」とする。

(89)『古代地名辞典 本編』角川書店、一九九九年。

(90)『長野県史』通史編　第一巻　原始古代「東山道」一九八九年。

(91)佐久市 安養寺蔵「大般若波羅蜜多経」（『信濃史料』六巻二六六頁）及び、高梨文書にも「芋川庄内沼尻関所事」とある（山形県　高梨せつ氏所蔵　『信濃史料』第七巻二二八頁）。

(92)鎌倉幕府下知状案（守矢文書）『信濃史料』第五巻 七〇頁～七六頁。

(93)『新編信濃史料叢書』第二巻。

(94)一志茂樹「越後への連絡路」（『古代東山道の研究』信毎書籍出版センター、一九九三年）。

(95)『飯山市誌 歴史上』（一九九三年）には「太田地区にはいると西方に「烽燧」の遺跡と考えられる城山が存在する」「今井を経て温井にいたると、小出雲・長者屋敷などの地名がある。（略）古道は西に折れて緩傾斜地を登りつめ、信越国境の深坂峠（御坂・三坂　一一〇九ｍ）にかかる。峠の近くに野々海池が横たわる。峠道は現在深坂峠と野々海峠に分かれているが、人馬の交通にもっとも利用された峠は野々海峠である。思うに古代にあっては両峠を包含して御坂と称したものと考えられる。なお、この御坂地域の北東にある「信濃坂」（安塚町信濃坂）の地名は注目される課題である」と記す。また、『新編　瑞穂村誌』（一九八〇年）には、「物部氏の居住したところは柵島で此処の柵を根拠に木島平の開拓に当り、小菅神社以北越の魚沼郡に続く蝦夷の巣窟地帯を経略したものではないか、そして現存の木島神社の社名が古くから鳥出神社と称し、砦の名残をもつ」と記す。

(96)この先は、飯山を抜けて越後国（沼垂城）への道として位置づけられる。

(97)新潟県十日町市方面の地名を「妻有」というが、これは「泊」であり、古代の宿駅を指すとの理解もある（『十日町市史』通史編１　自然・原始・古代・中世　一九九七年）。

(98)なお、この道は北陸道の三島駅家に合流する（長野県文化財保護協会『信濃の東山道』二〇〇五年）。飯山からは富倉峠を抜けて新潟県上越へと抜けるルートも存在する。ここは、頸城平野東の古墳群などの古い文化が存在する（佐藤慎前掲論文註（1））。

（99）鈴木景二「古代の飛騨越中間交通—飛騨の大阪峠—」（『富山史壇』第一三二号　二〇〇〇年）は、大坂地名を論拠にして道の復元を試みる。

（100）御坂峠のことで、国境などの峠を指す。

（101）宇都宮市城山遺跡からは、九世紀の土器に「烽家」の墨書をした土器が見つかった（シンポジウム古代国家とのろし実行委員会『シンポジウム古代国家とのろし』一九九六年）。

（102）東山道の駅路には「山道」地名があるとする（黒坂周平『東山道の実証的研究』吉川弘文館、一九九二年）。

（103）木下良氏は交通の難所・要所、渡河点の地名とする。（木下良『事典日本古代の道と駅』吉川弘文館、二〇〇九年）。

（104）長野県埋蔵文化財センター『上信越道埋蔵文化財発掘調査報告書14』一九九八年。

（105）福島正樹氏は、「飛山遺跡も古代の烽火台であった時期があった可能性が指摘できる」と述べている（『長野市誌』第二巻　原始古代中世「第三章律令制下の北信濃」二〇〇〇年）。

（106）笹澤浩「奈良・平安時代」（豊野町誌刊行委員会『豊野町の資料二』二〇〇一年）。

（107）長野県埋蔵文化財センターほか『上信越自動車道　埋蔵文化財発掘調査報告書13』池田端窯跡ほか　一九九七年。

（108）渡辺育子氏前掲論文註（22）。

（109）市大樹「律令制下の交通制度」（『日本古代の交通・交流・情報1』吉川弘文館、二〇一六年）。

（110）常陸—陸奥、越後—出羽、飛騨—越中、播磨—但馬、播磨—美作—因幡、播磨—美作—伯耆、石見—長門、の九つの連絡路をあげる。このほかに、平川南氏が甲斐国（東海道）と信濃国（東山道）との結節を想定している（平川南「古代における交通と甲斐国」『山梨県立博物館　調査研究報告2』二〇〇三年）。また、既出の通り鈴木景二氏は、飛騨国（東山道）と越中国（北陸道）とを結ぶ道を指摘する（鈴木景二前掲論文註（99））。

戦国時代の戦争と「国境」

福原 圭一

はじめに

新潟県の上越地域と長野県の北信地域（以下、「信越国境地域」と表記する）は、越後と信濃の「国境」であるとともに、戦国時代には越後の長尾景虎[1]と甲斐から信濃へ侵攻してきた武田晴信[2]の「境目」でもあった。両者が信越国境地域の覇権を争った「川中島の戦い」は、天文二二（一五五三）年から永禄七（一五六四）年まで、一二年間にわたり断続的に行われた[3]。また、近年では「川中島の戦い」の後も、上杉・武田両氏が信越国境地域を舞台に争いを続けていたことが指摘されている[4]。

本稿では、信越国境地域をめぐる上杉氏と武田氏の争いを通じて、戦争と「国境」、「境」と「間《あわい》」という視点から、戦国時代におけるこの地域の様相を考察してみたい。

一 謙信と信玄の「国境」意識

① 上杉謙信の「国境」意識

天文二二年、上杉謙信は後奈良天皇から次に掲げる綸旨を得た[5]。

■史料1

平景虎於住国幷隣国挿敵心之輩、所被治罰也、伝威名子孫、施勇徳万代、弥決勝於千里、宜尽忠、於一朝之由、
可令下知景虎給者、依　天気言上如件、［権中納言奉］、、、
天文廿二年［四月十二日］、、、
進上　広橋大納言殿

信濃攻略を進めていた武田信玄は、北信濃へ向けて勢力を拡大しつつあった。この年の四月九日には村上義清が本拠である葛尾城を捨て、謙信を頼り越後へ逃れてきた。

こうした武田勢の信濃侵攻に対して、謙信はこの綸旨を手にし、信濃進出の大義名分を得ようとしたと考えられている。当然ながら、綸旨の「平景虎於住国幷隣国挿敵心之輩、所被治罰也」という一文は、謙信が要請した結果であり、北信濃はすでに自分の支配領域であるという謙信の認識による。これは、村石正行氏が指摘するように、前代から越後守護・守護代が公権力として北信濃を影響下に置いていたことを背景にしていたと考えられる。[6]

つまり謙信は、越後や信濃という国郡制下の「国」に規制されるのではなく、自身の影響力の及ぶ範囲を支配領域として認識していたのである。本稿ではこれを「分国」と呼ぶことにする。『邦訳日葡辞書』には、「分国」の項に「すなわち領分の国。自分自身の国、あるいは自分の統治権や主権のもとにある国[7]」と記され、この考えを補強してくれる。この「分国」の境目が、謙信の意識していた「国境」となる。

天文二二年九月に行われた、いわゆる第一次川中島合戦で、謙信は南条まで放火している。[8]南条は埴科郡と小県郡の境目である。当時、謙信はここを「国境」であると認識していたといえよう。[9]弘治三（一五五七）年の合戦でも、

「坂木・岩鼻迄打散候[10]」と、やはり埴科と小県の郡境まで出陣している。謙信の意識は、越後や信濃という「国」には縛られていないが、「郡」を単位としていた[11]。

②武田信玄の「国境」意識

弘治四（一五五八）年正月一六日、信玄の重臣の今井昌良は、大館晴光へ銭二千疋を送り、信玄の嫡男義信を三管領に准じ、信玄を信濃守護職に補任した御内書の礼を述べている[12]。

■史料2

今度義信被准三管領之旨并晴信信州守護職之事、被申上候処、無相違被仰調、両条　御判被成下候、忝被存候、仍貴殿江為御礼、鵝目弐千疋被進之間、兼約被申候知行之儀、追而相調可令進献候間、弥殿中之儀、御馳走奉頼之趣、自拙者可申入之由候、巨細之段可有瑞林寺演説候、恐惶謹言、

正月十六日　　昌良（花押）

大館殿

御報人々御中

この時までに信玄は信濃の大部分を掌握しており、丸島和洋氏によれば「守護職補任は将軍足利義輝による実情の追認に過ぎない[13]」という。つまり、「当知行安堵」である。天文二三年とされる清水寺成就院へ宛てた書状の中で、「抑去甲辰年奉寺務願書之趣、雖可令決（結）願候、信州十二郡之内、于今一郡之分指損候条、於平均之上可致進納候[14]」と記しているように、信玄が信濃一国の一円支配を志向していることは明らかで、信濃守護職に補任されることで、これを正当

化したのだと考えられる。丸島氏は、信濃守護職補任を「武田氏にとっては信濃の実行支配を将軍に承認させたものだが、将軍義輝にとってはそれによって現実と幕府体制の摺り合わせを図る」ものであったとする。しかし、信濃一国の内、残る部分は謙信の「分国」北信濃であり、信濃守護職補任は謙信対策であった一面も併せ持っていたともいえよう。

このように、武田信玄の信濃支配は信濃一国を単位としたもので、信玄の意識する「国境」は、国郡制による「国」の境界、つまり信濃と越後の「国境」そのものであった。

③永禄元年の信越国切問題

信玄が信濃守護職に補任された二か月後、信玄父子に宛てて次のような御内書が出された(15)。

■史料3

景虎与和談之儀去年申下候、相談義元・氏康、○《弥》急度遂無事節者可為神妙、為其差下悦西寺候、委細晴光可申也、

三月十日

武田大膳大夫とのへ

武田太郎とのへ

謙信との和睦を命じた御内書であるが、傍線部からすでに前年に和睦勧告が下されていることがわかる。この勧告に従わない信玄に対し、改めて催促を行ったものである。これに対する信玄の返書を次に挙げる(16)。

■史料4

去三月十日之御内書、謹而頂戴忝次第候、抑以信越国切可致和融之由、御下知奉存其旨候、猶覚悟之趣、聊悦西

堂申述候、宜預御披露候、恐々謹言、
十一月廿八日　　晴信（花押）
大館上総介殿

足利義輝の提示したのは、「以信越国切可致和融」であり、「国」を単位とする領土分割＝「国切」であった。これは信玄の信濃守護職補任を前提とした和睦案に他ならない。ある意味、信玄の主張をそのまま認めた和睦案であったといえよう。同日付で送られた信玄の条書では、さらに明確に主張されている(17)。

■史料5

御内書令拝見、則及御請候、宜御取合可為本望候、
一、今度悦西堂江御礼如披見者、去夏向越国之動、軽上意様歟、先以驚入候、已去頃、瑞林寺為御使節下向候砌、
信州補任之御内書慥頂戴畢、然則不可有他之綺候処、其以後長尾及両度信国放火、是背上意第一候、
一、去年甲越為和睦御刷、自聖護院御門主之御使僧森坊、帯御内書下国、由是某者停止干戈、在信府城普請申
付候乎、長尾御内書頂戴、未及御請以前江、信濃海野地放火、是又存知義候、
一、為其所当晴信越国江動、聊奉対上意、非緩急候、
一、今度重而乱入之意趣者、去夏動之砌、越府雖可致破却候、御使僧于甲州下向之由、留守之者共申越候条、以奉重
上意故、擱越府之儀帰陣、則対西堂愚存申述候者、如顕右候、
一、信州補任之御内書令所持上者、於彼和融之善悪者、越国江被仰届之由、申候儀有納得、彼国江下著候処、無是
非押返申候、是併上意江之逆心無紛候事、不可過御分別候、

一、不達信州補任之御内書之旨、信越国之和融之義、被成御下知候条、存其旨候、

猶可有富森左京亮口上候、恐々謹言、

十一月二十八日　　　大膳太夫晴信（花押影）

謹上　大館上総介殿

追而、上使瑞林寺・佐々伊豆守越後江通候、津田掃部助者、為談合一両日以前着府候、

例えば、第一条では「信州補任之御内書慥頂戴畢、然則不可有他之綺候」と、信濃守護職を楯に謙信の干渉を排除することを謳い。第四条は「信州補任之御内書令所持上者、於彼和融之善悪者、越国江被仰届之由」と、あたかも信玄が信濃を領有することが当然かのように、あとは和睦を謙信が受け入れるかどうかだと主張するのである。これらをみても、義輝の提案する「信越国切」が、信玄の信濃守護職補任を前提としたものであり、信玄の信濃守護職補任は、謙信を強く意識したものだということは明らかであろう。

では、一方の上杉謙信はこの和睦案をどう受け取ったのだろうか。信玄への御内書が認められる半月ほど前に、謙信へも和睦を促す御内書が出されている(18)。

■史料6

晴信与和談事、去年成内書委細申遣之処、大略同心之趣尤可然神妙候、弥無相違可得其意事、肝要候、猶晴光可申候也、

二月廿日　　（花押）（足利義輝）

長尾弾正少弼とのへ

和睦の条件は示されていないが、謙信がおおむねそれを了承していることが記されている。しかし、前掲の信玄の条書には、「其以後長尾及両度信国放火」「長尾御内書頂戴、未及御請以前江、信濃海野地放火」と記され、謙信はその後も信濃へ攻め入っているのである。信玄のいうように謙信は上意に背いていたのであろうか。そこで注目されるのは、この和睦勧告が破綻した後、翌年足利義輝が謙信へ送った次の御内書である。(19)

■史料7

甲・越一和之事、対晴信度々雖加下知無同心、結句、至分国境目乱入之由、無是非候、然者、信濃国諸侍事、弓矢半之由候間、始末景虎可加意見段、肝要候、猶晴光可申候也、

六月廿六日 （花押）（足利義輝）

長尾弾正少弼とのへ

和睦勧告に従わない信玄を非難し、「信濃国諸侍」へ謙信が意見することを認めたものである。一見して明らかなように、これは謙信が和睦勧告を受け入れたことを前提に書かれている。

傍線部には、信玄が「至分国境目乱入」した旨が記されているが、前掲の史料5をみる限り、信玄は越後に向かう途中で甲斐へ引き上げており、ここでいう「分国境目」が信越「国境」であるとは考えにくい。謙信が「分国境目」と意識する埴科郡と小県郡の境界とみるのが妥当ではないだろうか。とすれば、義輝が北信濃を謙信の「分国」と認めていたことになろう。つまり、謙信の行動は、北信濃＝謙信「分国」ということを前提に、「分国」内から武田勢を排除するための戦闘であり、そこに謙信の行動を裏付ける正当性があったと考えられるのである。

このように足利義輝は、信玄には信濃守護職を前提とした信越「国切」案を提示し、一方で謙信には北信濃を含み

こんだ「分国」案で和睦を進めようとしていた形跡がある。義輝の提案はむしろ、双方の「国境」意識のずれを浮かび上がらせることとなった。結果として和睦は実現しなかったのである。

丸島和洋氏が指摘するように、これ以降信玄が他国で守護職補任を求めたことは確認できない。[20]

二「境目」の村むら

ここまで、謙信と信玄の「国境」意識について確認してきたが、次にこの地域の在地の村むらが「国境」をどのように意識していたのか検討してみたい。

■史料8

急度染一筆候意趣者、当社御頭役近年怠慢耳候歟、然者一国平均之上、如百年已前可為勤祭礼之由存候処ニ、十五ヶ年已来兵戈依于不得止、土民百姓困窮、殊者島津・高梨等于今不応命候間、諸事有思慮之旨黙止之畢、必島津・高梨属当手者、如某素願可勤其役之趣、及催促、至難渋之族者不論先忠可加成敗候、抑毎年三月御祭之事者、輙子細候条、当時分国之内へ堅可成下知候、是も前々儀者、先以如何、諏方安芸入道・同形部大輔方代之時、勤来候三月之御祭、近年懈怠之意趣、具ニ被書立、社家一人被指添、早速当地へ可被指越候、委曲可有篠原口上候、恐々謹言、

三月九日　晴信（花押）

神長殿

これは、神長官守矢頼真に宛てて諏訪社の御頭役について述べた信玄の書状である。[21]御頭役は、諏訪社の祭礼費用や労

役を負担するもので、信濃一宮である諏訪社の御頭役は、信濃国全体を対象として賦課される。しかし、この書状で明らかなのは、島津氏や高梨氏など、北信濃の武士の中には、それに応じない者がいたことである。同じ信濃国内とはいえ、北信濃と諏訪ではかなり距離が離れているため、信濃国への帰属意識には温度差があったことがここから読み取れよう。

加えて、村石正行氏が指摘するように[22]、島津氏や高梨氏は前代から越後との結びつきを強く有していた。結果として、この後両氏は武田氏の勢力に押され、本拠を捨てて越後へ逃れてくるのである。

次に挙げるのは、信玄が、諏訪社の神事や祭礼の復興を命じた史料の一部である。永禄八（一五六五）年から翌九年にかけて、旧記や先例を調査し、退転していた神事や祭礼の費用負担について改めて命じたもので、一一本の巻子に仕立てられているため、俗に「信玄十一軸」と呼ばれている[23]。

■史料9

一、水内之郡県之庄の役として、大宮明すの門建立候処、造宮銭難渋之由、諏方伊予守・小井弖越前、小祝候千野佐渡守言上、然間、右之百姓召集、拾五貫文東条之郷、五貫文西条、七貫五百文寺尾、是者除向寺尾、壱貫五百文牧島分、如此速可相済、何も百貫文司ニ五百文宛也、彼郷村者堺目故、耕作未熟之間、当丙寅一往如此、向後純熟之時節者、造宮銭如前々可致沙汰之由、加下知者也、

■史料10

一、高梨之内笠原之郷造宮領、雖高木喜兵衛与諏方刑部内匠助争論候、敵国境荒田之地ニ候条、平均之上可令裁断者也、

■史料11

一、春宮之五間拝殿造宮銭之事、仁科領之内以千国・小谷両郷相勤候、彼費用遂勘定之処ニ、及弐拾貫候、千国・小谷小郷故、纔ニ五貫余相償候、但彼類之造宮領、奥郡島津之内有之由、承及候旨、武居弥二右衛門尉言上候、雖然、敵国境之地ニ候条、不及催促、然而、千国・小谷両郷之造宮銭計ニ而五間拝殿之造宮不可叶候、所詮、当丙寅一往者以料所之内を補不足、令造宮訖、奥郡静謐之上者可任旧規者也、

史料9によれば、「大宮明すの門」の造宮銭を負担するのは、「水内之郡県之庄」であるが、その村むらが造宮銭の納入を拒んでいるという。その対策として、百姓たちを呼び寄せ、負担分百貫文につき五百文の割合で減額することで納得させよと指示している。この村むらは「堺目故、耕作未熟」であることから今年は減額し、これ以降「純熟之時節」になればこの処置を解除してもとの額を負担させよとも命じている。

史料10は、「高梨之内笠原之郷造宮領」をめぐり、高木喜兵衛と諏方刑部内匠が相論しているが、「敵国境荒田之地」であることを理由に、裁許を保留している。期限は、「平均之上」と記され、これは武田氏がこの地域を支配したときということを意味する。

史料11では、下社春宮の五間拝殿の造宮領が問題とされている。本来この造宮銭を負担すべきは、仁科領の千国郷と小谷郷であったが、造宮費用が二〇貫文に及んだため、「小郷」である両郷にはこのうち五貫文余りを割り当てた。残る一五貫文の捻出もととして候補に挙がったのが、「奥郡島津之内」の造宮領であった。しかし、ここは「敵国境之地」であるために催促には及ばず、この年に限り御料所から補てんすることとし、「奥郡静謐」＝上杉氏の勢力を駆逐した後、旧規に任せて徴収することを謳っている。

これらは、いずれも「堺目」「敵国境」「敵国境之地」であることから、造宮銭の徴収が減額や中止されたり、裁許が保留された事例である。一見すると武田氏の側が自ら判断したように受け取れる。しかし、例えば史料9では村むらが造宮銭の支払いを拒み、その根拠として「堺目故、耕作未熟」が主張されている。史料10の「敵国境荒田之地」という状況も、同じようにおそらくは村の側の主張であろう。史料11は「奥郡島津之内」であり、史料8でみたように、ここは諏訪社の御頭役にも応じない地域であった。

ここで挙げた三つの事例からは、在地の村むらが「国境」という立地を利用して、自分たちの負担を軽減しようとしていたことが読み取れる。戦乱の世を生き抜く村むらのしたたかさを感じさせる事例であろう。

三　飯山城と長沼城にみる信越「国境」

①上杉謙信の飯山築城

永禄一〇（一五六七）年四月一八日、武田信玄は信越「国境」に近い野尻城を攻め、守備する上杉勢と攻防戦を繰り広げた[24]。次に掲げるのは同じときに飯山方面でも戦闘があったことを示す史料である[25]。

■史料12

為其口備安田惣八郎人数ニ岩井備中守相添差越候、如聞之者、何も在所有之故、今度も無四度計仕合出来、無是非候、所詮向後者、皆々有在陣、堅固之仕置専一候、陣所之事者、於其元談合候而可然様見量簡要ニ候、猶子細備中守可有口説候、謹言、

追而、近日可取出候間、各有談合、如何共其内堅固之具尤簡要候、以上、

卯月廿日　　輝虎（花押）

上倉下総守殿
奈良沢民部少輔殿
上堺彦六殿
泉弥七郎殿
尾崎三郎左衛門尉殿
中曽根筑前守殿
今清水源花丸殿

越後側から飯山方面へ向かい、信越「国境」を過ぎて富倉峠を越えると小さな盆地になっている。この一帯を「外様平」と呼んでいる。宛所の七名は、「飯山衆」や「外様衆」と呼ばれる、この地域を本拠とする在地の武士たちである。飯山を守備するはずの彼ら外様衆たちが、それぞれの「在所」に戻っていたため「無四度計仕合出来」という事態を招いたという。そのために安田能元に岩井昌能を添えて派遣して、飯山の守備を強化することを伝えている。このとき飯山の守備が外様衆に委ねられていたことが読み取れよう。

『邦訳日葡辞書』には「相持《あいもち》」という項目が立てられ、その意味は「同じ場所や領地などを、多くの人で領有し、または管理すること。」とある。この項には「かの城は相持の城ぢゃ」という例文が挙げられ、それは「あの城は大勢の人がそれを引き受けている」ことだという。(26)「外様衆」が連帯して守備を担っていた飯山の状況は、まさに『邦訳日葡辞書』のいう「相持の城」にあたる。しかし、外様衆は武田氏の来襲に対して、飯山の守備を放棄してそれぞれの在所へ戻ってしまったのである。

こうした事態から、謙信は新たに飯山築城を決め、一〇月一日に普請を終えて春日山へ帰城した。(27)

■史料13

飯山普請悉成就候間、昨日納馬候、就之、敵陣之様躰無心許候間、早々目付ヲ差越尓与付置、陣之様子見届、可注進候、敵退散之様候歟、又越河候て中野筋へ押下候歟、其模様能々見届、細々注進簡要候、謹言、

追而、岩船ハ、目付ヲ差越候ハヽ、様躰聞届可帰府候、以上、

十月二日　　輝虎

岩船藤左衛門尉殿

堀江駿河守殿

これ以前、飯山は上杉氏・武田氏双方から「陣」と呼ばれていることから、(28)飯山城は、武田信玄の北信濃侵攻に備えて、信越国境地域の拠点として新たに整備されたと考えられる。信越「国境」を越えた飯山に拠点城郭を築いたことは、まさに、先に確認した謙信の「分国」意識の現れであるといえよう。

②武田信玄の長沼城再興

謙信の飯山築城に対して、武田信玄は島津氏の本拠であった長沼城の復興を企画する。長沼城の島津忠直は、弘治三年に武田氏の勢いに押されて、長沼城を退去し越後へ逃れていた。その後、長沼城は利用されていなかったようで、信玄は長沼城復興の前提として、すでに永禄六（一五六三）年に信玄に属した島津尾張守に地下人の還住を命じている。(29)

■史料14

長沼之地下人并従先々在島之族等悉集、可有居住長沼之地者也、仍如件、
永禄六年癸亥
八月十五日（龍朱印）
島津尾張守殿

永禄一一（一五六八）年、信玄は長沼城の本格的な再興をはじめた。後に謙信は「長沼再興之由申候へ共、是も以後迄可相抱擬与者不見得由申候、畢竟本庄かたへの手首尾計与見得申候(30)」と記し、長沼城が恒常的なものではないといっている。しかし、長沼城はこれ以後拠点城郭として使用され続けることから、これは謙信の誤認であろう。

『甲陽軍鑑』によれば、信玄は判の兵庫助という陰陽師に対し所領を与え、さまざまな占いや祈祷をさせていた。長沼城の普請にあたっても、百貫文の知行を与え、普請中に障りがないように戸隠で祈念させたという(31)。判の兵庫助が実在の人物かどうかは措くにせよ、実際に信玄は長沼城の普請が災禍なく完了するように祈祷を命じている(32)。

■史料15

信州塩田之郷諏方社領拾貫之外、従来秋拾貫加増候、則相当ニ可勤祭例、然而、今度於越国境築新地時節、無風雨・兵革之災、普請令出来者、重而可有寄附御社領之旨、御下知候者也、仍如件、
永禄十一年戊辰　跡部美作守奉之
卯月廿一日（龍朱印）
塩野
神主殿

長沼城を再興したことにより、それまでの海津城に替わり、長沼城が対上杉の最前線となった。この朱印状で、信玄が長沼城を「越国境」と呼んでいることから、謙信の飯山築城により、信玄も信越「国境」に対する認識を改めたのだと考えられよう。謙信と信玄が、お互いに飯山城と長沼城を拠点化したことで、これまで曖昧であった「分国」の境目が明瞭になり、信越国境地域の軍事的緊張は一気に高まることとなった。

③ 本庄繁長の挙兵と飯山城

永禄一一年三月一三日、武田信玄と手を結んだ越後国瀬波郡村上城の本庄繁長が兵を挙げた。当時、越中へ出兵中であった謙信は、同月二五日放生津の陣を引き払い帰国すると、先遣隊として直江政綱・柿崎景家を向かわせた。一方、繁長に同調した信玄は、六月三日に甲斐を出て、七月上旬には北信濃へ進み、四月に復興したばかりの長沼城へ入った。七月一〇日には飯山でも小競り合いが起きている。こうした状況に対処するため、謙信はすぐに各地へ兵を遣わして、信濃・越中両方面の守備を固めさせた[33]。

■史料16

飯山江者、新発田・五十公野・吉江佐渡守相移候、関山之新地へ者、十郎方・山本寺・竹［俣］・山岸・下田衆相籠候、此外旗本之者共十騎、十五騎両地江為横目入置、祢知・不動山へも旗本之者共数多差越候間、手前ニ者山吉・河田・栃尾衆是ならてハ［無之候］、山吉・栃尾之者ハ、半分者留守中用心所々へ召遣候、無人数推而察可有之候、加様ニ候得共、信州備只今［迄者］涯分申付候、

飯山城へは新発田忠敦、五十公野重家、吉江忠景を、「関山之新地」へは上杉景信、山本寺定長、竹俣慶綱、山岸

隼人佑及び下田衆が遣わされた。このほかにも、横目として謙信の「旗本之者」を一〇騎、一五騎ずつ両城へ入れ、守備を堅固にさせた。また根知や不動山にも「旗本之者」を向かわせたため、謙信の周囲には山吉豊守、河田長親、栃尾衆といった近臣しか残っていない状態だったという。

この後、八月二二日に武田勢が撤退。これを機に謙信は戦闘配備を解いた。各所へ派遣されていた旗本たちは村上の戦線へ配置換えされ、一部は春日山城に召喚された。こうして飯山城は平常の配備に戻されたのである(34)。

■史料17

いつミ弥七郎江為添侍、もゝの井伊豆守・か地あきのかミ城代申付さし遣し、城下二のくるわニさし置候、弥七郎ハ城ぬしの事ニ候間、実城にもとの如く守りい候様にかたくこれを申つけへく候、しもおさのかミ・三郎左衛門・ちくせんのかミにも、もとのとをりにい候様に申つけへく候、いつれもひのようちん、ふしんかれこれたんがういたし、ゆたんなく心ゑ候ように申つけへく候、いゝ山くちハかんよう之ところに候間、かたく申つけへく候、そのためおの〳〵つけつかハし候、謹言、

八月廿七日　輝虎

蔵田五郎左衛門殿

泉弥七郎を「城ぬし」として実城に置き、桃井義孝と加地春綱を「城下二のくるわ」に入れて城代とする。このほかに上倉下総守、尾崎三郎左衛門、中曽根筑前守にも在番を命じている。泉弥七郎、上倉下総守、尾崎三郎左衛門、中曽根筑前守は、先にみた外様衆である。また、桃井義孝と加地春綱はともに越後の国衆であるから、謙信から派遣されたと考えられる。監視役の意味があったのであろう。飯山城の平時における守備体制は、このように地元の外様

衆を中心に番衆を編成し、そこに越後から監視役として謙信配下の者を派遣するというものであった。[35]

結果として、上杉謙信、武田信玄の両者ともにこの後信濃へ出兵することはなく、飯山城と長沼城の間には、ある種の「均衡」が生まれることとなる。そして、その「均衡」は、謙信死後の「御館の乱」に至るまで、微妙なバランスをもって保たれていくのである。

おわりに

天正六（一五七八）年三月一三日に上杉謙信が突然亡くなると、その跡目を養子の景勝と景虎が争うこととなり、越後では後に「御館の乱」と呼ばれる内乱が勃発する。「御館の乱」の最中に結ばれた上杉景勝と武田勝頼の同盟によって、飯山以北の上杉「分国」は勝頼へ割譲されることとなった。信玄ができなかった信濃の一円支配が、息子の勝頼によって達成されたのである。

しかし、武田氏は四年後の天正一〇（一五八二）年三月に織田信長によって滅亡する。[36]さらに信長が「本能寺の変」で倒れると、旧武田「分国」をめぐり、上杉景勝、北条氏政、徳川家康の三者が争うこととなる。この戦争を「天正壬午の乱」と呼ぶ。[37]「天正壬午の乱」のなかで、信越国境地域は再び上杉景勝の手に収まった。さらに、天正一四（一五八六）年六月、景勝が豊臣秀吉に臣従し、同年一〇月には家康が上洛することにより、豊臣政権下での「信州郡割」が完成し、信越国境地域は景勝の「分国」として公式に認められたのである。[38]

文禄三（一五九四）年七月、上杉家内部で居城を越後から信濃へ移転しようとする計画が浮上した。次に挙げるのは、このことを物語る史料である。[39]

■史料18

覚
一、屋形様御代参　　壱人、
一、兼続代参　　壱人、
一、於松代参　　壱人、
一、内方代参　　壱人、
以上、
一、瘡腫物類、以来不相煩やうニ立願之事、
一、信州か、越後か、居城可相定之事、
一、太閤様物色已後能様ニ一かと祈念之事、
以上、
文三七月九日　　兼続
養蔵坊
参

慶長三（一五九八）年の会津移封まで景勝は終始春日山を居城としたのであるから、この計画が実行に移されなかったことは確かである。しかし、信濃へ居城を移転するという発想には、謙信以来の北信濃は上杉「分国」であるという認識が背景にあることは明らかであろう。慶長三年正月一〇日、上杉景勝は秀吉から会津への国替えを命じられ、北信濃を手放し、生まれ育った越後を離れた。こうして信越国境地域は近世という新たな時代を迎えることとなる。

註

(1) 長尾景虎は、宗心、再び景虎、上杉政虎、輝虎、謙信と、たびたび名乗りを変えている。本稿では、引用する史料に記された以外は「上杉謙信」で統一して表記する。
(2) 武田晴信は、永禄二年から信玄と称する。本稿では、引用する史料に記された以外は「武田信玄」で統一して表記する。
(3) 川中島合戦を題材とする著作は、枚挙にいとまがないが、平山優『川中島の戦い(戦史ドキュメント)』(学研M文庫、二〇〇二年)を挙げておく。
(4) 西川広平「幻の川中島合戦」(『大河ドラマ特別展 風林火山 信玄・謙信、そして伝説の軍師』、NHK、NHKプロモーション、二〇〇七年)、海老沼真治「川中島合戦と信越国境」(『地方史研究』第三八三号、二〇一六年)。
(5) 天文二二年四月一二日付後奈良天皇綸旨(「上杉家文書」、『上越市史』別編1 上杉氏文書集一、一〇二号)以下は、『上越』+文書番号と略記する。なお、本文の[ ]内は『謙信公御年譜』により補った。
(6) 村石正行「信越国境の戦国時代」(『地方史研究』第三八三号、二〇一六年)。
(7) 土井忠生・森田武・長南実編訳『邦訳日葡辞書』(岩波書店、一九八〇年)。
(8) 『甲陽日記(高白斎記)』天文二二年九月一八日条(『山梨県史』資料編6 中世3上 県内記録)。
(9) 村石正行「川中島合戦再考」(福原圭一・前嶋敏編『上杉謙信』高志書院、二〇一七年)。
(10) (弘治三年)五月一五日付長尾景虎書状(個人蔵、『上越』一四九号)なお、本稿で取り上げた謙信発給文書の年代比定は、前嶋敏「上杉輝虎発給文書の花押とその変更」(『新潟史学』第七三号、二〇一五年)、及び前嶋敏氏の御教示に従い改めたものがある。
(11) 藤木久志「戦国大名の和平と国分」(同著『豊臣平和令と戦国社会』東京大学出版会、一九八五年)。
(12) (弘治四年カ)正月一六日付今井昌良書状(東洋文庫所蔵「大舘文書」、『戦国遺文 武田氏編』五八六号)、以下は『戦武』+文書番号と略記する。
(13) 丸島和洋「室町~戦国期の武田氏権力―守護職の評価をめぐって―」(同著『戦国大名武田氏の権力構造』思文閣出版、二〇一一年)。

(14)（天文二二年）一二月一八日付武田晴信書状（「成就院文書」、『戦武』三九〇号）。
(15)（永禄元年）三月一〇日付足利義輝御内書案（天使大学図書館所蔵「大館記七」所収「武家儀条々」紙背文書、『戦武』四〇一九号）。
(16)（永禄元年）一一月二八日付武田晴信書状（「本法寺文書」、『戦武』六一〇号）。
(17)（永禄元年）一一月二八日付武田晴信条書（「編年文書十一」所収、『戦武』六〇九号）。
(18)（弘治三年）二月二〇日付足利義輝御内書（「上杉家文書」、『上越』一六一号）、なお年次は、前掲の村石正行「川中島合戦再考」に従い、弘治三年に改めた。
(19)（永禄二年）六月二六日付足利義輝御内書（「上杉家文書」、『上越』一八一号）。
(20)前掲、丸島和洋「室町～戦国期の武田氏権力―守護職の評価をめぐって―」。
(21)（年次未詳）三月九日付武田晴信書状（「守矢家文書」、『戦武』五三二号）、『戦武』は、年次比定を「弘治三年カ」とするが、島津氏や高梨氏が本拠を逃れるのはそれ以前のことであり、年次比定は再考の余地がある。
(22)前掲、村石正行「信越国境の戦国時代」、「川中島合戦再考」。
(23)（史料9）永禄九年九月三日付武田信玄判物［祭祀再興次第］（「諏訪大社文書」、『戦武』一〇二二号）、（史料10・11）永禄九年九月晦日付武田信玄判物［諏訪下社造宮改帳］（「諏訪大社文書」、『戦武』一〇二八号）。
(24)（永禄一〇年）五月六日付上杉輝虎書状（「謙信公御書集」巻五所収、『上越』五五九号）、永禄一〇年の武田氏の動向については、前掲の西川広平「幻の川中島合戦」及び海老沼真治「川中島合戦と信越国境」を参照のこと。
(25)（永禄一〇年）卯月二〇日付上杉輝虎書状（「伊佐早文書」、『上越』六〇四号）。
(26)前掲、土井忠生・森田武・長南実編訳『邦訳日葡辞書』。
(27)（永禄一〇年）一〇月二日付上杉輝虎書状（「上杉定勝古案集」所収、『上越』四三六号）。
(28)前掲注（25）の（永禄一〇年）卯月二〇日付上杉輝虎書状、（弘治三年）六月一六日付武田晴信書状（「謙信公御代御書集」所収、『戦武』五六一号）など。
(29)永禄六年八月一五日付武田家朱印状（長野県立歴史館所蔵「島津家文書」、『戦武』八三三号）。

（30）（永禄一一年）八月一八日付上杉輝虎書状（上越市公文書センター所蔵「柿崎家文書」、『上越』六一三号）。
（31）笹本正治『信濃史学会研究叢書1　武田氏三代と信濃　信仰と統治の狭間で』（郷土出版社、一九八八年）、同「博士と金山」（網野善彦編『中世を考える　職人と芸能』吉川弘文館、一九九四年）。
（32）永禄一一年卯月二一日付武田家朱印状（「塩野神社文書」、『戦武』一二六一号）。
（33）前掲（30）の（永禄一一年）八月一八日付上杉輝虎書状、なお本文の破損部分は、［　］で示し、「御書之写」（上越市公文書センター所蔵「柿崎家文書」）により補った。
（34）（永禄一一年）八月二七日付上杉輝虎書状（『信濃史料』巻一二所収、『上越』六一五号）。
（35）飯山城の在番衆については、拙稿「上杉謙信の城」（福原圭一・前嶋敏編『上杉謙信』）を参照のこと。
（36）武田氏の滅亡については、平山優『武田氏滅亡』（角川選書、二〇一七年）を参照のこと。
（37）「天正壬午の乱」については、平山優『天正壬午の乱　本能寺の変と東国戦国史』（学研、二〇一一年）、同『武田遺領をめぐる動乱と秀吉の野望―天正壬午の乱から小田原合戦まで』（戎光祥出版、二〇一一年）を参照のこと。
（38）竹井英文「戦国・織豊期信濃国の政治情勢と『信州郡割』」（同著『織豊政権と東国社会―「惣無事令」論を越えて―』吉川弘文館、二〇一二年）。
（39）文禄三年七月九日付直江兼続覚書（「歴代古案」巻一七所収、『上越』三六一〇号）。

近世初期藩領の形成と越後国・信濃国――松平忠輝期を中心に――

前嶋　敏

はじめに

本稿は、近世初期の上越地域および北信地域（以下信越とする）に対する領主の政治的把握のありようを明らかにすることを目的とする。なお、近世初期越後の春日山・福島・高田および信濃の川中島（松城・松代）の領主とその領域の変遷をみてみると（表1）、慶長三（一五九八）年に上杉景勝が会津移封となって以後、延宝九（一六八一）年に松平光長が高田藩を改易となるまでの間においては、信越国境付近が一元的に把握されている唯一の時期として、

■春日山・福島・高田の領主

領主	所領範囲	期間
堀秀治	越後国頸城・刈羽・魚沼・三島・古志・蒲原郡	慶長三年四月～慶長一一年五月
堀忠俊	越後国頸城・刈羽・魚沼・三島・古志・蒲原郡	慶長一一年一一月～慶長一五年閏二月
松平忠輝	越後国頸城・刈羽・魚沼・三島・古志・蒲原郡	慶長一五年閏二月～元和二年七月
酒井家次（・忠勝）	越後国頸城・刈羽郡	元和二年一〇月～元和四年四月
松平忠昌	越後国頸城・刈羽・魚沼郡	元和四年四月～元和九年三月
松平光長	越後国頸城・魚沼・刈羽・三島郡信濃川中島之内逆木郷	元和九年三月～延宝九年六月

■川中島（松城・松代）の領主

領主	所領範囲	期間
田丸直昌	信濃国更級・埴科・水内・高井郡内	慶長三年三月～慶長五年二月
森忠政	信濃国更級・埴科・水内・高井郡	慶長五年二月～慶長八年二月
松平忠輝	信濃国更級・埴科・水内・高井郡内	慶長八年二月～慶長一五年閏二月
松平忠輝	信濃国更級・埴科・水内・高井郡	慶長一五年閏二月～元和二年七月
松平忠昌	信濃国埴科・更級・水内・高井郡内	元和二年七月～元和四年四月
酒井忠勝	信濃国埴科・更級・水内・高井郡内	元和四年四月～元和八年八月
真田信之	信濃国埴科・更級・水内・高井郡内　上野国利根郡	元和八年九月～明暦二年一〇月

※『藩史大事典』第3巻　中部編Ⅰ、雄山閣、1989年参照。

【表1】春日山・福島・高田および川中島（松城・松代）領主の変遷

松平忠輝が領主であった慶長一五（一五一〇）年〜元和二（一六一六）年が注目される。そこで本稿ではこの時期を中心にすることとして、まず忠輝が信越の領主となる経緯について確認し、その結果を踏まえて、とくに交通や寺院統制等の観点から、上記の課題について検討を加えることとしたい(1)。

一　松平忠輝の加増転封と堀氏の御家騒動

慶長一五（一六一〇）年における松平忠輝の越後入封の理由については、さまざまな意見がみられるが(2)、確定的に語られることはそれほど多くなかったように思う。そこで本章では、まず忠輝が信越両国にまたがる領主となった経緯について、忠輝側および越後側の双方の事情から見直したい。

1　慶長一四年川中島における忠輝家中の騒動と領地替計画

まず忠輝側における越後入封直前の状況をみてみたい。そこでは、家中で騒動が起きていたことが注目される。

■史料1(3)（傍線は引用者、以下同じ）

A（慶長十四年）九月廿三日、（中略）此比上総介主（大御所末子、年廿）家老之者皆川山城守、本来関東皆川主、上総主養父也、山田長門守以下、各以目安、駿府江言上、其故は上総主行跡荒々として絶言語たり、如此儀を数ヶ条書載、則上（総の誤カ）野主従江戸駿府江被参上、大御所直々理を被言上、家老衆各被改易、（慶長十四年十月）廿七日、山田長門守・松平讃岐守（上総主家老、）自去比被押籠置けるが、今日被成敗、

B（慶長十四年十二月）此比、駿府仰云、於近江国上総守（家康公末子年二十）六十萬石可被知行由也、又翌日五十萬石可被渡と曰、近江佐和山城主古（衍カ）井伊兵部少輔息（号今兵部少輔年二十一）信濃国中（河脱カ）島江可被遣と也、

史料1—Aは、傍線部に「上総主行跡荒々として絶言語たり」とあるように、慶長一四（一六〇九）年九月、忠輝が家臣の皆川山城守（広照）や山田長門守（重辰）らにその不行跡を訴えられていたことを示している。しかしその後、忠輝が家康のもとに参上して直々に弁解したところ、最終的に訴えた側が敗れる裁定が下され、皆川は改易、山田は切腹などの処分を受けることとなった。その詳細に関して検討すべき余地はみられるものの、おおむねの事実関係には問題なかろう。また史料1—Bは、その三ヶ月後の慶長一四年一二月、徳川家康が、松平忠輝を五〇万石あるいは六〇万石に加増して近江に移し、さらに川中島には近江から井伊直勝を移すことを検討している旨を記す。この二つの史料からすれば、この時期における忠輝の領地替は、そもそもは混乱した藩への対応の一環として、その拠点を川中島から移すことを意図して検討されたものといえるのではなかろうか。

しかし結果として、忠輝はさらにその三ヶ月後となる翌慶長一五年閏二月、川中島の領地をそのままに、信越を一元化した藩領に配置され、越後福島城に移っている(5)。このことについて、次に越後側の事情から確認してみたい。

2　越後堀氏の御家騒動

越後側における忠輝越後入封直前の動向としては、慶長一五（一六一〇）年における越後堀氏の御家騒動が注目されよう。

この騒動の発端は、慶長一三年二月の家老堀直政の死去であり、後継となった嫡子の直次と庶子の直寄が対立したことによってはじまったことがつとに知られている(6)。

史料2[7]

(慶長十五年)閏二月大二日、越後国堀監物、同丹後兄弟、但別腹於駿府本丸に及対決、自去年兄弟不和にして、越後守江信長小姓堀久太郎孫監物令讒言、弟の丹後を追出す、丹後従去年令在江戸、専駿府、江戸相詰出頭人を企公事捧目安、今日両御所聞之給処、監物非分と云々、又越後守歳十五監物元の監物子也、親は去年死去為贔屓被上目安処、大御所只一ヶ条聞給、為幼少者如此儀、不可申、是も監物所為由曰、則越後国被召上、上総主大御所末子、歳廿二被遣、上総主此度相伴将軍在駿府間、同四日立駿府被帰江戸、近々越後国江可有入部支度なり、

まず史料2から騒動の経緯を振り返っておきたい。慶長一四年、堀直次と弟直寄は不和となり、直寄は追い出されて、そのことを幕府に訴え出た。そして翌年閏二月二日、両御所(徳川家康・秀忠)が聴取し、直次の側に非分があること、また直次を贔屓しようと目安をあげた藩主の堀忠俊にも問題があること、という二つの裁定を下して、堀氏から越後国を召し上げた。そして、その翌日にはその領地を忠輝に与えている。この騒動に関しては判然としない点も多いが、おおむね上記のような経緯をたどったとみられる。

以上からすれば、忠輝の越後への領地替は、信濃と越後双方でおきた急激な展開のなかでおきたものであったといえよう。また表1にみるとおり、忠輝が慶長八年からすでに川中島を領有していたこと、慶長一四年一一月(史料1―B)の時点ですでに加増転封が検討されていたことを確認できることからすれば、この時点での信越の一円知行地化は、忠輝を越後に転封させるにあたり、加増する石高を調整した結果であったと考えられるのではなかろうか。

二　松平忠輝と越後国・信濃国

前章では、慶長一五（一六一〇）年における信越の一円知行化が、急激な展開のなかでおきたものであり、当初から想定されていたものではなかった可能性を指摘した。いっぽうで、北信と上越が中世以前より互いに強く影響を与えあう関係性を持ち続けてきたことはつとに知られている。[8]そのことからすれば、結果的に両地域を一元的に治めることになった松平忠輝の支配には注視すべき部分があろう。そこで本章では、忠輝期における信越把握のあり方と地域実態との関わりを検討したい。

1　松平忠輝の信越把握と国境

本節では、忠輝が一元的に信越を知行するようになったのちの当該地域の把握のあり方を確認したい。

忠輝は信越領有以後、家臣たちに対して信越いずれにも給与地ができるように分散的に与えていったとされる。[9]また、たとえば松平信直を糸魚川（新潟県糸魚川市）、松平重勝を三条（新潟県三条市）、といったように、各地域の支配拠点に重臣たちを配置している。そこで、信濃側の配置状況をみてみよう。

■史料3[10]

於信州河中嶋内、高都合弐万石為松城領宛行畢、全可領知者也、仍如件、

慶長十六

八月廿八日　（松平忠輝）（黒印）

花井三九郎殿

史料3から、信濃の松城には、慶長一六（一六一一）年八月に、忠輝の義理の兄にあたる花井吉成が配置されていることがわかる。また、同時期に忠輝の生母茶阿には善光寺周辺の権堂村などが与えられている。[11] 信濃側の中心部にあっては、忠輝に近い人物が配置され、彼らを軸にした支配体制が整備されていったことがうかがわれる。

そこで、このことを踏まえて、次の史料をみてみたい。

史料4[12]

定

一、御伝馬上様御朱印ニ而罷通候ハハ、奉拝見、馬数改、可相立之事、

一、越後府中よりの伝馬之儀、奉行所之手形を見改候て、可相立之事、

一、手形見せすして通候者於有之は、誰によらす搦取、注進可申上之事、

一、泊々にて入夫つかひ候儀、無手形して不可出之事、

一、宿銭之儀は右御定のことくとるへき事、

一、塩噌雑事以下一切不可出之事、

一、何によらす狼藉の者候ハバ、注進可申事、

一、町中掃除以下無油断様可被申付候事、

右条々御意ニ候間、能々可被申付候、少も於油断は貴所なと越度たるへく候、其分相心得可被申候、以上、

(慶長十五年)戌九月廿一日

大隅守（印）

隼人正（印）

形部少輔（印）

遠江守
筑後守（印）

八崎町中

■史料5⒀

伝馬宿書出

一、御伝馬仕候上ハ、井ほり、川よけハ手前の分ハ三ヶ壱可仕、縦失念候て書出シ候共、他所へハ一切普請ニ罷
出間敷候事、
一、江戸・駿州　御朱印か、不然ハ各連判之切手ニてハ可通、無左候て、上下の衆わかまゝに伝馬人足ニ押立候
ハヽ、其一町のものとして押置、越府近所ハ府中へ可注進、信州表ハ松城へ可致注進事、
一、上下の者共、宿をかり木ちんも不渡、わかまゝに於有之ハ、是又押置注進可仕事、
一、殿様御泊之時、御供之衆、亭主を内夫ニつかひ候事、堅停止之事、
一、御供衆、やとの薪・ぬか・わら草以下、みたりに取つかひ候儀、停止候、若左様之非分之輩於有之ハ、御供
之年寄へ目安を可上事、
一、大伝馬の時ハ、隣郷の人足をつかひ、伝馬宿ハ可有赦免、江戸・駿河のことくに可仕候、若俄之儀ニて人馬
入候ハヽ、伝馬奉行へ人馬をかし、奉行より人馬のたちん可取事、
一、江戸駿河如御仕置、伝馬宿ハ石（右カ）ニかゝり候役赦免之事、
右条々、違犯之輩於有之ハ、以目安可申に候、若隠置郷中つかれ候ハヽ、庄屋肝煎の者共可為越度者也、仍如件、

筑後守（印）

慶長十六年
九月三日　　　　　隼人正（印）
　　　　　　　　　遠江守（印）
　　　　　　　　　大隅守（印）
はつさき　　　　　石見守（印）

史料4、史料5は、慶長一五年および一六年に発給された、伝馬宿に関する定書である。その宛所はともに鉢崎（現新潟県柏崎市米山付近）であるが、ほぼ同文の同日付で、信濃の「古間村」や「ふく嶋」を宛所とした文書も確認されており、これらは忠輝領内の各所に発給されていたとみられる。(14)

さて、ここでは史料4、史料5にみられる二つの傍線部に注目したい。いずれも通行に関して証文等を必要とする旨を記した内容とみられるが、史料4の時点では注進先の明示がなく、史料5の時点では、そこが越府の近所であれば府中、そして信州であれば松城へ、というように変化していることがわかる。この二通の間の時期となる慶長一六年八月に花井吉成が松城の城代となっていること（史料3）からすると、史料5にみられる注進先の指定は、支配体制の整備が進み、信濃側を花井吉成に委任したことを前提にしたものと考えられよう。すなわち、越後と信濃という国境によって地域を区分する見方は、他の地域区分以上に強く意識されていたといえるのではなかろうか。

2　松平忠輝の支配と近世初頭の信越地域

本節では、前節にみた忠輝の信越把握のあり方を踏まえて、地域の実態とそれに対する政治的な対応のありようについて、交通網の整備と、真宗寺院の移転、という二点から検討したい。

①　信越における商人の往復と交通整備

まず交通の観点からみてみたい。近世においては、今町（現新潟県上越市直江津）に入荷した塩や魚などが信濃方面に運ばれ、そこが商圏となっていたことなどが知られる。[15]したがってそこには日常的な往還もあり、地域としても、その方面への流通ルートの確保が重視されていたとみられる。そのことを踏まえて、次の史料をみてみよう。

■史料6[16]

定

信州越国往復之商人荷、従牟礼香白坂直ニ長沼・新町江可令往還候、自然経横道輩於有之者可為曲事候、今度坂中江海道を明、発新田可申之由、雖訴訟申上候、任先例証文旨、各令談合如前々申付候上者、新田をも発、伝馬以下弥無油断可相勤者也、

慶長拾六辛亥

八月廿一日

山田隼人正

松平筑後守（花押）

松下遠江守（花押）

山田出雲守（花押）

松平大隅守（花押）

大久保石見守（花押）

牟礼百姓中

■史料7[17]

制札

右、信州越国往復之人民経横道之事、堅令停止畢、所詮自牟礼香白坂を直ニ長沼へ可令往還之由、仰出被成　御朱印者
也、仍如件、

天正十一年

（朱印）三月　日　　奉行中

■史料8[18]

定

信州越国往復之商人荷、自牟礼白坂を直長沼へ可令往還候、自然経横道輩者可為曲事候、此旨堅可申付者也、

慶長七年

十二月五日　　忠政（花押）

各務四郎兵衛殿

■史料9[19]

定

信州越国往復之商人荷、従牟礼白坂を直長沼へ可令往還候、自然経横道輩者可為曲事候、此旨堅可被申付者也、

慶長八年
霜月七日　　　　大石見守（花押）
平岡帯刀殿

史料6は、慶長一六（一六一一）年八月、忠輝家臣六名から牟礼百姓中に対するものである。信濃と越後を往復する商人の荷物について、先例証文にしたがって牟礼・神代坂（長野県飯綱町・長野市）から長沼・新町（ともに長野県長野市）へ往還すべき旨が指示されており、忠輝が信越両国を藩領としたことを契機に発給されたものとみられる。史料7〜9はその先例証文ともなったそれ以前の制札・定書である。[20]

さて、史料6では、このとき藩に対して坂中街道を開設したい旨の訴えが出されており、それが否定されていること、またそのいっぽうで、史料7〜9にはみられない新町への往還があらたに設定されていること、の二点が注目される。

ここにみられる坂中街道は、おおむね古間（長野県信濃町）から坂中峠（長野県長野市）を通って地域の中心となる善光寺に通じるルートとみられ、いっぽうの新町への往還は、古間〜長沼へのルートから神代坂で分岐し、善光寺方面へ向かうものと考えられる[21]（本書見返し掲載「関連地名図・中世」を参照）。

善光寺町は、弘治三（一五五七）年に善光寺本尊が失われたことによって一時衰退したものの、慶長三（一五九八）年に豊臣秀吉がこれを返却したことによって、権力とは無関係に、急速に復興していったとされる。[22]すなわち、これらの復興状況にもとづいて、地域で最大の消費地となる善光寺へのより直接的な往還が求められ、街道開設の要望がなされたといえよう。そして、慶長一六年九月頃に善光寺に宿が開設されていることをあわせて考えれば、通行に対する要望自体は受け入れられているといえる。そこで、史料6の時点で、坂中街道ではなく、新町への往還が設定されたことについて考えてみたい。

坂中街道と新町を通る往還を比較すると、前者は長沼から大きくはずれており、後者は途中まで長沼への往還と同じルートを通る、という点が注目される。さらに善光寺とほぼ同時期に長沼にも宿が開設されている。したがってこの往還は、善光寺までの通行を設定しつつ、長沼への往還を維持しようとしたものとみられる。(23)

長沼は戦国期には武田氏が善光寺平支配の北部の拠点とした地であり、上杉景勝が北信四郡を領有することになった際には旧領主であった島津忠直が置かれ、政治的・軍事的に重視されていた。また、慶長八（一六〇三）年に松平忠輝が川中島の領主になった際にも老臣の山田長門守が配置されており、継続して拠点的な地域であったことがうかがわれる。(24)とくに善光寺町が衰退している間、善光寺平の中心は松城城下と長沼城下であった。すなわち史料6が発給される前提には、すでに政治的中心のひとつとして形成されていた長沼を維持しようとする意図があったと考えられる。そのことは、信濃側を委任統治するにあたっての中心に位置する地域として、松城・長沼が強く意識されていたことを示している、ともいえるのではなかろうか。

②　高田城下町の形成と真宗寺院の移転

忠輝期の越後にあっては、慶長一九（一六一四）年に高田城の普請が行われていることが知られる。このときには城下町の整備も進められ、城の西側には多くの寺院が集められて寺町が形成されている。そして、そのなかには信濃から移転してきた真宗寺院も多く確認される。ここでは、とくに高田城下町の形成とのかかわりから寺院の移転状況を検討することを通じて、地域実態への忠輝期の政治的対応について考察したい。

高田城下の寺町の中央部付近に、近世にあっては東本願寺とも深く関わっていた浄興寺、(25)また上杉謙信の招きで越後に移ったとされる本誓寺など、戦国期から近世初頭にかけて、信濃から移転してきた有力な真宗寺院をみることができる（図1）。

■史料10

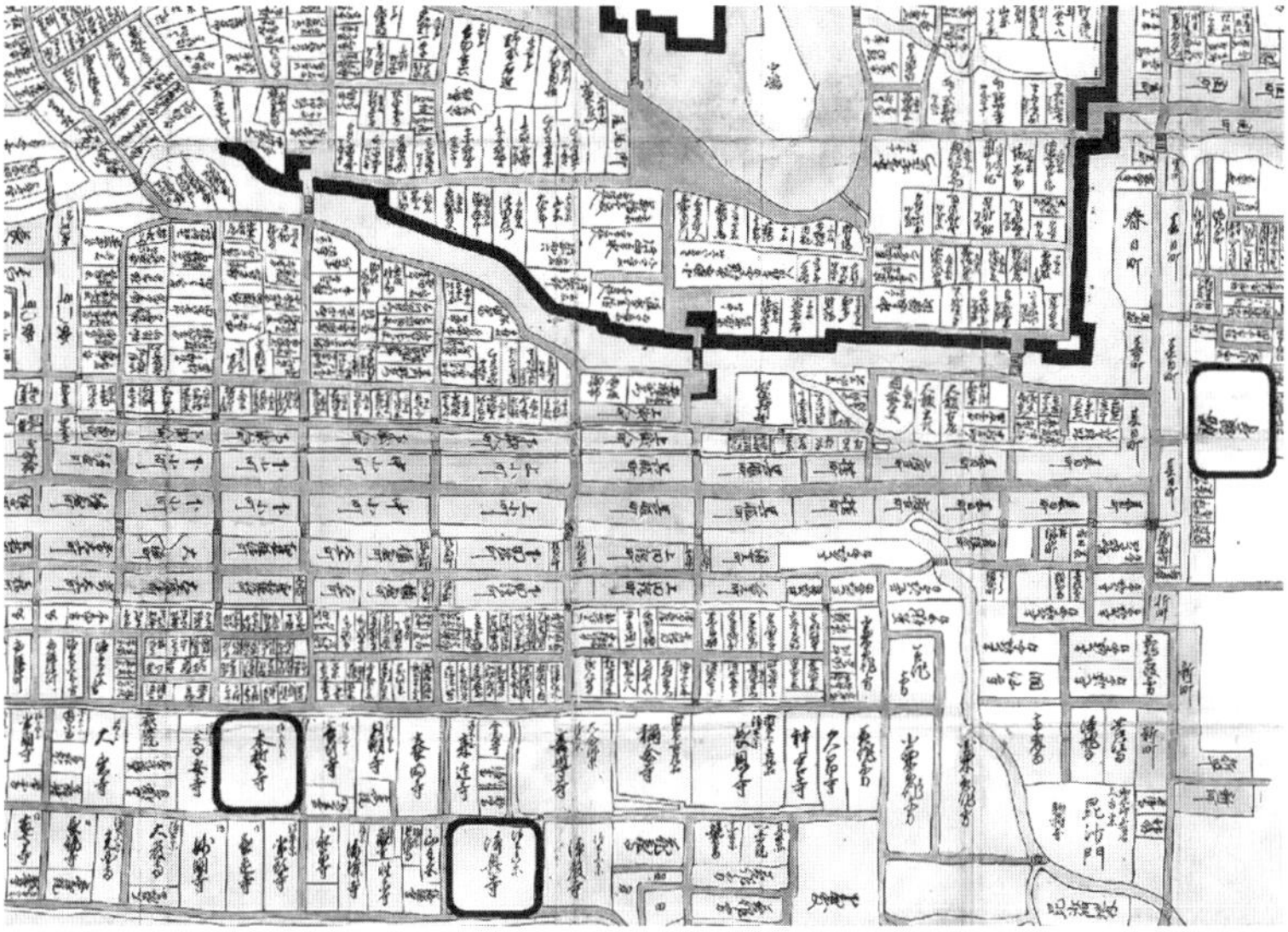

【図1】高田城下絵図（部分）上越市立高田図書館所蔵（図内の四角太枠は引用者）
図上部に高田城（一部）が見え、図内太枠内にそれぞれ「本誓寺」「浄興寺」「勝願寺」が見える。

釈宣如（花押）
慶長廿乙卯稔八月八日
本願寺親鸞聖人等身御影　信州水内郡大田庄
長沼浄興寺常住物也
願主　釈善芸

史料10は、浄興寺に伝わる親鸞聖人像の裏書であるが、ここから慶長二〇（一六一五）年の高田の寺町形成以後にも同寺が長沼の地を称しており、またもともと信濃長沼に拠点を持っていたことがわかる[27]。

また『粟津家申物帳』からは、本誓寺・浄興寺の末寺が信濃・越後・出羽にかけてそれぞれ一〇六ヶ寺・九三ヶ寺あったことが知られる[28]。なお同史料では、ほかにも信濃の寺院の末寺になっている越後の寺院もみられる[29]。これらからも、信越真宗寺院の多くが一体的に展開していたと考えられよう。そして、高田の寺町形成にあって中央部に配置された両寺は、信越の東派（大谷派）寺院のなかでも中心的な位置をしめていたことがうかがわれる。

1	長楽寺	越後国頸城郡五十公郷	
2	領勝寺	越後国頸城郡五十公郷	
3	真光寺	越後国頸城郡板倉郷	
4	逢竜寺	越後国頸城郡上板倉郷	
5	光照寺	越後国頸城郡上板倉郷	
6	菓成寺	越後国頸城郡上板倉郷	
7	勝徳寺	越後国頸城郡上板倉郷	
8	明通寺	越後国頸城郡上板倉郷	
9	長徳寺	越後国頸城郡下板倉郷	
10	円長寺	越後国頸城郡下板倉郷	
11	照光寺	越後国頸城郡大崎郷	
12	安楽寺	越後国頸城郡大崎郷	
13	報岸	越後国頸城郡大崎郷	末庵
14	性徳寺	越後国頸城郡下美守郷	
15	雲妙寺	越後国頸城郡下美守郷	
16	明安寺	越後国頸城郡津有郷	
17	明源寺	越後国頸城郡名立谷	
18	西円寺	越後国頸城郡名立谷	
19	慶願寺	越後国頸城郡能生谷	
20	勝念寺	越後国頸城郡武士郷	
21	善敬寺	越後国頸城郡武士郷	
22	正法寺	越後国頸城郡武士郷	
23	西入寺	越後国古志郡長岡	
24	光源寺	越後国三島郡	
25	勝敬寺	越後国三島郡	
26	長楽寺	越後国三島郡	
27	看主 円諦	越後国三島郡	末庵
28	明源寺	越後国蒲原郡泉田庄	
29	福勝寺	越後国蒲原郡大槻庄	
30	光照寺	越後国蒲原郡大槻庄	
31	長念寺	越後国蒲原郡大面庄	
32	勝誓寺	越後国蒲原郡福応庄	
33	西敬寺	越後国蒲原郡福応庄	
34	光福寺	越後国蒲原郡弥彦庄	
35	善法寺	信濃国高井郡	
36	称名寺	信濃国水内郡	
37	正見寺	信濃国水内郡	
38	蓮証寺	信濃国水内郡飯山	
39	蓮華寺	信濃国水内郡今井郷	
40	栄天	信濃国水内郡今井郷	末庵
41	真光寺	信濃国水内郡熊坂郷	
42	専入寺	信濃国水内郡熊坂郷	
43	正行寺	信濃国水内郡常盤庄	信州通寺附
44	徳善寺	（信濃国水内郡）	信州通寺附
45	吉池数馬	信濃国埴科郡柴村道場	末庵

※延享三年「瑞泉寺明細帳」より作成
（上越市立高田図書館所蔵）

【表２】延享三年時の瑞泉寺地末寺末庵・地中の所在地一覧

なお、浄興寺の信濃から越後への移転については忠輝期以前とみられる。そこで、忠輝期に移転したとみられる寺院についても触れておきたい。

現新潟県上越市南区に所在する瑞泉寺（浄土真宗本願寺派）は、その由緒によれば、もと勝願寺と名乗り、一五世紀末頃には信越に二〇〇あまりの末寺があったとされる。もとは信濃国水内郡南条村に所在したが、慶長二〇（一六一五）年に松平忠輝の招きによって高田城の南側に移ったという(30)。そして、少なくとも延享三（一七四六）年の時点で管轄していた別院や末寺などが信越にまたがって四五ヶ寺あり、大きな勢力を築いていたことが知られる（表2）。このことからすれば、瑞泉寺の移転は、高田城の築城とともに、信越本願寺派の中心ともなる寺院として信濃側から招かれた結果といえよう。この点については、同寺が本願寺派の触頭としての役割を期待されていた、という指摘もされている(31)。

以上、これまでの検討を含めて考えれば、これら信越真宗の中心的寺院が高田に集められていることについては、信越で一体的に展開する真宗寺院に対して、その統制を越後側で一本化していくことが目指された結果とも解釈できるのではなかろうか。

おわりに

本稿では、松平忠輝期に信越国境を越えて藩領が設定されたことによる両国把握・支配の様相について、信越両国の実態との関わりを踏まえて検討した。以上の結果をまとめておきたい。

①　松平忠輝が信越を一元的に支配することになったことについては、堀氏改易という事態と、忠輝を加増する予定であったという状況が合致しておきたものであったが、結果的にそのことを経て、忠輝領は信越両国にまたがることとなった。

②　忠輝は自らを越後側において全体の中心とし、信濃については松城を起点とした体制を築いた。すなわち政治的には信越両国はあくまでも区別されることになった。

③　交通網の整備にあたって、忠輝は復興し発展する善光寺町に対して、その政治的拠点のひとつとして長沼の維持をも意識した街道の整備を行った。また信越で一体的に展開していた真宗寺院に対しては、高田城の築城を契機に城下に中心寺院を移動させた。このことは、これら中心寺院を起点に越後側で一本化して把握することが志向されたためとも解釈できる。

以上からすれば、忠輝の政策については、いずれも信越を区分して把握し、信濃側を委任統治することを前提にして、地域の実情に政治的に対応した結果として見直していくことができるのではなかろうか。

本稿は、「間《あわい》」と「境」の包括的な議論に資するべく、近世初頭における領主の信越地域把握について、その一端の分析を試みた結果にすぎず、交通ルートの問題等、明らかにしえなかった点は少なくない。これらについては、その他多くの問題とあわせて、すべて今後の課題としたい。

註

(1) なお、藩領域の変遷については、『藩史大事典』第三巻 中部編Ⅰ、雄山閣、一九八九年等を参照。また同地域に関しては、原田和彦「松代城の『城附諸道具』―真田家大名道具論（1）―」（『松代』第一二号、一九九九年）など、さまざまな観点からの先行研究もみられる。また松平忠輝関連の史料等については、黒田基樹「松平忠輝文書の基礎的研究」（『駒澤大学史学論集』第二五号、一九九五年）、新潟県立歴史博物館『越後の大名』（展示図録、二〇一一年）、上越市立総合博物館『越後の都 高田と徳川家康の血族』（展示図録、二〇一四年）などがあるので参照されたい。

(2) たとえば浅倉有子「松平忠輝家」（『上越市史』通史編四、第二部第一章第二節、上越市、二〇〇四年）では、「加賀の前田氏を制すること、関東周辺を徳川一門の大名で固めること、佐渡の運上金銀を江戸に輸送する経路の確保」などの理由が示されている。

(3) 『当代記』五、『信濃史料』二〇巻四八八頁（A）、五〇一頁（B）。以下同書所収の出典については『信濃』〇―〇とする。なお『当代記』は寛永年間頃に成立したとされる史書で、おおむね天文～慶長年間頃の徳川家を中心とした事績が記述される。

(4) 『当代記』五、『信濃』二〇―四八八。また、たとえば中嶋次太郎『松平忠輝と家臣団』（名著出版、一九七五年）等を参照。

(5) 『信濃』二〇―五一〇参照。

(6) 『信濃』二〇―五一〇等。またたとえば前掲註（2）『上越市史』通史編四等においても記述がみられる。

(7) 『当代記』五、『信濃』二〇―五一二。

(8) 本書七頁「刊行にあたって」等を参照。

(9) 小村弌「松平忠輝の入封と支配」（『新潟県史』通史編3 近世一 第一章第二節、新潟県、一九八七年）。ただし、『上越市史』別編5（藩政史料編一、上越市、一九九九年）では、ほぼ頸城平野中央部にまとまった知行地を与えられた家臣も紹介されており、そのありようについてはさらに検討が必要であろう。

(10)『信濃』二二―九二。
(11)『信濃』二二―九二。
(12)『柏崎市史料集』近世篇1上、第一章第二節第一項一二号文書。
(13)『新潟県史』資料編6　近世一、四四。
(14)『信濃』二二―九九等を参照。
(15)『上越市史』通史編三・四、二〇〇三・二〇〇四年。また鋤柄俊夫「鎌倉時代の善光寺門前」(笹本正治・土本俊和編『善光寺の中世』高志書院、二〇一〇年)、田中暁穂「善光寺門前町と北東日本海交通」(中世都市研究会編『日本海交易と都市』山川出版社、二〇一六年)等、考古学的な知見を踏まえた観点からもそうした検討は行われている。
(16)「牟礼区文書」(いいづな歴史ふれいあい館管理、『信濃』二二―九一)。
(17)「牟礼区文書」(いいづな歴史ふれいあい館管理、『上越市史』別編2、二七一七号文書)。
(18)「牟礼区文書」(いいづな歴史ふれいあい館管理、『信濃』一九―四四九)。
(19)「牟礼区文書」(いいづな歴史ふれいあい館管理、『信濃』一九―五五一)。
(20)史料7～9は、いずれも牟礼から長沼への往還に関する指示であり、順に上杉景勝期、森忠政期、松平忠輝期のうちの川中島のみを知行している時期のものである。
(21)なお、小山丈夫氏から、史料6が「牟礼百姓中」に発給されたものであること、一般的に知られる坂中街道が牟礼を通らないことから、同史料の「坂中」の「海道」は図1のそれとは異なるルートであった可能性を示す見解もあることをご指摘いただいた。しかし、ここではむしろ牟礼百姓中は坂中街道が開設されないことを期待し、それに沿った結果として史料6が発給されていると解釈できる。したがって、この「海道」は、それが開設されることによって牟礼百姓中が不利益を蒙ることになるルート＝牟礼を通過しないルートであったと考えられる。そこで本稿では、従来知られている坂中街道のルートを想定して検討を加えた。なおこの点については、小山氏のほか、福原圭一氏、村石正行氏、原直史氏らのご教示を得た。
(22)小林計一郎『長野市史考　近世善光寺の研究』(吉川弘文館、一九六九年)、笹本正治「中世末から近世初頭の善光寺門前町」(『国立歴史民俗博物館共同研究報告』第七八集、一九九九年)等を参照。

（23）なお、前掲注（21）に触れた点からすれば、史料6では、新町を通る往還は牟礼を通過する、という点が牟礼百姓中にとって重要であったということもできる。本文書については、牟礼百姓中に宛てて発給されている、という点も含めて、さらに検討を深める必要があるように思う。
（24）前掲注（22）笹本論文。
（25）現在は浄興寺派本山である。同寺については、『高田市文化財調査報告書』三集〔浄興寺〕、高田市文化財調査委員会一九六〇年、本山浄興寺『浄興寺』（二〇〇四年）等を参照。
（26）浄興寺所蔵親鸞聖人像裏書。前掲注（25）の二書籍等を参照。
（27）寺院が故地を名乗るのは珍しいことではないが、浄興寺が正保年間頃から高田浄興寺と名乗るようになっていることからすれば、慶長二〇年時点で信濃長沼を主張している点はあらためて注目すべきであろう。
（28）長谷川成一「「粟津申物帳」について」（『奥羽地方における宗教勢力展開過程の研究』平成一二〜一五年度科学研究費補助金（基盤研究（B2））研究成果報告書（研究代表者　今井雅晴）、二〇〇四年）。
（29）たとえば「中役（俣の誤カ）勝善寺」（信濃国水内郡中俣村〔現長野県長野市柳原中俣〕に創建された寺院）の末寺として、「越後国三嶋郡吉河庄脇町村浄福寺」「越後国頸城郡高田土橋町最尊寺」など多数が確認される。
（30）『高田市文化財調査報告書』六集〔榊神社、瑞泉寺、毘沙門堂〕高田市文化財調査委員会　一九六三年、等を参照。
（31）前掲注（30）報告書。

付記

本稿は、二〇一六年度地方史研究協議会妙高大会の大会報告内容をもとに、当日の質疑等を踏まえて作成したものである。準備報告、プレ大会報告、大会当日の報告においてご意見くださった方々、また史料の閲覧等にもご協力いただいた小山丈夫氏（いいづな大会歴史ふれあい館）ほか、多くの方々のご協力を賜りました。ここに記して感謝申し上げます。

第三章　「境」の画定と「間」

元禄の国絵図作成事業と信越国境の村々

松尾美惠子

はじめに

江戸時代、慶長・正保・元禄・天保と四度にわたり国を単位に作成された国絵図については、すでに多くの研究がある。[1] 地理学の側からのアプローチに始まり、近世国家史研究の中で注目を集め、近年においては、地図・絵図学の観点からの研究も進んでいる。[2] 但し各時期、各国の国絵図がどのようなプロセスを経て作成されたか、また作成された国絵図が各国各地域にとり、どんな意味があったかなど、国毎あるいは隣接する国相互の個別具体的な研究の余地はまだ残されているといってよいだろう。[3]

国絵図に関連して筆者が以前から関心を持っているのは、近世における国郡をめぐる問題である。周知のように国絵図の国は郡とともに律令制国家の地方行政単位で、戦国大名の領土紛争は、しばしばこの国郡の境目をめぐって争われた。近世になり国郡の枠組みの機能がどのように推移、変化したかという問題は、大名の制度や国役普請などの検討[4]を通し、念頭から去ることのない課題である。後述するように、元禄の国絵図は国境・郡境の画定をとくに意識して作成されている。関ヶ原からおよそ一〇〇年を経過した一七世紀末から一八世紀はじめの段階において、国郡はどのような意味を持っていたのだろうか。五代将軍綱吉の政権は国郡の枠組みをどのように考えていたのだろうか。また当該期の幕府の政策とどんな関わりがあるだろうか。

もうひとつの問題は、村々にとっての国絵図の持った意味である。この時代、全国各地で山野の利用をめぐる村々の争いが絶えず起こっていたことは先行研究が明らかにしてきたところである。[5]とくに元禄の国絵図改訂事業を機に、国境、郡境をめぐる争論が各地で起こり、信越国境の村々でもそれが例外ではなかったが、[6]現実の村々の受け止め方や、その内実はどうであったのだろうか。

本稿では、信越国境の村々に残存する元禄の国絵図関係史料から得られた新たな知見を提示しつつ、上記の問題に接近してみたい。

一　元禄国絵図作成事業の概要——信越国絵図を中心に——

まず元禄の国絵図作成事業の概要を、先行研究を参考にしながら行論上必要な範囲内でみておきたい。

1　諸役任命

元禄九（一六九六）年一一月、幕府は三奉行と大目付に正保の国絵図改訂を命じ、[7]翌一〇年閏二月、各国の国絵図作成の担当者（絵図元）となる大名の江戸留守居を評定所に呼び、それぞれの割り当てを告げ、また同月寺社奉行井上正岑、町奉行の能勢頼相、勘定奉行松平重良、大目付安藤重玄の四人に国絵図御用を任命した。[8]

絵図元は四月に正式に任命され、一国一円を領有する国持大名の国以外は、数人が共同で作成し（相持という）、その内一人がまとめて清書する役目、清絵図の調製を命じられた。

越後国の場合は、国域が広く、正保の絵図では五m×一〇mに及ぶ巨大なものであったため、二分割されることになり、岩船・蒲原二郡は、榊原政邦（村上藩）・溝口重雄（新発田藩）の相持で、榊原が清絵図受持、古志・三島・刈羽・魚沼・頸城五郡は稲葉正通（高田藩）・牧野忠辰（長岡藩）の相持で、稲葉が清絵図を受け持った。なお稲葉正通は元禄一四年六月に下総佐倉に転封（代わって戸田忠真、佐倉より高田に入封）となったため、五郡の方は、長岡の牧野忠辰が仕上げた。信濃国は真田幸道（松代藩）、水野忠直（松本藩）、仙石政明（上田藩）、松平忠喬（飯山藩）が絵図元で、この内真田が清絵図を受け持った。

2　方針・基準

そしてこのとき、次の七カ条の「覚」[9]が示された。

①　正保国絵図を貸与する。

②　縮尺等は正保に同じ、川筋が変わったところ、新川・新道・新村・新池沼は記載する。

③　御領・私領・寺社領で、正保二年（一六四五）以降、地形に変動のある村は、絵図を取り寄せて正保図を修正する。

④　正保二年以降の国境・郡境争論で、裁許が済んだところは新しい絵図に反映させる。国境・郡境争論以外は無用。

⑤　現在、国境・郡境に論所があり、内済ができない場合は幕府に裁許を仰ぎ、その結果を絵図にあらわす。

⑥　国境・郡境以外の争論は裁許に構い無く作成する。

⑦　貸与した正保国絵図について、隣国の絵図元と相談し、国境を絵図上で改め、相違するところは幕府へ窺う。

この内、④～⑥より、幕府は新絵図の作成にあたって、国境・郡境の画定をとくに意識し、その前提として在地における国境争論の決着をつけることを意図していたことがわかる。

ついで同年五月[10]には、絵図の仕立て方について具体的な指示があった。その内「国絵図仕立様覚」一〇カ条[11]で注目されるのは、やはり郡で色分けし、郡境は「あさやかに墨筋引」きし（四ヵ条）、領知高の区別は無用である（一〇ヵ条）といってい

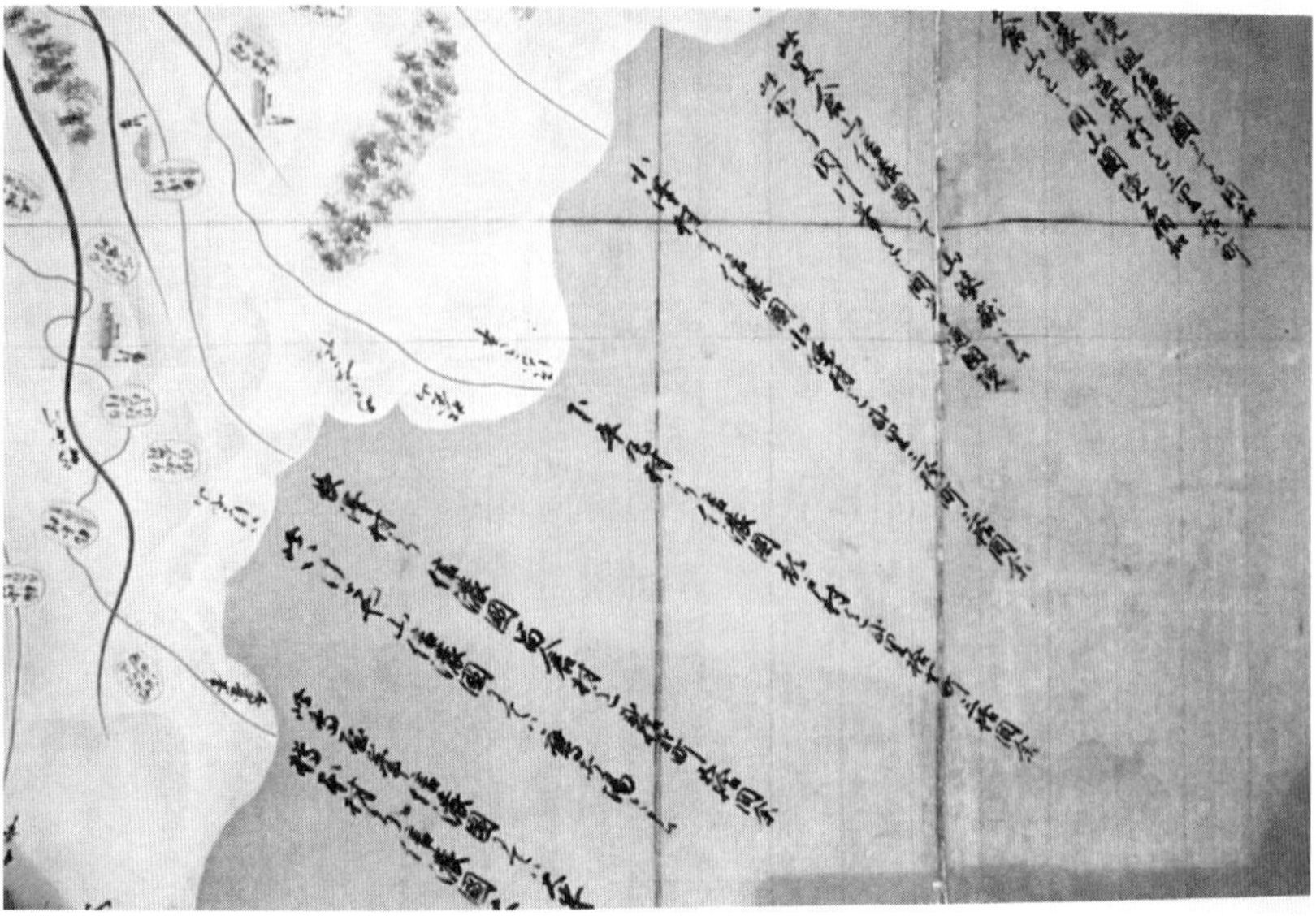

【図1】「天保越後国絵図」に見る「小書」(国立公文書館蔵)

る点である。領主の別が線や符号で示されていた「古絵図」すなわち正保国絵図とは大きく異なる。また同時に渡された「国境絵図仕様之覚」[12]では、隣国と申し合わせ、国境付近の寺社・川・道・島などの所属を明確にすることを求めている。

3 湯島御絵図小屋

このの ち幕府は江戸湯島霊雲寺前に御絵図小屋を設け事業を進めた。六月以降、絵図元に正保国絵図と郷帳を貸出している。[13] 一一月には、全国の領主から徴収した所付書付を絵図元に交付した。榊原家では同月二日に私領の所付書付を寺社奉行から、六日に御領代官が提出した村付の帳面を勘定奉行から受け取っている。[14] 御絵図小屋には井上正岑の家臣長浜治左衛門が詰めて、絵図元大名の留守居からの問い合わせに対応した。

元禄一一年二月、幕府は絵図元が国内の他領主・代官に対し、正保以降の変化(変地)を照会する際の案文を示したが、ここでも「正保弐年以後、国境・郡境論所有之候哉被相尋、御裁許之趣御書付御指出シ可被成候、未御裁許不相済所茂候ハヽ、是又御書付可被遣候」と、国境・郡境の論所と、裁許

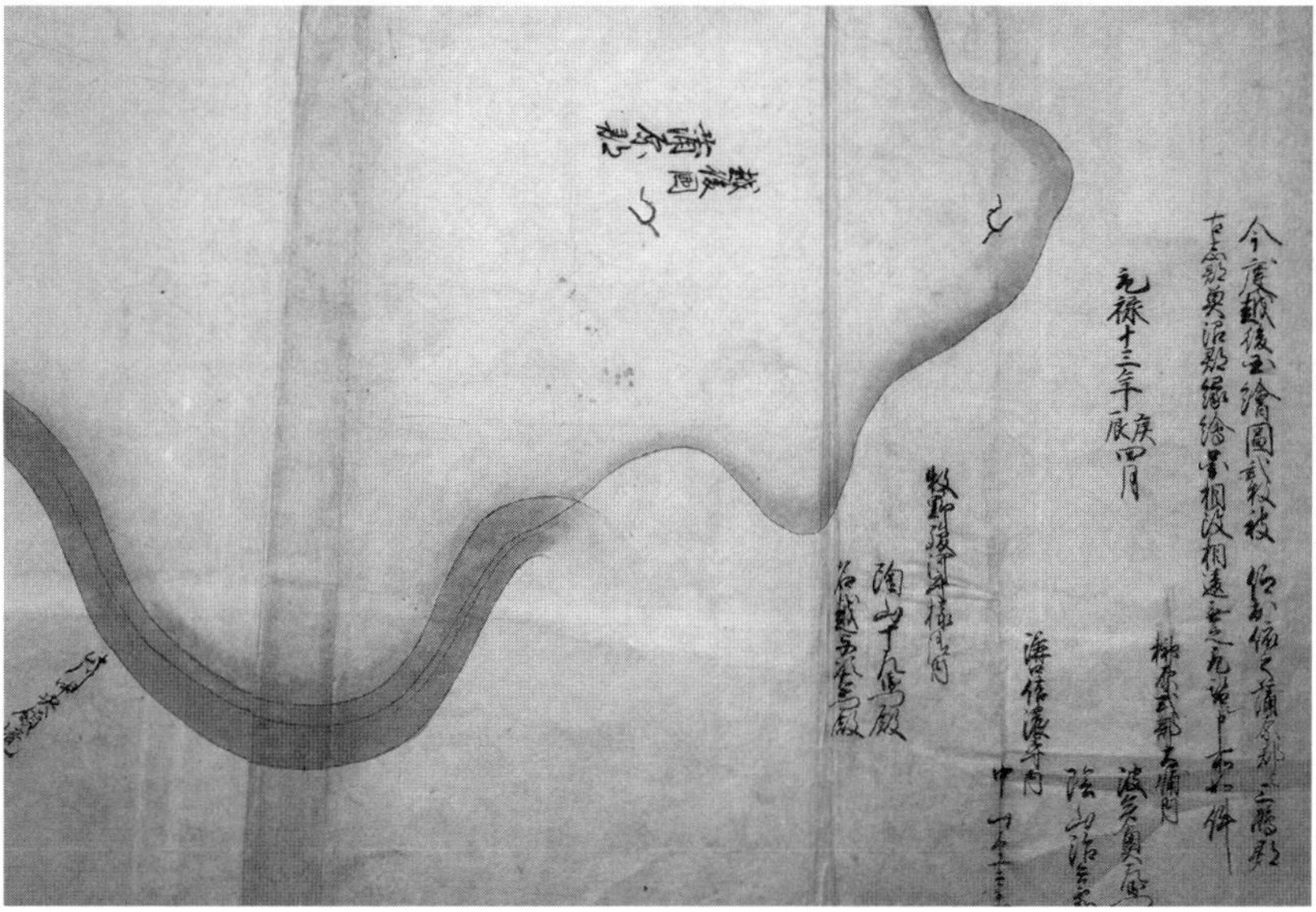

【図 2】郡境の「縁絵図」（新発田市立図書館蔵）

の有無を尋ねるよう指示している。(15)

4　国境の確認

こうして各国で国絵図の作成が始まり、翌元禄一二年三月頃から壱岐国絵図等の国絵図が幕府に上納されはじめる。(16)ところが同年八月、幕府の奉行衆の中から、上納された絵図は正保の絵図を新しく書き直しただけで、今後の御用に役立たないという批判が出たため、上納した絵図はいったん返却される。今後の御用に役立つ国絵図、それは、杉本史子氏によれば、頻発する境論に幕府が対処しうる国絵図で、国境の現状をより具体的に描いた絵図でなければならなかった。(17)国境争論を幕府が裁く際、拠り所にしたのは国絵図の記載で、この点は後述する信越国境争論の幕府の裁許状からも確認しうる。

すなわち、この後幕府は一層絵図元諸藩に国境の確認作業を求めた。すなわち、マニュアルを示して、①国境の要所に説明書（「小書」）を書き入れ、②隣国双方で国境の部分のみを描いた縁絵図を作成し、これをつき合わせて、国境の確認作業を行うことを要請した。相互確認が済むと、双方の絵図役人が証判し、幕府役人の下絵図改めを受けた。また③隣国双方で、国境の村から、境目の相証文を取ることを示唆した。

次に国境が具体的にどのように重視されたか、信越国境の場合をみてみよう。図1は「天保越後国絵図」（国立公文書館蔵、同館のデジタルアーカイブを利用した）に記された、国境の要所（現妙高市辺）の「小書」である。元禄の越後の古志・三島・刈羽・魚沼・頸城五郡絵図は伝わらないので、代わりに元禄の国絵図をもとに作られた天保国絵図を掲示した。「小書」は「小澤村より信濃国北条村迄弐里三拾町三拾間余」のごとく国境を挟む村から村までの距離、「此いけとや山信濃にて八鷹打場と申候」のごとく双方で呼名が異なればそれぞれの名称が記されている。図1には見えないが、川境の場合はどちら側の川岸か、あるいは川の中央か、また山が連なり国境がわからないところは「山国境相不知」と書かれた。

図2として掲示したのは郡境の境目を描いた縁絵図[18]である。越後国絵図は二枚作成することになったため、国境のほか、郡境の縁絵図による確認が必要だった。余白に村上藩榊原家家臣の波多興左衛門・影山治兵衛と新発田藩溝口家の家臣中山杢兵衛から長岡藩牧野家の家臣陶山十左衛門・名越与次右衛門に宛てた証文が記されている。「今度越後国絵図弐枚被　仰出、依之蒲原郡と三嶋郡・古志郡・魚沼郡縁絵図相改、相違無之取替シ申所如件」とある。長岡藩から村上藩・新発田藩宛の絵図も作成された筈であるが残っていない。また現在までのところ信越国境の縁絵図も見出し得ない。

次の史料[19]は「信府統記」収載の越後国頸城郡大所村（現新潟県糸魚川市）と信濃国安曇郡大網村（現長野県小谷村）の村役人から、絵図元大名の郡奉行に提出した境目立合証文である。

■史料1

差上申御境目立合証文之事

一越後大所村と信州大網村と両国御境目、蒲原古沢より姫川真中通ニ而御座候、此川之唱両国相違無御座候御事

一大所村より姫川端迄道程二十九町、大網村より姫川端迄十九町、両村之間違（道カ）法合一里拾弐町御座候御事
一大所村より大網村江之方角、寅卯之方ニ当リ申候事
右者今度越後大所村と信州大網村と境目御尋被為成候、依之双方立合吟味仕候所ニ、右之通少も相違無御座候、以後御尋之儀御座候（ハ脱カ）、拙者共罷出可申分候、如件

元禄十四辛巳年八月　越後頸城郡大所村　庄屋・与頭
信州安曇郡大網村　庄屋・与頭

宛所郡奉行

一次史料ではないため、村役人や郡奉行の名前は不明だが、越後大所村と信州大網村の境目について、姫川の中央が境目であり、川の呼称は双方とも同じであること、それぞれの村から姫川までの距離、方角など、両村で立合い吟味し、相違ないと記されている。宛先の郡奉行は大網村の属する松本藩の家臣であろう。大所村の領主（高田藩か）側にも、同様の境目相証文が提出された筈であるが、詳細は不明である。

このように元禄国絵図はとくに国境の確定を意図して作られたが、表1の「信越国絵図における国境の記事」は両国の正保国絵図・元禄国絵図について、ほぼ同じ地点の国境の記事を比較対照したものである（但し前述のように、越後五郡の国絵図は伝わらないので、天保の国絵図で代替している）。

正保越後国絵図（新発田市立図書館蔵）では、高田城下の高田町札の辻から信州との国境までの道筋、距離、冬季は牛馬が通れないことや、越後の村から国境までの距離、国境から信州の村までの距離が記されている。一方、正保信濃国絵図（「紙本墨書着色正保の信濃国絵図」上田市立博物館蔵。http://museum.umic.jp/kochizu）の記事をみると、概

正保国絵図 (越後)	正保国絵図 (信濃)	元禄国絵図（信濃）	天保国絵図（越後）
		此志久見川越後之方川岸国境	此志久見川信濃川落合迄之間越後之方川岸国境
高田町札之辻ゟ松山通、此信州堺目迄弐拾弐里五町四拾間、十月より三四月迄雪深、牛馬往還不成候、其上安塚村ゟ此堺目迄拾六里弐町四拾間、山中難所、此堺目より信州領志くみ村迄四町拾五間	志久見村ゟ越後ノ堺川橋迄五町三拾弐間、志久見村ゟ越後国宮ノ原迄九町、此境目より越後国宮ノ原迄三町弐拾八間	志久見村ヨリ越後国宮原村迄七町拾壱間	宮ノ原村より信濃国志久見村迄七町拾壱間
高田町札之辻より松山通、此信州堺目迄拾四里六町弐拾五間、十月より三四月迄雪深、牛馬往還不成候、其上安塚村より此堺目迄八里三町弐拾五間、山中難所、此堺目ゟ信州領森村迄九町三拾間	信濃越後之境、森村ゟ越後国寺石村迄拾九丁四拾弐間、森村ゟ越後之堺迄九町、此堺目ゟ越後国寺石村迄拾壱町拾八間	此所境塚国境、岩（森）村より越後国羽倉村迄拾六町弐拾五間	羽倉村より信濃国森村迄拾六町弐拾五間 此所よりあんはか峯迄之間境塚
		此あんはか峯境塚国境、越後国ニテモ同名、此所より水戸澤迄之間、境塚国境	此あんはか峯境塚国境、但信濃国にても同名
高田町札之辻より菖蒲村通、此信州堺目迄九里弐拾弐町四拾間、十月より四月迄雪深、牛馬往還不成候、其上大嶋村ゟ此堺目迄弐里、山中難所、歩路、此堺目より信州領白鳥村迄壱里九町		此中山峯国境越後国ニテモ同名、白鳥村ヨリ越後国菖蒲村迄三里、此所ヨリあんはか峯境塚迄之間山国境不相知	此中山嶺国境、但信濃国にても同名、菖蒲村より信濃国白鳥村迄三里、此所より花立山迄之間山国境不相知
高田町札之辻より真木村通、此信州堺目迄七里壱町、十月より三四月迄雪深、牛馬往還不成候、其上荒井村より此堺目迄三里、山中難所、堺目より信州領かの川村まで壱里弐拾町	桑名川村ゟ越後堺花立ケ嶺迄壱里八丁、桑名川ゟ越後国牧村迄三里弐拾五町、此堺目より越後国牧村迄弐里拾七町	此花立山国境越後国ニテモ同名、桑名川村ヨリ越後国倉下村迄弐里弐拾三町四拾間、此所ヨリ中山峯迄之間山国境不相知	此花立山国境、但信濃国にても同名、倉下村より信濃国桑名川村迄弐里弐拾三町四拾間、此所より大明神峠迄之間山国境不相知
高田町札之辻ゟ関田通、此信州堺目迄六里六町弐拾間、十月ゟ三四月迄雪深、牛馬往還不成候、其上別所村より此堺目迄三里弐拾五町、山中難所、此堺目ゟ信州領温湯村迄弐里壱町弐拾間	温井村ゟ越後堺大明神峠壱里拾五丁、温井村ゟ越後国関田村迄三里拾八町、此堺目ゟ越州関田村迄弐里三町	此大明神峠国境、越後国ニテモ同名、温井村ヨリ越後国関田村三里拾八町、此所ヨリ花立山迄之間山国境不相知	此大明神峠国境、但信濃国にても同名、関田村より信濃国温井村迄三里拾八町、此所より黒倉山迄之間山
黒倉山	山婆嶽	此山婆嶽越後国ニテハ黒倉山と申候、此所ヨリ大明神峠迄之間山国境不相知	此黒倉山信濃国にて山婆嶽と申候此所より関川峯迄之間峯通国境
高田町札之辻より小沢通、此信州堺目迄七里四町、十月より三四月迄雪深、牛馬往還不成候、其上濁川村より此堺目迄弐里弐拾町、山中難所、歩路、此堺目より信州領たね村迄三拾壱町		北条村ヨリ越後国小澤村迄弐里三拾町三拾間	小澤村より信濃国北條村迄弐里三拾町三拾間余
高田町札之辻より平丸通、此信州堺目迄七里拾六町、十月より三四月迄雪深、牛馬往還不成候、其上楡島村より此堺目迄弐里三拾四町、山中難所、歩路、此堺目より信州領がうと村迄壱里五町	経塚平・越後堺 此境目ゟ越後平丸村迄壱里拾四町	顔戸村ヨリ越後国下平丸村迄弐里拾七町三拾間	下平丸村より信濃国顔戸村迄弐里拾七町三拾間余
高田町札之辻より長澤通、此信州堺目迄六里弐拾町五拾二間、十月より三四月迄雪深、牛馬往還不成候、其上楡島村より此堺目まで弐里弐町、山中、此堺目ゟ信州領富倉村迄壱町弐拾間	富倉村ゟ越後国長澤村迄六町三拾八間、富倉村ゟ越後境梨木坂迄拾弐町	富倉村ヨリ越後国長澤村迄弐拾弐町五拾間余	長澤村より信濃国富倉村迄弐拾弐町五拾間余
いけとや山		此鷹打場越後国ニテハいけとや山ト申候	此いけとや山信濃国にてハ鷹打場と申候
高田町札之辻より樽本通、此信州境目迄八里弐拾町拾七間、十月より三四月迄雪深、牛馬往還不成候、其上大鹿村より此堺目迄三里五町、山中難所、歩路、此堺目ゟ信州領大川村迄弐拾壱町三拾間		大川村ヨリ越後国樽本村迄壱里拾五町四拾間余	樽本村より信濃国大川村迄壱里拾五町四拾間余
とやかミね		此大峯越後国ニテハ鳥屋ケ峯ト申候	此鳥屋峯信濃国にてハ大峯と申候
またら尾山		此斑山越後国ニテハ斑尾山ト申候	此斑尾山信濃国にてハ斑山と申候
はかま嶽		此袴ケ嶽越後国ニテハ袴ケ峯ト申候	此袴峯信濃国にてハ袴ケ嶽と申候
	越後堺弐本楢木有、 古海村ゟ堺目迄壱里、 此堺目ゟ越後をけミ村迄壱里	古海村ヨリ越後国桶海村迄壱里三拾四町	桶海村より信濃国古海村迄壱里三拾四町
かしハかミね		此栖切峯国境越後国ニテハ柏ケ峯ト申候	此柏峯国境信濃国ニテハ栖切峯と申候
		此関川信濃国之方川岸国境	此関川信濃国之方川岸国境
高田町札之辻より関川通、此信州堺目迄八里拾六町、十月より二三月迄雪深、牛馬往還不成候、但小出雲村より此堺目迄五里廿町、山坂、此堺目より信州領赤川村之壱里山迄弐町	野尻村より越後堺目迄弐拾九町三拾間、関川橋ゟ越後国田切一里塚迄三拾三町半	野尻村ヨリ越後国関川村迄三拾町三拾間	関川村より信濃国野尻村迄三拾間三拾間、此所よりひよ澤迄之間、信濃国之方川岸国境
		此黒姫山麓国境 此所ヨリ関川迄之間信濃国方川岸国境	
		此高妻山麓ヨリ黒姫山迄之間麓通国境	
			此かうとうくらより小倉江相続、山王池江見通
		上小澤越後国ニテハ石なキれと申候	此石なきれ信濃国ニテハ上小澤と申候
		此小倉明神越後国ニテハ小倉と申候	此小倉信濃国にてハ小倉明神と申候
高田町札之辻より山口村通り、此信州堺目迄拾五里三拾三町、十月より三四月迄雪深、牛馬往還不罷成候、其上仁王堂村より此堺目まで壱里拾八町、山中難所、此堺目より信州領上見村迄壱里拾四町		大網村ヨリ越後国山口村迄弐里弐町五拾間余	山口村より信濃国大網村迄弐里弐町五拾間余
	越後境白池ゟ高田領金剛童子村迄拾五町、佐野村ゟ白池迄拾四里之間、十月ゟ三月末迄雪ニ而牛馬之無通	此かくま澤ヨリ戸倉山麓江移、自夫山王池江見通、小倉明神江相続、雨飾山峯限国境	
		蒲原古澤落合ヨリかくま澤迄之間、此姫川中央国境、越後国ニテモ同名	此姫川蒲原古澤落合迄之間中央国境、信濃国にても同名
高田町札之辻より大所通り、此信州堺目迄弐拾里拾八町、十月ゟ三四月迄雪深、牛馬往還不罷成候、其上虫川ゟ此堺目まで六里、山中難所、此堺目ゟ信州領湯原村迄六町		大網村ヨリ越後国大所村迄壱里拾弐町	
		来馬村ヨリ越後国大所村迄三里三町弐拾間余	大前村より信濃国来馬村迄三里三町弐拾八間
		此蒲原古澤越後国ニテモ同名	此蒲原古澤川中央国境、但信濃国にても同名
			此所より乗鞍ケ嶽迄之間、国境不相知
		此えひらか峯越後国ニテモ同名	此えひらか峯信濃国にても同名
		此横前倉嶽越後国ニテモ同名	此横前倉嶽信濃国にても同名
		此乗鞍ケ嶽峯通り国境、越後国ニテモ同名、此所ヨリ蒲原古澤姫門江落口之所迄峯通川中央国境	此乗鞍ケ嶽峯通国境、信濃国にても同名
		此所ヨリ乗鞍ケ嶽之間山国境不相知	此所より三国境迄之間山国境不相知

本図は、正保越後国絵図 (新発田市立図書館蔵)、正保信濃国絵図 (上田市立博物館蔵)、元禄信濃国絵図 (同上)、天保越後国絵図 (国立公文書館蔵) の信越国境付近の記事を比較対照したものである。正保越後国絵図の記事は長野県立歴史博物館展示資料、信濃国絵図の記事は上田市マルチメディア情報センター作成の画像データ、天保越後国 (古志・三島・刈羽・魚沼・頸城５郡) 絵図の記事は国立公文書館のデジタルアーカイブを利用した。

【表 1】信越国絵図における国境の記事

ね信濃の村から国境まで、国境から越後の村までの距離が記されているが、越後ほど詳細ではない。ともに国境の道筋に関心があったことはわかるが、記述内容は不統一である。

対して元禄信濃国絵図（上田市立図書館蔵、「紙本墨書着色元禄の信濃国絵図」上田市立博物館蔵。http://museum.umic.jp/kochizu）・天保越後国絵図（前述）は、幕府の指示、指導により国境を挟む村から村までの距離と、国境地点が同様に記され、山などの呼び名が双方で異なれば、それぞれの名称、深山のため国境のラインが引けないところは「山国境相不知」と記載され、きわめて統一的であることがわかる。

こうしたそれぞれの絵図の特徴はこれまでも指摘されてきたところであるが、ここでは信越国境に限ってその内容をあきらかにしてみた。

二　争論惹起

国絵図の作成が始まると、各地で国境をめぐる争論が勃発した[20]。幕府の裁許を仰いだ論地は多数に及び、公事役を勤めた長浜治左衛門（井上正岑家臣）は一〇〇件余を処理したという[21]。

一七世紀後半、近世の村が確立し、国・郡を跨いだ山野河海の利用をめぐる争いが多発していた。そのような時、国境の確定を主眼とする国絵図作成事業が開始され、国境争論の決着が求められたわけであるから、争論はさらに表面化したといえる。信越国境の村々も同様だった。いくつかの事例が知られる。

1　信越国境争論

◎越後国山口村（現糸魚川市）と信濃国小谷村（現小谷村）の争論

山口村（幕領か）と小谷村（松本藩領）との争論に関しては、一次史料は見つかっていないが、「信府統記」に幕府の裁許状[22]が収録されている。

■史料2

越後国頸城郡山口村与信濃国安曇郡小谷村国境諍論之事
山口村百姓申趣、①横川ハ元来越後・信濃両国境相極候、其上根小屋村（現糸魚川市）之者八拾年以前、信州小谷村庄屋之名子ニ成り、於越後国之山陰田畠致開発令住居、為信州中役村之地由雖申之、畢竟為越後之地旨訴之、小谷村百姓申候ハ、②従往古白池限之、信越両国境相分レ、正保年中御国絵図有之由申伝候旨答之、右為検使佐橋左源太・室七郎左衛門差遣、遂検分、官庫之大絵図令点検之処ニ、③白池ハ両国境ニ記之候、又小谷村百姓名子ニ成候由雖申之、証拠一切無之、剰宗門吟味之節、従松本領主改之、且信州人別水帳載之候、横川之儀、大絵図之面全信州之地ニ有之上ハ、旁以越後百姓申所無謂、④境之儀、西ハかくま沢より戸倉山之麓江移り、自其山王池江見通、小倉明神江相続、雨飾山峯限之、両国境相定畢、但境ヲ隔有之、両国之畑反畝改、互可相替之、仍為後証、絵図之面引墨筋、各加印判、双方江下之条、永可相守者也
元禄十五壬午年十一月廿二日
（勘定奉行四名、町奉行三名、寺社奉行三名、老中五名、姓名省略）

傍線部①は山口村、傍線部②は小谷村の主張である。山口村は、「越後・信濃の国境は元来横川ときまっている。その上、根小屋村（現糸魚川市）の者が八〇年前、小谷村の庄屋の名子になり、越後国の山陰に田畑を開発して住んだ。信州中役村の地であるといっても、畢竟、越後の地である」と主張した。信州の村々は頭役といって諏訪大社に

役銭を納めていた。一方、小谷村は「昔より白池を限って信越国境であり、正保の国絵図に載っている」というものであった。この争論を幕府がどう裁いたか（傍線部③④）は後述する。

◎越後国桶海《おけみ》村（現妙高市）と信濃国古海《ふるみ》村（現上水内郡信濃町）の争論

桶海村（幕領）と古海村（飯山藩領）（図3参照）の争論は、元禄一四年三月に起きた。次の史料は古海村から評定所に差し出した訴状[23]である。

■史料3

（前略）

一信濃国古海村越後国桶海村両国之儀ハ往古ゟ有来之弐本ならの木と申所御国境ニ而、五拾七年以前正保弐酉ノ年ニ差上申候御国絵図ニ茂記之候、去辰（元禄一三年）ノ三月中我々御地頭役人衆ゟ御国境相証文仕差上申候へと被仰候故、桶海村江其段申合候処、桶海村ゟ申様ハ、古海村土地之内栖切道と申処ヲ新規之境ニ立可申旨申候ニ付、我々共申様ハ、古来ゟ有来之弐本ならの木有之候、西方者やせが峯、東ハ袴か嶽・八倉峯江見通し、両国之境ニ而在之候を指置、新境立申儀不罷成候、古来之通ニ而相証文可致旨、十五六度も申遣候へ共、とやかう我儘申、相証文も不仕、大切成御絵図之障ニ罷成、迷惑仕候御事

一天和弐戌年越後高田御領御検地御打被成候時分にも、信州古海村之北内栖切道と申所ヲ新境ニ立可申由、桶海村ゟ無体申掛ヶ候へ共、弐本ならの木往古ゟ之境ニ紛無之候間、新境立申儀不相成候御事

（後略）

信越両国の国境は、昔から「弐本ならの木」で、正保の国絵図にも記されているにもかかわらず、桶海村は古海村

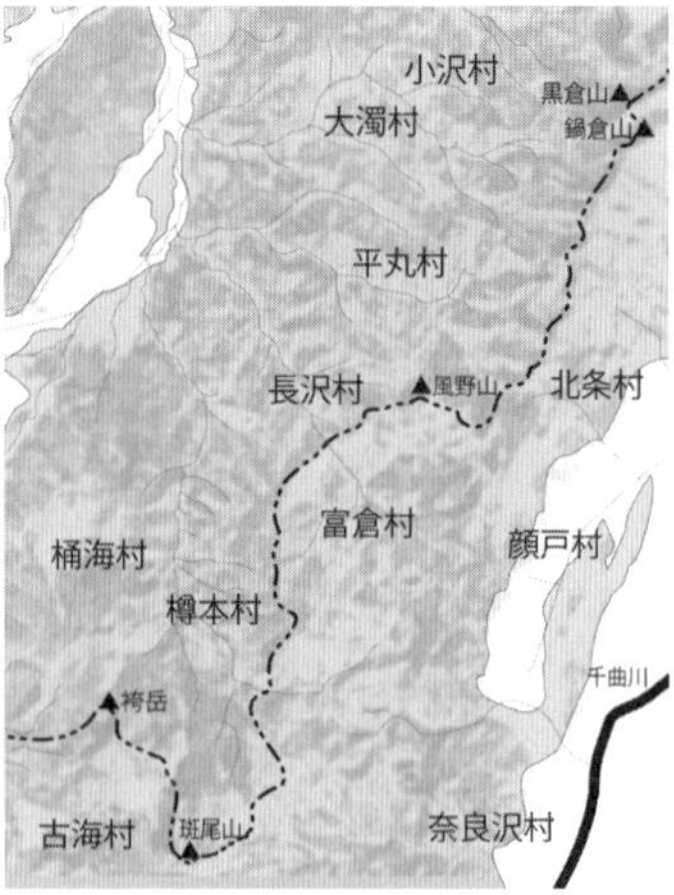

【図3】国境争論の村々
＊国土地理院5万分1地形図「妙高山」「飯山」を改変

地内の「栖切道」が国境と主張し、国境相証文に応じようとしないというのが古見村の主張であった。この訴えに対し、評定所は「双方致誓詞、論所江立合、場所無相違様ニ壱枚絵図仕立、返答書相添」えて出頭するよう命じた。その桶見村からの返答書[24]を次に掲げる。

■史料4

（前略）

一越後国信濃国大境之儀　西ハ関川端ゟかしわか峯通り、東ハ袴か嶺越迄、両国之大境ニ紛無御座候、然所ヲ古海村之者共新境ヲ申、弐本ならの木、屋せか峯、袴か嶽・八倉峯見通シ抔と申儀、大ニ偽りニ而御座候、其子細者先年ゟ両国之者共まむり来るかしわか峯通りニ紛無御座候、依之慥成証拠共有之候、子細者柏わか嶺通りゟ北之方江古海村之者共参候而、田こやし或者薪等切苅申時者、我等共方へ代物出し申所慥ニ御座候、其上段々手形共取置申候処実正ニ御座候、然所ニ去辰之三月中御国境相証文仕、指上申候へと我々役人衆ゟ被仰候ニ付、古海村へ度々相談申候へハ、古海村之者共我等方へ無代物ニ切苅可仕たくみニ而御座候故、相証文被致不申候、大節（切）之御絵図之つかい（支え）ニ罷成、迷惑仕候御事

一天和弐戌年越後国御検地松城（松代）国御奉行様雨宮伴右衛門様・おく村弥郎左衛門様御両人、越後・信濃両国之大境相改ニ付、古海村相手久兵衛弟同郷熊坂村三十郎、同長百生（姓）四五人罷出、古来ゟ之境かしわか峯通り相改、双方共ニ立合、かしわか峯通りニ塚共被仰付、樫つき置申所実正ニ御座候、如斯慥成証拠共段々御座候処ヲひき違、偽り成儀申上候事迷惑奉存候、其上越後国御絵図ニ茂かしわか峯通りニ少茂紛無御座候

（後略）

桶海村は、古海村こそ新境を立てており、両国の境は先年より両国で守っている「かしわか通」であると主張した。そのわけは、古海村の者が「かしわか嶺通り」より北にある田こやしや、薪等を伐りとるときは、桶見村に代金を払っていて、その手形もとってある、天和二年の越後検地のさい、国境は「かしわか嶺通り」であると双方合意し、塚を築いている、越後国絵図にも「かしわか嶺通り」とあるというものであった。
ただしこの争論は、元禄一四年四月、内々の和談が成立し、次の証文[25]を取り交わしている。

■史料5

指上申証文之事
信濃・越後御国境、古海村・桶海村通路有之候道筋、両国庄屋立合、遂吟味候所ニ、境目相違無御座候、御国境之儀者越後桶海村ニ而ハかしわか嶺と申候、信濃古海村ニ而ハ栖切峯と申候、此峯通り同場所一山ニ而、両国之御国境ニ相違無御座候、桶海村ゟ御国境ハ午之方ニあたり申候、古海村ゟ御国境ハ子ノ方ニあたり申候、道法御国境ゟ桶海村大石迄壱里八丁御座候、御国境ゟ古海村諏訪大明神大門崎迄弐拾六丁御座候、右之峯通ニ塚つき置申候、為後日証文仍如件

元禄十四年巳四月廿三日

信濃国水内郡古海村
庄屋　久兵衛　印
同断　六左衛門　印
長百姓　久左衛門　印

同断 小左衛門 印
同断 源右衛門 印
越後国頸城郡桶海村
庄屋 徳右衛門 印
長百姓 六左衛門 印
同断 半右衛門 印
同断 次郎左衛門 印

長谷川庄兵衛（長貴・代官）様御内
橋本伴右衛門殿

国境を越後国桶海村では「かしわか嶺」、信濃国古海村では「栖切峯」といっているが、「同場所一山」であり、この峯通りに塚を築いたとある。古海村は自らの否を認め、「かんにん（堪忍）成し下さるべく」と謝った。桶海村も「御公儀様事ニ致すまじく」と受け入れ、「まつ（末）代迄も山ろん（論）致不申候様ニ、両村分地之みちのり（道程）けんす（間数）相改」め、相証文を取り交わしたのである。(26)

◎越後四か村（小沢村・平丸村・長沢村・樽本村）と信濃四か村（北条《きたじょう》村・顔戸《ごうど》村・富倉村・奈良沢村）の争論

この争論については、『飯山市誌』(27)や丑山直美氏の問題提起(28)によりその概要が知れる。越後の村は幕領、信濃の村は飯山藩領である。両国境の小沢村と北条村、平丸村と顔戸村、長沢村と富倉村、奈良沢村と樽本村（各村の位置は図3参照）との間で取り交わす相証文が不調となり、互いに鉞を取った取られたといった実力行使に及んだ。信州の四か村は入会山の「山親」で、元禄一四年三月頃にはそれぞれの組下の村も加わった大きな争論に発展した。紙幅の都合上その経過を述べることは省略し、双方の主張のみ翌一五年一一月に下された幕府の裁許状(29)を通して見ておく。傍線部①は信濃側の主張、傍線部②は越後側の主張である。

■史料6

信濃国水内郡北條村・顔戸村・留（富）倉村・奈良沢村と越後国頸城郡小沢村・平丸村・長沢村・樽本村国境諍論之事

①信州四ケ村百性申候者、国境之儀山婆嶽之端より経塚平迄、曽別当・屏風岩を見通、岩立山・あさみ鳥屋・境峯・吉沢・鷹打場江段々見渡、自其三枚橋・高山・袴越迄界之、樽本村之者論候斑山者不残信州奈良沢村山ニ而、山婆嶽・経塚平・斑山三ケ所者、正保年中御国絵図書載有之旨申伝候、証拠者北条村之者申立候曽別当ニ而、五拾年已前飯山之城大橋材木弐本伐之、人夫弐百人を以引取候、往古奈良沢村・樽本村之国境、正長年中両国之者立合村定、其後文安年中奈良沢弾正国境証文、并堀丹後守儀飯山領知之節中村江出置候証文ニ斑山書載之、従樽本村之道筋一切無之上者、越後之者不入来証拠之由訴之、②越後四ケ村百姓申候者、黒倉山嶺通より松倉山・あさミ鳥屋・境嶺迄嶺続、従其谷江下り、両国田畑相分、いけ鳥屋山・鳥屋峯・斑尾山・袴峯各峯通水落界之、正保年中御国絵図ニ茂書上候由申伝候、且又先年信州中曽根村之者於松倉山木伐候砌、鉞九挺抑之候、名主・組頭侘之候ニ付、証文取之返シ候、信州より境相立候内、一口しやはみやしうひと申所之田畠、樽本・長沢両村之水帳ニ載之、且亦於信州者斑山と称之、越後ニ而者斑尾山と唱候、此山内江従樽本村通路有之、年来飯山江薪材木伐出シ候、五拾三年已前斑尾山谷川、信州之用水ニ為可引取、堰道掘之候を、従越後抑止之候、其堀跡尓今有之、其外論所ニ生候萱、樽本村江刈取之上者、為越後之地由答之、右論所為検使佐橋左源太・室七郎右衛門被差遣、遂検分、官庫之大絵図引合、令点検処、③山婆嶽・経塚平雖載之、絵図之面峯分之山貌ニ相見候、信州百姓申趣、

山婆嶽之端より越後江向候山之半腹江見下シ、立木之中ニ名所を称、又越後ニ而中之平と唱候山之腹を経塚平と名附見通相当旨申之、又斑山之儀大絵図ニ書載之由雖申之、一切不相見、越後国大絵図ニ者斑尾山と有之、信越境峯分ニ相見候、経塚平者信州大絵図ニ有之而、峯分之山貌ニ相見候処、此度訴候峯分、水落ニ茂令相違、其外証文証跡無之上者、信州百姓申所難立、従越後申立候黒倉山・いけ鳥屋山・鳥屋峯・斑尾山・袴峯、右不残大絵図載書之、論外迄峯分水落方角共ニ令符合候、又正長・文安之証文之面一々不分明、境塚有之由、信州百姓雖申之、纔之土高所ニ而国境之塚と不相見候、鉞抑止候儀越後百姓申所無相違旨申之、黒倉山・松倉山両山之頂上谷切候所、つなき平と双方申之上者、両山之境分明ニ候、④国境之儀黒倉山・松倉山・いけ鳥屋山・鳥屋峯・斑尾山・袴峯、信越両国之境ニ相定、絵図之面引黒筋、各加印判、双方江下置之條、永可相守者也

元禄十五年壬午十一月廿二日

（勘定奉行四名、町奉行三名、寺社奉行三名、老中五名、姓名省略）

すなわち、信州側の主張は、

国境は、山婆嶽之端より経塚平まで、曾別当屏風岩を見通し、岩立山あさみ鳥屋境峯吉沢鷹打場へ、段々見渡し、それより三枚橋高山袴腰までを境界とする。樽本村が主張する斑山は残らず信州奈良沢村の山である。山婆嶽・経塚平・斑山三カ所は、正保の国絵図に書き載せられていると伝わる。北条村の主張では、曾別当で五〇年前飯山城大橋の材木を二本伐り、人夫一〇〇人で運んだ。昔、奈良沢村と樽本村の国境は、正長年中、両国の者が立ち合って定め、その後文安年中、奈良沢弾正の国境証文、また堀丹後守の飯山領知の時、中村に出した証文に斑山が記載されている。樽本よりの道筋は一切無い。これは越後の者が入ってこない証拠である。

というものであった。これに対し越後側の主張は次の通りであった。

黒倉山峯通より松倉山あさみ鳥屋境峯まで、峯続き、それより谷に下り、両国の田畑を分け、いけ鳥屋山・鳥屋峯・斑尾山・袴峯、各峯通り水落ち（分水嶺）を境界とすると、正保の国絵図にも書き上げられていると伝わる。かつまた、先年信州中曽根村の者が松倉山で木を伐ったとき、鉞九挺を抑えた。（中曽根村の）名主・組頭が詫びたので、証文を取って鉞を返した。信州から境を立てた中で、「一口しはみやしうひ」という田畑は、樽本・長沢両村の水帳に載っている。また信州では斑山と称し、越後では斑尾山といっている山へは樽本村からの通路があり、年来飯山へ薪材木を出している。五三年前、斑尾山の谷川を信州の用水にするべく堰道を掘ろうとしたところを越後側から抑止した。その堀跡は今にある。そのほか論所に生えた菅《すげ》を樽本村が刈り取っていることは、越後の地であることに間違いない。

双方とも「官庫の大絵図」、すなわち正保の国絵図の記載を証拠に挙げていることが注目される。この争論に対し、幕府は検使を派遣し、裁許に至るが、その結果（傍線部③・④）については後述する。

2　周辺村々の争論

同じ時期周辺では国境争論だけではない争論もおきている。越後国大濁村《おおにごり》（幕領、現妙高市大濁、図3参照）の豊岡家文書によると、大濁村と、信越の境目を争っている平丸村や小沢村との間に種々問題が生じ、対立抗争が続いていたことがわかる。以下の争論の経過は、史料を掲示することは省略するが、すべて同家文書に拠る。

◎大濁村と平丸村との争論（元禄一四年二月〜）

この争論は大濁村がこれまで家道具・薪などを取ってきた小沢村との入会山に、平丸村の者が侵入して、山稼ぎをしていた大濁の村人に乱暴し、鉈・鉞などを取ったと国元の幕府代官所に訴え出たところからはじまる。この訴えに対して平丸村の方は、大濁村が平丸村の地に新道を作ったことから問題が起きたといっているが、双方のやり取りの中で大濁村の名主与右衛門が「当年ハ聞ハ《きかば》信州衆共山之境論被致候由、又候我等共左様所々方々か丶りあい、無事ハ成間敷候」ということばを発しており、信越国境争論の成行きを警戒している。

代官所は、伐った薪は大濁村のもの、鉈などは両平丸村に「御預け」、論所は双方「留山」とし。見分の上裁定するとしたが、代官の交代で裁定が延期になる。

◎大濁村と平丸村・小沢村との争論（元禄一四年五月〜）

その後、大濁村と平丸村との山論に、大濁村の「山元」である小沢村が平丸村に味方する形になり、また信越国境争論で信州北条村と越後小沢村との間で作成を命じられた「立合絵図」に大濁村から山への道筋が描かれておらず、納得できないと訴えて、争論が複雑化する。大濁村の拠り所は、かつて（元禄元年）の小沢村との争論で評定所が下した「裁許裏書絵図」にあり、「立合絵図」にはその通りに描いて欲しいと要求したのである。

大濁村は五月に江戸に出訴したが、この度の「立合絵図」は国境縁絵図であり、入会争論では先年の「裁許裏書絵図」を証拠とすると宥められ、国境争論により江戸に来ていた桶海・樽本・長沢三か村の庄屋の仲裁により大濁村と平丸村・小沢村の出入りはいったん収まった。その扱い証文は「国本」で取り交わすことになった。

◎大濁村と小沢村との争論

しかしその後も、小沢村との間で信州との出入りにかかる費用の分担金に関するトラブル（山元と入会村との関係で、訴訟費用の三分の一を大濁村が負担した）や、扱い証文の取り交わしにも応じないなどと争論は終息せず、大濁村は六月再び江戸に出府し、訴えを続ける。翌一五年には、絵図の経費を分担する以上、小沢村と北条村との「立合絵図」には、先年の御裏書絵図の通り大濁村の「村立道引」を書き載せるべしと要求して、問題はなかなか決着せず、結局検使の吟味を仰ぐことになっている。

このように国絵図作成事業は国境の村だけでなく、周辺の村にも直接間接に影響を及ぼし、争いの種を生じさせたといえる。

3　長沢村と平丸村の約束

一方国境の村である長沢村と平丸村では、「信越両国山境立合絵図」の作成に際して、次の証文[30]を交わしている。

■史料7

為取替申証文之事

今度、信越両国山境立合絵図仕候ニ付、長沢村ト平丸村ト、両村之絵図之義ハ、如何様ニ出来致候共、互ニ申分無御座候、勿論田畑双方作り来り候通り、野山草木之儀、末代迄双方ゟ伐り苅仕候共、相互ニ少も出入申間敷候、則絵図之面互ニ証拠ニ仕間布候、為後日取替証文、仍而如件

元禄拾四年巳ノ六月十七日

長沢村

庄や　長三郎㊞

七兵衛

半九郎㊞

吉右衛門

清兵衛

両平丸村

猪右衛門殿
市左衛門殿
松右衛門殿
猪兵衛殿

信越両国山境を描く「立合絵図」がどのように作成されても、互いに言い分はない、勿論田畑はこれまで双方で作ってきた通りであり、野山の草木は末代迄双方で伐り刈りしても、互いに決して訴えたりしない、絵図に書かれているからといって証拠にはしないというものである。

平丸村と大濁村との争論は、「立合絵図」の記載をめぐる争いであったが、長沢村と平丸村の場合は、絵図がどのように描かれようと、互いの証拠にしないという取り決めが成されているのである。国境を定める「立合絵図」よりも相互の取り決めの方が優越したのである。但し長沢村と平丸村とがこうした取り決めに至った背景は今のところ不明である。

三 幕府検使派遣

1 検使

論地点検のため、信越方面にも二人の幕府の検使が派遣されることになった。一人は佐橋左源太（佳周）で、新番士、すなわち番方の旗本であった。『寛政重修諸家譜』にも、「十五年三月二十一日、甲斐・駿河・遠江・信濃・越後等の国々におもむき、論地を検す」と出てくる。もう一人は室七郎左衛門（重福）で、任地は不明だが当時代官を勤めていた。元禄国絵図作成にともなう国境争論の検使は番方の旗本と代官の二人一組で派遣されることが多かったようである。(31)

日程	滞在地	吟味・見分
4月21日		検使、江戸出立
	駿河・甲斐	
5月26日	信濃松本領大町	
5月27日～6月6日	信濃大網村	・6月4日双方立合絵図提出
6月6日～15日	越後山口村	
6月15日	越後名立町	
6月16日・17日	荒（新）井町	・6月17日双方召出し、明日誓詞、論所見分場所書付提出を命じられる
6月17日～20日	越後小沢村	・6月18日双方誓詞、立合絵図に境張付札 見分(小沢村上まなせの御小屋→岩下、山姥嶽、大濁村平丸村内論口聞山) 佐橋左源太宿にて訴状尋問、証拠書類を目録にして提出することを命じられる(信州一帳、越州一帳) ・6月19日雨ふり、双方絵図ときを命じられる
6月20日～23日	信濃五ヶ（箇）村	・6月20日見分(大濁村→上平丸村→花立[弁当])→きやう[経]塚平御小屋→境塚→うばふところ→顔戸村→五ヶ[箇]村) ・6月21日雨降り、室七郎左衛門宿にて平丸村の返答書につき尋問、顔戸村口書差出し、中曽根村役人召出し、誓詞、尋問、口書差出し ・6月22日北条村岩下山之峯へ、御小屋にて見盤御定、信越一紙の証文提出を命じられる
6月23日～26日	越後平丸村	・6月23日見分（きゃう[経]塚平→かつら池→古池→きやう塚平御小屋[弁当])→大雨により平丸村へ） ・6月24日・25日雨降り
6月26日～7月朔日	信濃富倉村	・6月26日見分(古池ー花立のひら→堀切[狼煙を立てる]→きやう塚平御小屋[弁当]→境塚→木曽清水→富倉村 ・6月27日見分(あさみとや御小屋にて見盤御定→きやう[経]塚平御小屋[弁当]→油坂→源五郎のたいら→油坂池より丁縄を引く→にれの木伐採を禁ずる→留倉村) ・6月28日雨降り、見盤御定証文提出、奈良沢村と樽本村の堤切吟味、大濁村と小沢村・平丸村の内論吟味 ・6月29日・30日大雨降り
7月朔日～4日	越後樽本村	・7月朔日見分(堤峯→田畑見分→長沢南ノ村→樽本村) 佐橋左源太宿にて富倉村・長沢村に境峯の田畑絵図の提出を命じられる。 小沢村・大濁村・平丸村の吟味 ・7月2日悪天候 ・7月3日見分(富倉村・樽本村の境塚→峯通→奈良沢村[狼煙を立てる]→恨池→大やち→上樽本→宿)
7月4日・5日	越後平丸村	・7月4日見分(長沢通→平丸村[弁当]→大濁村・平丸村論所→古道・新道→しりきれつるね→こもずしこい)
7月5日	越後樽本村	・7月5日長沢ー樽本村
7月6日～8日	信濃古海村	・7月6日見分(はかまこし→奈良沢御小屋[弁当]→大やち→古海村・桶海村境→宿) ・7月7日室七郎左衛門宿寄合、見分絵図の確認、信越一紙証文提出
7月8日		検使、信越出立

【表2】検使の行程

＊「信越境御見分日記」（飯山市・渡辺家文書）により作成

2　検使の行程

信濃国小境村（飯山藩領）の名主阿部長右衛門の「信越境御見分日記」(32)は、検使の信越における行程、吟味、見分の様子を詳しく記録している。表2はその概要をまとめたものである。まずその行程を見てみよう。検使一行は元禄一五年四月二一日江戸を出立し(33)、駿河・甲斐を経て五月二六日信濃松本領大町に着いている。駿河国・甲斐国でも国境争論が起こっており(34)、その論地を約二ヶ月かけて点検し、その後信越国境の論地点検のため、信濃・越後に足を踏み入れた。

五月二七日から六月一五日までは、先述の越後国山口村（現糸魚川市）と信州小谷村（現小谷村）の国境争論の論地を点検するため、大網村（現小谷村大網）に滞在している。

その後、六月一六日から七月八日にかけて、越後四か村（小沢村・平丸村・長沢村・樽本村）と信濃四か村（北条村・顔戸村・富倉村・奈良沢村）の論地点検を行っているが、そのほか平丸・大濁村・小沢村の論所や和談となった越後国桶海村と信濃国古海村も行程に入っていることも注目される。なお両検使の宿所は名主・組頭の家になることが多かった。

3　検使の吟味・見分

次に越後四か村（小沢村・平丸村・長沢村・樽本村）と信濃四か村（北条村・顔戸村・富倉村・奈良沢村）との争論の場合の検使の吟味・見分がどのように行われたか見ていく。

まず六月四日、大網村に滞在中、検使は御目見にきた越後・信濃の双方の村に、「立合絵図」は出来ているか尋ね、その絵図を見たのち、小沢村で「境張付札」を行うことを告げた。絵図は絵図箱に入れ封印して小沢村に預けた。検使一行は六月一七日小沢村に到着、双方の村役人が集結した。そこで「論所見分之節、双方口論過言無用」との注意があり、明日誓詞をとること、論所見分場所の書付を差し出すことを命じられた。誓詞はそれぞれ山案内三人ほどで良いとされた。六月一八日早朝、誓詞の後、立合絵図に双方「境張付札」を付けた。信州の畑は白、越後の畑は黄色の紙を貼り付けた。その後検使は論所の実地見分に赴いた。

夕方から、佐橋左源太の宿所に双方が呼び出され、吟味が行われた。次に北条村と顔戸村の訴状の尋問の様子を摘記してみよう(35)。

■史料8

六月十八日七つ半時分、左源太様御宿へ双方被召出、御吟味、訴状御許見被遊、一番ニ北条組御聞被成、二番ニ顔戸組、訴状之面一々可申上と被仰出、奉畏、口上趣、「きやう塚平両国境ニ而、正保之御国絵図ニ書のり申由伝承候、則此所ニ境塚御座候」と申上候、被仰候ハ「其つかハ何程」と御尋、申上候ハ、「長キ塚」と申上候、御尋、「長サ何程」と被仰候、「長壱丈余」と申候、「横ハ」と御尋、「横五六尺高サ二三尺」と申上候、「是ゟ北ハ山姥嶽へ見通シ之境と承置申候、其間ニ堀切御座候」と申上候、堀切之儀、訴状ニ書申間数ニ而、御勘定被成候、大分人足可入と御意被遊候、此方ゟ申上候ハ、「馬之せ之様成うすきつるねニ而、両方谷ニ而御座候」と申上候

一問一答、細かく取り調べていることがわかる。そして村々は証拠書類と口上で述べた証拠を残らず目録にし、このほかの言い分はないと奥書して、信州一帳、越後一帳に仕立て、六月二〇日に提出することとされた。一九日は雨で実地見分は行わず、双方に「絵図とき」を命じた。村方からは「山形」（立体模型）の引き合わせを求めた。検使は二〇日から郷戸組の五箇村に移り、晴天の日は村人の案内で実地見分、雨天の場合は宿所で尋問を行っている。二二日には次の史料[36]に見るごとく、北条村岩下山の峯に出向き、「御小屋[37]」で見盤[38]という測量器具を用いて、境界地点の方位を定めている。

■史料9

六月廿二日、五ヶ（箇）村ゟ御出、北条村岩下山之峯へ御越被遊、御小やニ而見盤御定方之見当被成候
　此所ニ而見盤　きやう塚平ハ　未ノ方ニ当ル
　　　　　　　　山姥嶽ハ　　子ノ四分当ル
右所々ニ方々見当、拙者御見せ、方角相違無御座候と申、証文信越一紙ニ御取被成候、則方々見当絵図被成候と相見へ申候、夫ゟ五ヶ（箇）村へ八つ半時分ニ御帰り被成候

信越村々はこれを承認する証文を一紙で差し出している。検使は二六日に信濃富倉村に移動したが、その途次信州側から上がる狼煙を見、その場所を尋ねている。二七日にはあさみとや平という所で「見盤御定」を行い、翌日、越後は長沢村・平丸村、信濃は富倉村・顔戸村等の村役人の連名で、その証文を差し出している。(39)

大濁村と平丸村・小沢村の争論も取り上げられた。樽本村に移動した七月朔日の吟味では、「双方口論過言無用」との注意を受けていたにも関わらず口論となり、平丸村の名主伊右衛門が門外へ追い出された。四日検使は平丸村に移動し、大濁村・平丸村の論所を点検している。六日には古海村・桶見村の国境を通り、古海村に至った。そして七日、室七郎左衛門の宿所に信越の村を集め、検使側が作成した「御見分絵図」を見せて意見を聴き、修正し、随行している絵師に「焼筆」で描かせた。(40)その上で「双方一々見盤、其上ニ而信越立合見申所ニ少も相違無御座候」との証文を信越一紙で提出させた。(41)翌八日、検使は信越を離れた。信州四組は古海村のはずれまで見送った。(42)

四　国絵図完成

1　争論裁許

検使の実地調査を経て、元禄一五年一一月二二日、信越国境争論に判決が下った。前掲の史料2は越後国山口村と信州小谷村との争論の裁許状、史料6は・越後四か村（小沢村・平丸村・長沢村・樽本村）と信濃四か村（北条村・顔戸村・富倉村・奈良沢村）との争論の裁許状（判決文）であるが、まずどちらも同じ日であることが注目される。(43)史料2も史料6も傍線部③が判決内容で、越後国山口村と信州小谷村の争論は信州側が勝訴、越後四か村と信濃四か村の争論は越後側の勝訴となった。その理由について、山口村と小谷村の場合、

官庫の大絵図を点検したところ、白池は両国の境と記されている。また小谷村の百姓の名子になったという証拠は

ない。あまつさえ宗門吟味の際、松本領主が改めたところ、信州の人別水帳にその名があり、横川は大絵図によれば、すべて信州の地である。したがって越後の百姓の主張は通らない。

というものであり、越後四か村と信濃四か村の場合は、

官庫の大絵図を点検したところ、山婆嶽と経塚平が記載されているが、描かれているのは「嶺分の山貎」に見える。信州側は、山婆嶽の端から越後に向かい、山の中腹を見下ろし、立木の中に名所を称し、越後で中の平と称している山の中腹を経塚平とし、これに当ると主張する。また斑山は大絵図に描かれているというが、一切見えず、越後国の大絵図に斑尾山とあるところが信越国境の「嶺分」に見える。経塚平と信州の大絵図にあり、ここが「嶺分之山貎」に見えるが、この度争論となっている「嶺分」の「水落」とは相違する。その外の証文類が無い以上、信州の言い分は立ち難い。越後が申し立てた黒倉山・いけ鳥屋山・鳥屋峯・斑尾山・袴峯は残らず国絵図に記載があり、「水落」の方角とも符合する。正長・文安の証文は不分明であり、境塚というのも、わずかに土が高くなっているだけで、国境の塚とは見えない。鈇を抑止したことは、越後の百姓の言う通りである。

というものであった。「嶺分」の「水落」とは分水嶺のことである。官庫の大絵図とは「正保国絵図」のことであろう。どちらも裁許する上で、正保国絵図の記載が大きな意味を持っていたことがわかる。

史料2と史料6の傍線部④は、それぞれ確定した信越国境である。史料2では、「西はかくま沢より戸倉山の麓江移り、自其山王池へ見通、小倉明神江相続、雨飾山峯限之」と定め、史料6は「黒倉山・松倉山・いけ鳥屋山・鳥屋峯・斑尾山・袴峯」と定めている。この確定した国境を新しい元禄の国絵図に反映させたのである。

ところで、史料2と史料6として掲示した裁許状は、「裁許絵図裏書」である。越後四か村と信濃四か村の国境争論の「裁許絵図裏書」は、信越国境の村に複数伝来する。すでに、飯山市奈良沢（前掲『飯山市誌』）、妙高市上小沢、

下平丸など争論当事者の村のほか、『新潟県史』史料編6に収められた妙高市大濁（註29参照）のものが知られるが、筆者は妙高市桶海の後藤家に残る「裁許絵図裏書」（複製）を閲覧した。絵図の方は信越国境が太く黒い線で引かれ、道は赤、川は青、小判形の村と畑は越後が黄色、信濃の村は白、畑は薄緑で描かれている。「裏書」（裁許状）の左下に「狩野探久写焉　越後国頸城郡桶海村　後藤徳右衛門所持」と記され、狩野派の絵師の手で複写したことがわかる。絵図が入った袋の表には「元禄十五壬午歳十一月二十二日　信越境絵図」とあり、後藤家の家紋も描かれている。袋の裏にはやはり後藤徳右衛門所持とある。但し複製が作られた時期はわからない。

桶見村は古海村と国境を争ったが「内々和談」となったことは先述した通りである。越後四か村と信濃四か村の争論は当事者ではなかったが、桶海村にとってどれほど大きな出来事だったたか、この複製絵図の存在は表しているように思われる。小沢・平丸村と激しく争った大濁村にも同じく「裁許絵図裏書」が存在（未見）する。どんな絵図か、誰がいつ作成したか、そもそも大濁村をめぐる争論がどんな決着をみたのか、今のところ不明である。今後の課題としておきたい。

2　国絵図調製

各国で作られていた国絵図は、まず幕府の「御絵図小屋」で下絵図改めを受けた。下絵図改めの際は、新旧の国絵図・新旧の郷帳と、正保の国絵図と変わったところを書き上げた変地帳と、隣国との境目あたりを描いた縁絵図を提出した。下絵図改めが済んで、絵図が清書されたが、その清書は多く幕府御用絵師狩野良信によって調製された。完成した新国絵図と郷帳は二点献上された。一点は幕府の文庫に収められ、一点は勘定所用であった。

およそ半数の国絵図が元禄一四年中に献上されたようであるが、国境争論のあった国々は遅れた。越後と信濃の国絵図も、国境争論の裁決が元禄一五年一一月二二日であったから、そのあとになったことであろう[44]。

一二月一九日、国絵図御用・絵図小屋役人が褒賞されて[45]、六年の歳月をかけた元禄国絵図作成事業は完了した。

おわりに

以上、元禄の国絵図の作成過程における信越国境の村々の動向を地域の史料を通してみてきた。そこから新たに見えてきたこと、現段階で指摘できることをまとめておく。

国絵図作成にあたり、直接的には領主・代官より境界の再確認を求められて、争論へと発展した過程は、述べてきた通りである。ただしその争論は、必ずしも国境を接した個別の村と村との争論だけではなかった。入会山の山元（山親）とその組下に属する村々が連合して闘う事例や、直接関わらないが山元に対して訴訟費用の一部を分担する事例もみられた。周辺村々にも多かれ少なかれ影響が及んで、大濁村のように関係諸村に訴訟を繰り返す村も存在した。互いの主張は国絵図や裁許絵図の記載を根拠にしており、幕府の裁決も基本的に正保国絵図の記載に依拠して行われた。新たな国絵図に何がどう描かれるかは、国を接する村々にとってのちのちまで影響する看過できない事柄だった。

ただその中で、争いを回避するため、「御公儀様事に致すまじく」、あるいは「（立合）絵図之面、互に証拠に仕るまじく」と合意した村々の意思が浮かび上がってきた。役人が両者に「和談」「内済」を示唆した可能性もないとはいえないが、一七世紀に成立した近世の村の自律的な側面がこれらの言葉の中にはっきり表れているといえよう。

さて本稿を閉じるにあたり言及しておきたいのは、はじめに述べた近世の国郡と元禄の国絵図との問題である。元禄の国絵図が国境・郡境の画定をとくに重視して作成されたものであることは、先行研究ですでに指摘され、本稿においても再確認できたところであるが、その目的はどこにあったのだろうか。

国絵図が領主・支配の異なる境界争論を幕府が裁く際、有力な拠り所となったことは、元禄国絵図作成時に頻発した国境・郡境争論における正保の国絵図の利用のされ方をみても確かであり、その後の争論では、元禄の国絵図上の記載がその解決に有効に機能したこともまた間違いないところである。ただ当時の幕府が国境・郡境を画定する国絵図作成事業を推し進めたのには、境界争論の解決のためだけではない政策的意図も存したのではあるまいか。

寛文～延宝期から元禄期にかけて、幕府が幕領検地のほか、大名の改易後などに大規模な検地を実施したことはよく知られている。越後高田の松平光長の改易後に実施された越後検地はその一例である。そして検地後には、旗本知行地の割り替えや、蔵米知行を地方知行に切り替える地方直しが実施されたことも先行研究が明らかにしてきたところである。勘定奉行荻原重秀が主導したいわゆる元禄の地方直しは元禄一〇年のことで、国絵図事業はこれと軌を一にしていた。

幕府は検地により一定地域を掌握したが、さらに全国から国絵図と郷帳（本稿ではほとんど触れなかったが）を徴集することにより、正保以来五〇年の間に生じた地域の変化と現況を、日本列島全体にわたり「国」「郡」を単位に把握し、その後の財政政策をはじめとする諸政策を推し進めていこうとしていたのではないだろうか。

筆者は享保五（一七二〇）年に制定された国役普請制度[46]に見るごとく、江戸中期までは国郡制の「国」「郡」がまだ支配・行政の単位としての性格を失っていなかったと考えているが、国絵図を徴収するころから幕府の政策は、急速に全国を財政基盤とし、個別領主の枠にとらわれない政策へと転換していっている。具体的には、東大寺大仏殿造営費用を元禄一二（一六九九）年全国の幕領に、元禄一四年にはさらに不足分を全国の大名領に一律に賦課し[47]、宝永四（一七〇七）年の富士山噴火後には、諸国高役金を全国一律に賦課している[48]。これは全国を対象とした従来にはない租税形態といえる。正徳元（一七一一）年には宿駅人馬の経費を「諸国年々の役」として徴収する計画も立てられている[49]。

筆者がとくに注目しているのは、関東・東海・畿内といった徳川支配国域内を流れる河川普請への大名の動員である。そのはじまりは元禄一六年～宝永元年の大和川付替え工事で、幕府は播磨、摂津、和泉、大和など同じ畿内近国に領知を持つ六大名に御手伝役を課して普請を行った[50]。これらの国々は幕府の直接支配が及ぶ範囲であったが、その後宝永期から正徳期にかけて頻繁に実施された川普請では、国持大名まで動員されるようになっている[51]。国持大名は自らの領国を越えて、幕府支配国域の河川普請まで負担を余儀なくされたわけで、このことの近世国制上に持つ意味は大きい。
こうした幕府の施策が国郡の境目を重視した元禄の国絵図、そして郷帳を徴集し、全国を視野に収めたのちに進められた事実の持つ意義を、今後さらに考察していきたい。

註

（1）主な著書・論考は、川村博忠『江戸幕府撰国絵図の研究』（古今書院、一九八四年）、同『国絵図』（吉川弘文館、一九九〇年）、杉本史子『領域支配の展開と近世』（山川出版社、一九九九年）、川村博忠『江戸幕府の日本地図―国絵図・城絵図・日本図』（吉川弘文館、二〇一〇年）、阿部俊夫『近世ふくしまの国絵図』（歴史春秋出版社、二〇一〇年）、黒田日出男「江戸幕府国絵図・郷帳管見」（一）―慶長国絵図・郷帳について―」（『歴史地理』第九三巻第二号、一九七七年）、同「現存慶長・正保・元禄国絵図の特徴について―江戸幕府国絵図・郷帳管見（二）―」（『東京大学史料編纂所報』第一五号、一九八〇年）、藤田覚「天保国絵図の作成過程について」（『東京大学史料編纂所報』第一五号、一九八〇年）、杉本史子「国絵図」（岩波講座『日本通史』一二、近世二、一九九四年）など。
（2）「特集　世界のなかの近世絵図（Ⅰ）」（『歴史学研究』第八四一号、二〇〇八年）、「特集　世界のなかの近世絵図（Ⅱ）」（『歴史学研究』八四二、二〇〇八年）、杉本史子他編『絵図学入門』（東京大学出版会、二〇一一年）。
（3）国毎の国絵図の調査研究事典ともいうべき国絵図研究会編『国絵図の世界』（柏書房、二〇〇五年）の序文で、川村博忠氏は「国別個々の国絵図の具体的な作成過程や内容」など、「まだあきらかになっていない事柄は多々ある」と述べられている。なお越後国と信濃国の国絵図の概要について、同書の「越後国」（渡部浩二執筆）「信濃国」（上原秀明執筆）を参照した。

（4）「近世初期大名普請役の動員形態―寛永六年江戸城普請の場合―」（『徳川林政史研究所研究紀要』昭和六〇年度、一九八一年）、「近世大名の類型―比較藩政（制）史のために―」（『岡山藩研究』第一四号、一九九五年）など。
（5）杉本史子前掲書。
（6）丑山直美「信越国境の山論」（『地方史研究』第三八二号、二〇一六年）。
（7）「年録」元禄九年一一月二三日条。国立国会図書館デジタル資料を利用した（以下も同じ）。
（8）「年録」元禄一〇年閏二月二四日条。なお当初国絵図の御用を命じられていた大目付仙石久尚は、日光の御用のため、安藤重玄に代わった（「年録」元禄一〇年閏二月一六日条）。その後町奉行能勢頼相は松前嘉広に、勘定奉行松平重良は久貝正方に代わった。
（9）榊原文書「元禄拾年丑三月　国絵図被仰出候諸事覚書」（以下「覚書」）、（上越市立図書館蔵）所収。次に四ヵ条～六ヵ条のみ記す（以下引用史料は適宜句点、中黒等を補った）。
一正保二年以来論所等有之、裁許相済候所者、古絵図と違候場所茂可有之候間、銘々御代官・領主又者寺社方へ被相尋、左様之所茂有之者、新絵図ニ可被改之候、但、右論所之儀、国境・郡境之外之出入者不及吟味事
一国境・郡境、只今論所有之、内証ニ而不済儀者　公儀へ訴、請裁許候様ニ被申達、裁許済候以後其所絵図可被記事附、及諍論　公儀へ出候場所も、出入相済候以後絵図ニ可被記事
一国境・郡境之外之出入者、裁許ニ無構絵図仕立可被申事
「覚書」によると、榊原家はこのとき七カ条の「覚」とともに諸領主に提出を命じた知行所の村名書付に関する「知行所覚」と、村名書付の提出先などを指示した三カ条の「覚」、「絵図元の名書き」など、計四通を受け取っている。
（10）榊原家は六月八日に渡されている（「覚書」）。
（11）「覚書」所収。次に三・四・一〇ヵ条のみ記す。
一郡墨筋之内ニ、郡之名記可被申事
一郡色分ケ、不紛様ニ可被仕事
但、郡境あさやかに墨筋引可被申候

一御領・私領・寺社領之高、仕分ケ無用候

(12)「覚書」所収。次に全文を記す。

国境絵図仕様之覚

一国境、古絵図ニ有之寺院・堂社・川筋・道筋・池沼、其外何ニ而茂所之名記有之所、両国ゟ不書出候之様可被相改候事

一浦方有之国者、小嶋抔有之所、是又両国ゟ不書出候様ニ可被仕候、但、境目之中ニ当リ候所者両国ゟ書載可被申候右之分隣国之致絵図候人と申合、遂吟味、一方ゟ書上ケ候様ニ可被仕候、尤右之外何之しるしも古絵図ニ無之所者、前々之かたちニ可被致置候

丑五月

なお「覚書」によると、榊原家はこのとき寺社領の「所付書付」に関する「覚」と、一里塚の書き方に関する「覚」と、計四通を受け取っている。

(13)榊原家は七月二一日に貸し渡されている(「覚書」)。

(14)「覚書」。

(15)このほか、正保二年以後の新村・新川・新池沼、川違、大道筋付替りや「古来之大道筋通路留り候所」などがあれば、その訳を書き付けて差し出すこと、「村高一村切」の書付を差し出すこと(ただし村高は拝領高だけでよい)、親村と枝村の関係(高内か、高外か、方角・間数等)などを問い合わせるよう指示した。一方、「山方之道牛馬難通道、或者牛馬之通路ハ罷成候得共難所道等之事」「大小川之名同橋并川幅浅深之事」「河岸津湊ゟ江戸并隣国への海上道法、同船着善悪之事」「池沼之深サ之事」「船渡・歩行渡之場所等之事」は改めるに及ばないとされた(「覚書」)。

(16)川村博忠前掲書『江戸幕府の日本地図』一〇七~八頁。

(17)杉本史子前掲書『領域支配の展開と近世』一七九~一八〇頁。

(18)新発田市立図書館蔵。同館には、越後国蒲原郡と陸奥国会津との境を描いた絵図に新発田藩の家臣と会津藩の家臣が証判、交換した縁絵図二枚のほか、数枚の縁絵図がある。

(19)「信府統記」第二十六(『新編信濃史料叢書』第六巻、信濃史料刊行会)。「信府統記」は享保九年(一七二四)に松本藩水野家が編纂した地誌で、元禄国絵図作成時に領内から収集した資料を多数収める。
(20) 備前国岡山藩領と讃岐国幕領の国境に位置する石島をめぐる争論(大森映子「元禄期に於ける備讃国境争論」、『史艸』第二三号、一九八一年)、陸奥国安積郡(会津藩領)と岩瀬郡(白河藩領)との郡境争論(会津布引村争論)(阿部俊夫前掲書)、播磨国赤穂郡(赤穂藩領)と揖西郡(龍野藩領)との郡境争論(『相生市史』二、一九八六年)、富士山の裾野の原野をめぐる駿河国富士郡と甲斐国都留郡との国境争論(『静岡県史』通史編3、近世1、一九九六年)、大井川上流の大寸又をめぐる遠江国榛原郡と駿河国安倍郡との国境争論(同上)などが知られる。
(21) 芳賀与七郎「享保日本図作製に関する新資料について」(『科学史研究』第五一号、一九五九年)。
(22)「信府統記」第二十四(『新編信濃史料叢書』第六巻、信濃史料刊行会)。
(23) 妙高市桶海、後藤家文書、元禄一四年三月「乍恐以書付御訴訟申上候」。
(24) 妙高市桶海、後藤家文書、元禄一四年三月「乍恐以辺たう書御訴訟申上候」。
(25) 妙高市桶海、後藤家文書、元禄一四年四月「指上申証文之事」(『新潟県史』史料編6近世一上越編所収、一九八一年)。
(26) 妙高市桶海、後藤家文書、年未詳「覚」。
(27)『飯山市誌』歴史編上、一九九三年。
(28) 注(6)に同じ。
(29)「信濃国北条村他三か村と越後国小沢村他三か村との国境山論裁許絵図裏書」(新井市〔現妙高市〕大濁、豊岡了一氏所蔵)、(前掲『新潟県史』)、なお同史料は他にも残る。詳しくは四の(1)を参照のこと。
(30) 妙高市下平丸区有文書(前掲『新潟県史』)。
(31) 陸奥国安積郡(会津藩領)と岩瀬郡(白河藩領)との郡境争論(会津布引村争論)では新番士国領次郎左衛門(重吉)と代官諸星内蔵助(同政)、播磨国赤穂郡(赤穂藩領)と揖西郡(龍野藩領)との郡境争論では大番士小林源四郎(正与)と代官辻弥五左衛門(守誠)が派遣されている。
(32)「元禄十五壬午歳六月吉日 信越境御見分日記」(以下「日記」)(飯山市・渡辺家文書)。この「日記」は検使の吟味・

検分の様子とともに、御機嫌伺い、御目見、「御籠付」（山案内）など、検使を迎える村々の動き、気遣いがよくわかる興味深い史料である。なお小境村は顔戸組合に属し、名主長右衛門は誓詞提出、山案内、証文に署名するなど、信州側の中心的人物であった。本史料は丑山直美氏よりご提供いただいた。

(33) 二人の検使は三月二一日に江戸城に登城し、暇を賜った（「年録」）。江戸を発ったのは一か月後か。

(34) 註（20）参照。

(35)（36）「日記」。

(37)「御小屋」は検使の道筋各所に設けられていた。「日記」中に「御通り道ニ長沢より御小や懸置候」の一文があり、村側で用意したことが知られる。

(38) 見盤は量盤ともいい、平板の上で見通して縮図をえがく測量術（『絵図学入門』4章「近世の測量と実測図」参照、東京大学出版会、二〇一一年）。

(39)「七月七日四つ過室七郎左衛門様江御寄合ニ而、信越不残被召寄、御見分絵図御見せ被遊候、一々拝見仕候所ニ、道共并山ノ峯ニ付気ニ入不申所申上、なおし申候事」（「日記」）とある。

(40)「日記」。焼筆は下絵を描くのに用いた炭の筆。木の端を焼き焦がして作り、ぬぐえばその跡がすぐ消えた（『日本国語大辞典』、小学館）。

(41)「日記」。

(42)「日記」。なお「年録」元禄一五年一二月一五日条に両検使の「論所見分帰謁」の記事がある。

(43) ちなみに富士山の裾野の原野をめぐる駿甲国境争論の裁許絵図裏書（『静岡県史』資料編10、近世2、口絵、一九九三年）、大井川上流の大寸又をめぐる駿遠国境争論の裁許絵図裏書（同上）における裁許の日付はともに一二月四日であった。

(44) 一二月四日裁許の甲斐国、駿河、遠江国はさらに遅れたか。なおもっとも遅れたのは播磨国絵図で、元禄一五年一二月になったという。絵図元大名の赤穂浅野家の取り潰しが影響したと考えられている（川村博忠前掲書『江戸幕府撰国絵図の研究』二〇八頁、同『国絵図』一四四頁）。播磨国赤穂郡・揖西郡の郡境争論の裁許状の日付は一二年一二月である（『相生市史』五、一九八九年）。

(45)「年録」元禄一五年一二月一九日条。若年寄井上正岑に時服五、大目付安藤重玄、町奉行松前嘉広、勘定奉行久貝正方に時服五、勘定平野次郎左衛門・町野新兵衛に銀一〇枚が賜与された。
(46)『御触書寛保集成』一三五六。
(47)杣田善雄「元禄の東大寺大仏殿再興と綱吉政権」(『南都仏教』第四三号・第四四号、一九八〇年、のち『幕藩権力と寺院・門跡』に収録、思文閣出版、二〇〇三年)。
(48)『御触書寛保集成』一三九九。
(49)『折りたく柴の記』によると、新井白石は、東大寺大仏殿再建費用や、富士山噴火後の被災地復旧の経費を諸国の役として賦課したことに世間の批判があったことを上げてこの案に反対し、結局実現しなかった。
(50)村田路人「宝永元年大和川付替手伝普請について」(『待兼山論叢』史学篇、第二〇号、一九八六年、のち『近世広域支配の研究』に収録、大阪大学出版会、一九九五年)。
(51)例えば、宝永元年の利根川荒川川浚い御普請では山内豊房(土佐国高知)ら四大名、宝永五年相模国川浚い御普請では池田綱政(備前国岡山)ら五大名、宝永六～七年の駿河・相模川筋御普請では藤堂高敏(伊勢国津)ら五大名が御手伝を命じられた。

付記

本稿は公開講演「元禄国絵図と信越国境」の内容を一部修正したものである。論文化するにあたり、論題を変更したことをお断りしておく。また講演を前にして実施した史料調査・収集の際には、妙高市桶海後藤家、同市大濁豊岡家の方々をはじめ、浅倉有子(上越教育大学)、荒川将(上越市立総合博物館)、丑山直美(飯山市教育委員会)、佐藤慎(妙高市教育委員会)、花岡公貴(上越市立総合博物館)、鈴木秋彦(新発田市立中央図書館)、前嶋敏(新潟県立歴史博物館)の各氏、及び吉成香澄(徳川林政史研究所非常勤研究員)・西田安里(同上非常勤研究生)両氏のご協力を頂いた。記して謝意を表する次第である。

信越国境と在地秩序 ――寛文年間を中心に――

小酒井大悟

はじめに

寛文一〇（一六七〇）年正月、越後国羽倉村（高田藩領、現新潟県津南町）と信濃国森村（飯山藩領、現長野県栄村）の間で山論が起こった。係争対象となった境目は、村境・藩領境であるとともに、信越の国境でもあった。ゆえに、この山論は「信越国境山論（争論）」と称され、延宝二（一六七四）年八月に幕府によって裁定された。

本山論は、中近世移行期の村の自立性と統一政権の政策との関わりという点から注目を集めてきた[1]。また近年では、本山論の訴状類が目安物往来として編纂され、百姓らが訴訟実務に習熟するための教材とされたことが明らかにされている[2]。このように、本山論は中世から近世への移行過程、あるいは、自力救済から裁判・訴訟へという紛争解決の主要な方法の変化を考える上で重要な手がかりを提供してきたといえる。

しかしその一方で、本山論の係争対象となった境目について、じつはそれほど立ち入った検討が行われてきたわけではない[3]。そもそも、①双方が主張する境目の位置関係はどのようになっていたのか。また、②その境目は、どのような性格の境目として主張されていたのか。とくに②について従来は、本山論が国境山論であることを前提に、双方が主張する境目も国境であることが自明視されてきたきらいがある。しかしながら、係争対象の境目は村境・藩領境でもあったのであり、双方が実際に国境を主張し合っていったのかどうか、改めて検討する必要がある。そこで、

村名	高	田		畑（含屋敷）		色物１（青苧・切替畑）		色物２（漆木）	家	内本百姓	人数			馬
		畝	歩	畝	歩	畝	歩	本			男	女	総計	
寺石	92.929	537	17	272	5	119	20	15	15	8	71	55	131	13
越手	38.604	204	0	185	16	24	23	7	5	5	36	32	68	5
羽倉	73.799	399	22	326	12	108	24	15	10	9	53	45	99	7
足滝	51.237	339	6	58	2	52	19	10	6	6	42	26	68	6
同村見取	8.42	39	5	76	29									
穴山	20.73	78	27	177	22	13	4	3	3	3	20	17	37	2
合計	285.719	1598	17	1096	26	316	90	50	39	31	222	175	403	33

【表】　寺石村組の概要

＊元禄５年「魚沼郡妻有組寺石村有来品々帳 前々明細帳 控」（石沢家文書、『津南町史編集資料』第14集、1982年）より作成。

本稿では、「信越国境山論」において双方が主張する境目の位置関係＝内容（①）と性格（②）を追究し、係争対象の境目がどのように定められたのかを明らかにする。これにより、「信越国境山論」の実像に迫るとともに、信越国境の画定過程について一定の見通しを得ることを目指したい。

検討に先立ち、本山論の概略を確認しておく。山論の発端は、寛文一〇年正月に信濃国森村が越後国羽倉村地内の「美女松」を伐採したことに求められる。こののち庄屋同士の交渉や藩を通じての抗議が行われるが、双方の対立は治まらなかった。そのため、現地での物件・道具の差し押さえと、それに対する報復＝所当行為（耕地破壊）が応酬され、ついに同年八月二五日夜～二六日には、双方が近郷村々を動員し一揆的実力行使に及ぶ事態となった。結局、寛文一二年六月、羽倉側が江戸出訴に踏み切り、延宝元年八～九月に幕府検使による詮議が行われた。そして、延宝二年八月に羽倉側の主張を容れる形で本山論が裁許され、信越の国境が画定された。

以上が山論の概略であるが、羽倉村・森村の位置関係については、本書見返し掲載の関連地名図（近世）を参照されたい。

一　信越国境地域の村と山論の前提

ここではまず、森村・羽倉村の概要と、両村が山論にいたった経緯について確認しておく。

1　森村と羽倉村

信濃国森村については、詳しい情報を得られないが、元禄郷帳で村高一〇一石余である。また宝永三（一七〇六）年で田六町八反余、畑五町八反余、家数二七軒、人数二三一名という規模で、信越を結ぶ交通路の一つである善光寺道の宿駅的性格を有していたとされる(4)。

一方、越後国羽倉村については表を掲げた。本表は、元禄五（一六九二）年段階の「寺石村組」の状況を示している。村請制村としての寺石村組は、寺石・羽倉・穴山・足滝（含見取分）・越手の五か村から構成され、単に「寺石村」とも表記された(5)。五か村のうち寺石村が本村、他の村々はその枝村と位置付けられ、村役人の庄屋と組頭は本村寺石村に一名ずつ置かれた。つまり、羽倉村は寺石村組を構成する一枝村であり、本山論には寺石村組として取り組まれた。本表によると、寺石村組は村高二八五石余、田約一六町、畑約一一町、家数三九軒、人数四〇三名で、大村とはいえないが、森村よりは規模が大きかったことがうかがえる。

ところで、寺石村組のように、村請制村が本村とそれに連なる枝村から構成され、これらがしばしば「組」と称されたことは、現在の新潟県津南町の範囲で広く確認できる。こうした村請制村のあり方については、「一定の独自性をもった村々が中世末、近世初頭のころに支配の単位としてくくられて」形成されたと推定されている(6)。したがって、寺石村組に枝村として含まれる羽倉村もまた、ある程度の自立性を有していたと考えられる。

このことは、山の領有のあり方に関わってくる。寺石村組に相当する現在の津南町大字寺石地区には、地区全体の共有林はなく、三つの共有林に分かれている。そのうちの一つに、羽倉森林組合が管理する羽倉独自の共有林がある。こうした状況は、恐らく近世にまで遡ると考えられる。すなわち、寺石村組全村の共有林のような存在は想定しにくく、むしろ、各村ないし二・三の村が入り会う山に分かれていたのではなかったか。そして、本村寺石村に次ぐ規模を有する羽倉村では、同村の百姓だけが入り会う独自の共有林、山を領有し、この境目が森村との間で争われたのではないか。寺石村組として本山論に取り組む一方、訴状類で自分たちを「羽倉村」と称していたこと、本山論がのちに「羽倉目安」とも称されたことは、こうした見立てを裏付けるものだろう。

したがって、羽倉村が寺石村組を構成する一枝村でありながらも、「信越国境山論」の越後側の訴訟主体として標榜されていたことは、こうした山の領有のあり方に根ざしていたためと考えられる。

以上のように、この山論で争われている境目とは、基本的に羽倉村と森村の村境であった。

2 山論の前提

では、山論はどのような経緯で起こったのか。山論勃発以前における係争地の用益の様子をうかがってみたい。

■「かり合境」における「堤」築造

延宝元（一六七三）年に比定される、幕府検使の取り調べのようすをまとめた覚書には、羽倉側の次のような主張がみられる(7)。すなわち、「六十年以前」に（一七世紀初期、慶長年間か）、森側が「かり合境」（別の史料では「刈合平」とも）という場所で「堤」を築き、「清水沢」の水を取り入れ、「灰（炭カ）塚山」の脇に水路を二〇間ほど掘り、森村の方へ水を取り込もうとした。これを羽倉の者が見つけ、森村へ断りを入れて「堤」を切り落とし、以降は羽倉村の田地の用水としているという。この「堤」とは池、貯水池の意味に解される。

図1は、本山論の裁許絵図から作成したものである。これによれば、「大炭塚」付近に清水沢より取水している池があり、その中に「堤」の文字がみえる。この「堤」からは、二本の水路が引かれている。一本は、森村の方へ引かれた細い水路であるが、途中で描かれなくなっている（図1で「＊」を付した水路）。もう一本は太く描かれた水路で、清

水沢に再び合流していることがわかる。この清水沢は、やがて羽倉村の田地へ運ばれていく。したがって、「かり合境」の場所は特定できないものの、森村が一七世紀初期に築造したという「堤」は、図1の「堤」とみて間違いないだろう。

このように、両村の間には一七世紀初頭から耕地開発を目的とした水利をめぐる争いが起こっていた。

■「すんこへ嶺」のそり道用益

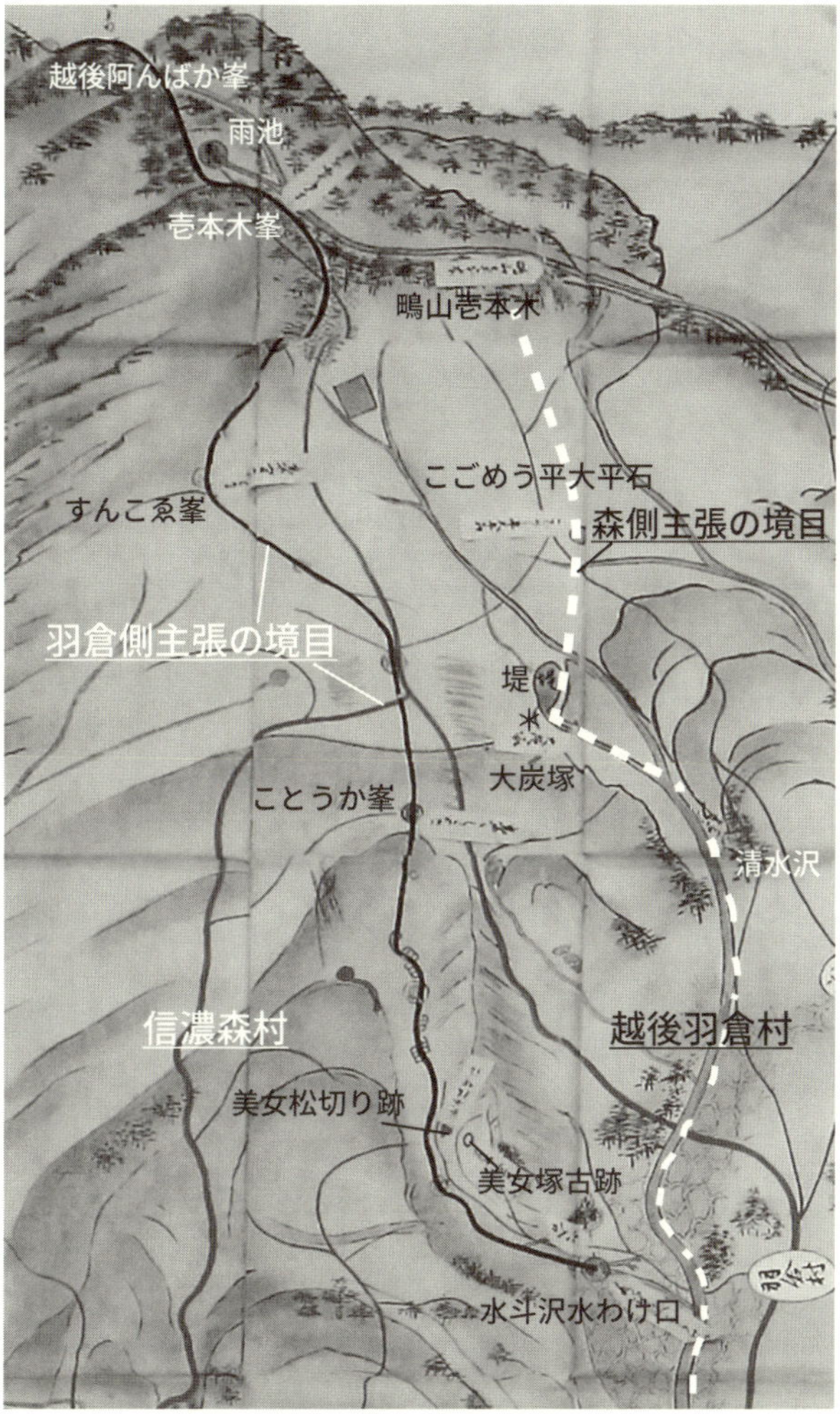

【図1】「信越国境山論」の係争地（部分）
＊延宝2年8月「羽倉村と森村国境御証文絵図」（石沢家文書 2279）をもとに作成

羽倉側によって寛文一〇（一六七〇）年頃に作成されたと考えられる「越後御領羽倉村分支配致来候証拠之覚」によれば、「四拾五年已前」（一七世紀前半、寛永年間初頭か）に「すんこへ嶺」という場所の羽倉村分のそり道を森村が使っていたので、差し押さえたところ、森村が「不埒」な境目を主張し争論となった。結局、羽倉側が申し立てた古来の境目が認められたが、仲裁に入った近郷の長百姓衆により、森村分の道は勝手が悪いので羽倉分の道を通させることになったという[8]。

図1によれば、「信越国境山論」の結果画定された境目の目印として石塚が築造された場所で、本山論における係争地の中では比較的奥に位置する。この周辺で、森村や寺石村による薪などの採取が行われていたようであり、一七世紀前期には両村の間で対立が起こり、近隣村々によって仲裁されていたことがうかがえる。

■「水斗沢」の開発

寛文一〇年に比定される羽倉側が高田藩に提出した「口上之覚」によれば、「水斗沢」という場所で、「五・六年以前」＝寛文四・五年頃から名子（「子共」）が田を開いていた。一方、森村の名子も「四・五年以前」＝寛文五・六年頃から田地開発を行っていたとの記述もみられる[9]。

「水斗沢」は、山への入り口に位置し、本山論で一番目の石塚が築かれた場所である。寛文四～六年には、この場所で、両村の名子らによる小規模な耕地開発が行われていたことがわかる。なお、年時は不明ながら、両村からの開発が行われていた場所は「水斗沢」だけでなく、「美女松」に近接する「美女塚」や、「ここミやう平大平石」といった場所でも両村の耕地があったようである[10]。

以上は、裁許絵図で位置がほぼわかる場所に限られるが、一七世紀初期から「信越国境山論」で画定された境目の周辺あるいはより羽倉村側に入った場所で双方からの用益がみられ、断続的に対立を生じていたことがわかる。「信越国境山論」は、こうした動向の延長線上に起こったのである。

二　境目の位置と性格

ここでは、双方が主張する境目の位置と性格について検討する。とくに性格の問題は、従来の研究で当然のように国境とされてきたが、双方は自分たちが主張する境目を本当に国境としていたのかどうか、改めて確かめてみたい。

1　羽倉側が主張する境目

まずは、羽倉側の主張する境目からみていこう。次の二点の史料は、同村の主張が記された部分を抜粋したものである。なお、史料1は高田藩、史料2は幕府に宛てたものである。

■史料1（寛文一〇年）四月「口書之写」三条目(11)

一、越後・信州境目儀、上ハ関川ゟ関田峠・ひるこ峠・あんはか嶺・雨池平・壱本木嶺・すんこへ嶺・刈合平・炭塚山・小当嶺迄何も水落次第、其ゟ下ハ水斗沢切、同沢口ゟ下ハ千曲川迄田畑入組申候、越後御領拙者共従前々支配致来候証拠共数多御座候、於御尋ハ具可申上候、以上

■史料2 寛文一二年六月「乍恐以書付申上候」三条目(12)

一、越後・信州境之儀、上は関川の向、柏ケ嶺ゟ関田峠・ひるこ峠・菱ケ嶺至迄古来ゟ峯切、菱ケ嶺ゟ峯続、安場峯・雨池平・一本木嶺・寸越ケ嶺・莉合平・炭塚山・小頭嶺迄、凡関川ゟ拾四五里の所嶺切に御座候、其ゟ下ハ水斗沢きり、同沢口ゟ千曲川迄田畑作場きり、川端ニ榎・胡桃木前々ゟ植置き候、信州越後境目前代ゟ紛無之候、境目を越古来ゟ無隠名木を伐採、剰羽倉村在所迄森村取込可申企仕候も迷惑に奉存候御事

言葉を補って意味をとると、史料1で主張されている境目は、関川―関田峠―ひるこ峠（牧峠）―あんはか嶺―雨池平―壱本木嶺―すんこへ嶺―刈合平―炭塚山―小当嶺―水斗沢を結び、そこから千曲川（信濃川）までは田畑の帰属によって境目が入り組んでいるのだという。一方、史料2の境目は、関川―柏ケ嶺―関田峠―ひるこ峠―菱ケ嶺

—安場峯—雨池平—一本木嶺—寸越ケ嶺—苅合平—炭塚山—小頭嶺—水斗沢を結び、そこから千曲川までは、やはり「田畑作場きり（切り）」だという。幕府に宛てた後者のほうがやや詳しいが、両史料で主張されている境目は、ほぼ同様とみてよい。

注目されるのは、羽倉側の主張する境目が大きく二分できることである。前半の、関川〜ひるこ峠・菱ケ嶺は、信越の境目として明確な場所・地名で、それぞれの間隔も広い。これに対し後半の、あんはか嶺（安場峯）〜水斗沢までは、広域に知られているわけではないという意味でローカルな地名が並び、それぞれの間隔も狭くなっていることが特徴的である。「信越国境山論」で争われ、また画定された境目は後者で、図1の「羽倉側主張の境目」とある線がこれにあたる。

後者の境目の性格を考える上で手がかりとなるのが、寛文一〇年頃に羽倉側で作成されたとみられる「越後御領羽倉村分支配致来候証拠之覚」で、後者の境目に近接する係争地（池や沢、山、木など）が羽倉村分であることの証拠をまとめている。(13)

例えば、「小当分《かか》嶺之内」にある「子あらし池」については、かつて赤沢村（現新潟県津南町）に館を構えていた大井田氏の妻が清水観音へ参詣に訪れた帰り、池の辺りで「子あらし」を発し死んでしまったことから「子あらし池」と言ってきたとする。また、「美女松」は、大井田氏の妻の供をしていた女が、主との死別をなげき自殺をした場所に羽倉村百姓が松を植えたのが始まりで、このころから「羽倉の美女松」と言い習わしてきた。近郷に隠れ無き名木であったが、二本のうち一本は三〇年前に枯れてしまったという。さらに、「美女つるね」は、羽倉村百姓弥三右衛門が一四、五年前から、同長大夫は三〇年前からそれぞれ林を仕立て、今も支配しているとある。

このように、後者の境目に近接する係争地が羽倉分であるとする根拠は、中世からの伝承や、比較的近しい過去からの支配（用益）の事実、そして「近郷近辺迄」の認知であった。よって、後者の境目は、近郷村々も認知する村境といった性格が色濃いようにみえる。

しかし、史料1・2の冒頭では、こうした村境と前者の境目を合わせ、越後と信州の境目と表現されている。つまり、羽倉側が主張する境目とは、信越の国境であった。

2　森側が主張する境目

それでは、森村の主張する境目も国境ということになるのだろうか。史料3・4からうかがってみる。史料3は飯山藩、史料4は幕府に宛てたものである。

■史料3（寛文一〇年）**四月「森村百姓口書之事」三条目**(14)

一、越後・信濃境之儀ハ上ハ関川・関田峠・ひるこ峠其外境共を支配仕候様ニ、羽倉村之者共申上候得共、越後・信濃之境目之儀、羽倉村之者共相究たる義終不承候、拙者共存知候ハ、森村と羽倉村之境ハ千曲川黒石岡ニ而ハ八たん田ノ榎木・同二ツ石、其ゟさかい川、山之境ハ大炭塚・小炭塚・堤東之須崎八百・こごみやうたいら大平石・中のつるね・鳴山之一本木・丸山東之腰通中山迄、此通境ニ而御座候、（後略）

■史料4　寛文一二年八月「乍恐返答書を以言上仕候」(15)

（前略）古来ゟ寺石村と森村境之義は千曲川之黒石岡ニ而、八反田ノ榎・胡桃木・境川御座候、則先年御国廻り之節飯山ゟ御立候境杉自今御座候、山境は小炭塚・大炭塚・東之次崎・小子名平石・中のつるね・鳴山之一本木・丸山之腰通り中山迄、先規ゟ境目に紛無御座候処に（後略）

森側の主張する境目は、南側（千曲川）から山の奥地へという順になっている。史料3によれば、千曲川黒石岡では八反田ノ榎木・同二ツ石、そこからさかい川に向かって境目があるという。そして山の境は、大炭塚―小炭塚―堤東之須崎八百―こごみやうたいら大平石―中のつるね―鴫山之一本木―丸山東之腰通―中山を結ぶものであったようである。幕府に宛てた史料4の境目もこれと大差ないようで、黒石岡では、八反田ノ榎・胡桃木・境川が境をなし、山の境は、小炭塚―大炭塚―東之次崎―小子名平石―中のつるね―鴫山之一本木―丸山之腰通り―中山を結ぶものとされている。最後の中山の位置は特定できないが、遠方の地名があるわけではなく、羽倉側の主張する境目の後半部分に対応するものだろう。

上記の境目に関する地名のうちいくつかは、本山論の裁許絵図にも記載されており、森側の主張する境目を、図1の点線のように推定することができる。本山論で容れられた羽倉側の主張する境目と比べると、かなり東側＝羽倉側に入っているといえる。羽倉側が森村の主張する境目について「越後領分羽倉共ニ森村へ取込申積りに罷成」と述べていることとも符合するとみてよい[16]。

森側の主張する境目は、結果的に容れられなかったとはいえ、全く荒唐無稽なものであったとはいえない。例えば、森側が境であると主張する「大炭塚」「小炭塚」という地名は、地境に炭を埋める慣行に根ざした地名と考えられる。『地方凡例録』によれば、「炭ハ地中に在て万代不朽のものゆへ、境の地に炭を埋めて後来の証とする」との説明があり[17]、実際各地には、境の目印となる塚の下に木炭が埋められていることに由来する「炭塚」の地名が残っている。当地の「大炭塚」「小炭塚」もそうした地名の一つと解されよう。このうち大炭塚は裁許絵図にも記されており、図1が示すように本山論で画定された境目よりも羽倉側に入った場所に位置していたことが確認できる。すなわち、森側の主張する境目にも一定の根拠があり、それは、同村を支持する近郷村々も承認するところであったと考えられる。

このように、森側の主張する境目の位置は、羽倉側のそれと大きく異なっていた。では、双方の境目の性格には違いがなかったのか。そこで、改めて史料3をみると、関川から始まる越後・信濃の境を羽倉村の者たちが決めたとは承知しておらず、自分たちが知っているのは「森村と羽倉村之境」であると述べられていることがわかる。また、史料4の冒頭でも、「古来〻寺石村と森村境之義は」と明記されていることが確認できる。

したがって、森村が主張している境目とは、信越の国境ではなく、森村と羽倉村の村境であるといえる。双方の主張する境目は、その位置関係にとどまらず、性格において決定的な違いがあったのである。

以上から、本山論で係争対象の境目を信越国境として主張しているのは、羽倉側だけであったことが明らかとなった。つまり、羽倉側が本山論を国境山論としようとしていたのであり、それは、同村の選択ないしは訴訟上の戦略と解することできよう。とすれば、かかる選択なり戦略をとらせたのは、誰であったのかが問題となる。

三　境目の画定

そこで本章では、羽倉側にあって境目を国境として主張し山論を展開した主体、また、双方の主張する境目の性格が異なっていたとすれば、本山論の結果、どのような性格の境目が画定されたのかに迫りたい。

1　国境を主張する主体

本山論の訴訟において、羽倉側には中間支配の担い手である大肝煎関口庄右衛門の関与が確認できる。

高田藩松平光長期には、遅くとも寛永九（一六三二）年までに、広域支配の担い手として大肝煎が藩領各所に配置された。彼らの管轄区域を「組」といい、魚沼郡には八組が存在した。このうち妻有組は一九八か村、村高の合計一六四五九石余（貞享二・一六八五年時点）にもなる大きな組で、羽倉村をはじめとする寺石村組の村々も含まれていた。[18]関口庄右衛門は、当時の妻有組を統括する大肝煎であった。関口家の祖先は、今川氏の家臣・関口親永で、その子の伊織が信濃、そして十日町（現新潟県十日町市）に移住したという。[19]魚沼郡の他の大肝煎と同様に、関口家も土豪と考えられるが、組の範囲は広域にわたり、同家の勢力圏と同一視できる規模ではない。そのため、羽倉村や寺石村組の他の村々、あるいはそれらをとりまく近郷村々と関口家の間に、古くからの密接な関係があったとはいいがたい。

大肝煎による当地への関与が強まるのは、一七世紀後半の寛文年間になってからである。寛文六（一六六六）年から進められた藩政改革（新田開発、地方知行から蔵米知行への切り替え、税制改革など）で、大肝煎が藩の支配において重視されるようになる。そうした中、寛文八年・同一二年の寺石村口留番所取締条目では、信濃と境を接する寺石村口留番所の出入りの取り締まりに大肝煎関口庄右衛門が関与することが明記され、高田藩は大肝煎を通じて国境＝藩領境を管理しようとしていたことがうかがえる。[20]大肝煎関口家による本山論への関与は、こうした動向の延長線上に位置付けられる。

したがって、大肝煎関口家はより藩側に近い立場で、羽倉村など寺石村組の各村や近郷村々とは一線を画す位置にあったといえる。

それでは、関口家は本山論にどのように関与したのか。羽倉側の戌年（寛文一〇）四月「口書之写」（含史料1）、寛文一二年六月「乍恐以書付申上候」（含史料2）には、「郷肝煎」「大庄屋」として、関口庄右衛門が署名している。また、幕府検使による現地検分後に森村の行状を再度訴えた丑年（延宝元・一六七三）六月「越後国羽倉村百生口上之覚」には、「羽倉村名主」の肩書きで庄右衛門の名前が確認できる。[21]そして、延宝元年九月には、幕府検使の長田平右衛門・佐脇伝右衛門による詮議の場で、羽倉側の代表として森村庄屋作十郎と意見を闘わせている。[22]

このように、大肝煎関口庄右衛門は、まさに羽倉側の先頭に立って山論を主導していた。とすれば、羽倉側が高田藩や幕府に提出した訴状類の文面作成に、関口が携わっていたことはほぼ確実だろう。[23]とすれば、係争対象の境目を国境と主張し、本山論を「信越国境山論」として展開しようとしたのは、まさにこの関口だったのではなかったか。境目を国境＝藩領境と主張すれば、藩と藩の問題に発展することが必至で、高田藩の助力なり指導をより引き出しやすくなる。実際、高田藩は郡奉行大門与兵衛を現地検分に派遣するなど、本山論に藩の問題として取り組んでいる。[24]こうした、藩の介入を引き出そうとする方法をとりえたのは、訴訟経験がまだ浅い羽倉村を含む寺石村組の村々ではなく、大肝煎関口をおいてほかには考えられない。

一方、森側には、当時の飯山藩領に中間支配制度が存在しなかったため、関口のような存在の関与は見受けられない。また、飯山藩による森側への表立った助力なり指導の形跡もうかがえない。これらが一切なかったとは考えにくいが、少なくとも同藩が本件に対し積極的に介入しようとしていなかったことは確かである。この背景の一つには、飯山藩が高田藩と表立って対立することを避けようとしたことがあったと考えられる。

つまり、国境を主張するには、藩に近い立場にあり、訴訟を主導できる力量を有する中間支配の担い手の存在や、藩の態度といった一定程度の条件が必要であり、これらを欠くがゆえに森側は、境目を国境として主張できなかったのではなかったか。

以上、推量を重ねたきらいがあるが、羽倉側にあって国境を主張した主体は、大肝煎関口庄右衛門であったといえる。

2　幕府の裁定

延宝二年八月、本山論は幕府によって裁許された。そこで画定された境目とは、どのような性格のものだったのか。

次に掲げる史料5は、裁許絵図の裏書である。[25]

■史料5

越後国魚沼郡羽倉村と信濃国水内郡森村国境論之事、為検使長田平右衛門・佐脇伝右衛門被差遣之見分之処、森村より申候境之内羽倉村之百姓十大夫居屋敷・弥三右衛門林有之、其上境塚幷堤有之由雖申之不慥候、羽倉村より申候境慥相見候、然は評定之面々相談之上羽倉村申所之境用之、北方阿んばか峯・雨池平より壱本木峯・すんこゐ峯・ことうか峯・水斗沢迄両国之境相立之条、境之通石塚五ケ所、双方立合可築之、且又羽倉村地内有之美女松、森村百姓伝兵衛理不尽に伐採候儀不届付而籠舎申付之候、為後鑑境之上絵図之面墨筋引之、加印判双方江下置之条不可違失者也

延宝二甲寅年八月廿二日

喜右衛門（印）（甲斐庄正親）
五兵衛（印）（徳山重政）
内蔵允（印）（杉浦正昭）
若狭（印）（宮崎重成）
出雲（印）（島田忠政）
領地御暇　長門（本多忠利）
伊賀（印）（戸田忠能）
山城（印）（小笠原長頼）
播磨（印）（阿部正能）

但馬（印）（土屋義直）
大和（印）（久世広之）
美濃（印）（稲葉正則）

裁許の大意は、幕府から派遣された長田・佐脇の両名が現地を検分したところ、羽倉側が主張した境目が確認できた。よって、幕府評定所の面々（甲斐庄正親ら一二名）が相談の上、羽倉側が主張する境目を信越両国の境目として採用する。それは、「阿んばか峯」から「雨池平より壱本木峯・すんこゑ峯・かり合平・ことうか峯」を経て、「水斗沢」までを結ぶ線であり、この境目の通りに目印となる石塚を五か所、双方の立ち合いで築くこととする。また、羽倉村地内の「美女松」を伐ったことは不届きであるため、森村百姓伝兵衛を籠舎とする、というものであった。

表の絵図では、上述の裁許のように「阿んばか峯」から「水斗沢水わけ口」を結んだ境目の線（墨筋）が引かれており、図1からその様子をうかがうことができる。境目の目印としての石塚が築造された場所は、裁許絵図の原本にはみえないが、三点ほど確認される写には貼り紙で明示されている。[26] それによれば、「水斗沢」「ことうケ（か）峯」「すいごい（すんこゑ）嶺」「一本木嶺」の各所、そして天水山（標高一〇八八m）の腰（図1でいえば「阿んばか峯」の奥で、境目の終点にあたる当所の石塚を「留（ノ）石塚」とする）の計五か所となる。なお、五基の石塚のうち「一本木嶺」の石塚（図2）、「留石塚」（図3）は、現在も当時のすがたをよく伝えている。

このように、幕府の裁許では、羽倉側の主張する位置で境目が画定されたが、注目すべきは、本山論が「国境論」とされ、定められた境目が越後・信濃の「両国之境」とされていることである。係争対象の境目を森側は村境、羽倉側は国境とし、双方で主張する境目の性格に違いがあったが、幕府の裁許は後者を採用したことになる。本山論の裁

【図 2】「一本木嶺」の石塚

【図 3】「留」の石塚

許では、羽倉側の主張が境目の位置関係＝内容と、性格という二つの意味において容れられたのであり、このことは、大肝煎関口の主導した選択・戦略が奏功したことを示すものといえる。

ところで、本山論では、寛文一〇年八月二五日夜〜二六日にかけて、双方に近郷の合力が確認できる。とくに、羽倉側ではこの時、「川東」＝信濃川（絵図では千曲川）東岸の「子種村・今井村・大井平村・宮ノ原村・加用村之衆」の合力を得て、森村分の耕地の作物を刈り取ったが、この騒ぎの結果、番をしていた森村の百姓から「半死之体」となる者が出たという(27)。しかし、かかる実力行使はすでに禁じられており、領主裁判ではかえって不利になる。そのため、羽倉側にあって訴訟を主導した関口は、森側の近郷諸村を動員しての実力行使を批判する一方、羽倉側のそれについては一切言及しなかった。すなわち、近郷の合力は、関口の選択・戦略の成功を阻む可能性を孕むものであった。

したがって、本山論の係争対象の境目が信越国境として画定されたことは、羽倉村（ないし寺石村組）やその近郷村々からなる在地秩序の動向如何ではなく、その外部の大肝煎関口や高田藩の指導・介入という政治的な契機によってもたらされた結果にほかならなかった。

おわりに

本稿では、越後国羽倉村と信濃国森村の間で争われた「信越国境山論」の再検討を行ってきた。最後に、ここまでの検討結果を簡潔に整理しておく。

本山論で係争対象となった境目は、羽倉・森両村の村境であることを基本とするが、羽倉側は信越両国の国境、これに対し森側は両村の村境として主張した。双方の主張は、境目の位置関係＝内容もさることながら、境目の性格にじつは大きな違いがあったのである。本山論において、国境を主張したのは羽倉側だけで、双方が国境を主張し合い対立したわけではない。つまり、羽倉側の対応次第では、本山論が「信越国境山論」とならなかった可能性もあったわけである。

係争対象の境目を羽倉側に国境として主張させた主体は、羽倉側の前面に立って訴訟を主導した妻有組大肝煎関口庄右衛門であった。彼は、関川―柏ケ嶺（柏ヶ峠）―関田峠―ひるこ峠―菱ケ嶺という遠距離にある国境と、係争対象の安場峯―雨池平―一本木嶺―寸越ケ嶺―苅合平―炭塚山―小頭嶺―水斗沢というローカルな境＝村境を連結することで、本山論を国境＝藩領境の問題とした。つまり、森・羽倉の村境山論を「信越国境山論」に仕立てようとしたのである。そこには、高田藩の協力や幕府からの有利な裁許を引き出そうとする意図があったと考えられる。

本山論に対する幕府の裁許は、①境目の位置関係＝内容、②境目の性格、という二点において羽倉側の主張を容れるものであり、これにより線としての信越国境が画定された。本山論で境目が信越両国の国境として画定されることになったのは、羽倉村ひいては寺石村組や近郷村々からなる在地秩序の動向によってではなく、その外部にあった大肝煎関口や高田藩の指導・介入という政治的な契機によってもたらされた結果であった。

こうして決定された信越の国境は、近世の国境画定において大きな画期となる元禄国絵図作成事業[28]に引き継がれていくことになったと展望される。

註

(1) 藤木久志『豊臣平和令と戦国社会』（東京大学出版会、一九八五年）、高木昭作『日本近世国家史の研究』（岩波書店、一九九〇年）。
(2) 八鍬友広『近世民衆の教育と政治参加』（校倉書房、二〇〇一年）。
(3) こうした状況にあって、須藤重夫「信越国境の山争い」（『津南町史』通史編上巻、近世編第一章第四節二、一九八五年）は本山論の結果築かれた石塚を実踏調査するなど、貴重な成果である。
(4) 『角川日本地名大辞典二〇　長野県』（角川書店、一九九〇年）。
(5) 以下、寺石村について、村請制村を意味する場合は「寺石村組」、その内部の一村（集落）を意味する場合は「寺石村」と表記する。なお越手村は、本山論や天和二年検地の時点で、寺石村に含められていた。
(6) 『津南町史』通史編上巻（一九八五年）。
(7) 「丑ノ九月十一日長田平右衛門様・佐脇伝右衛門様も被召出御詮儀之上双方申上候覚」（石沢家文書、『津南町史』資料編7近世二（一九八一年）所収）。なお、石沢家文書は津南町農と縄文の体験実習館「なじょもん」に所蔵されている。
(8) 石沢家文書、『津南町史』資料編上巻（一九八四年）所収。
(9) 石沢家文書、『新潟県史』資料編7近世二（一九八一年）所収。
(10) 戌九月「森村百姓口書写」（石沢家文書、『新潟県史』資料編7近世二所収）など。
(11) 石沢家文書、『新潟県史』資料編7近世二所収。
(12) 『新潟県史』資料編7近世二、『中魚沼郡誌（復刻版）』下巻（一九七三年）所収。なお、後者の書によれば、本史料の出典は「六箇村徳永大太郎所蔵」とある。

(13) 註(8)に同じ。
(14) 石沢家文書、『新潟県史』資料編7近世二、『中魚沼郡誌(復刻版)』下巻所収。
(15) 『新潟県史』資料編7近世二所収。
(16) 註(12)に同じ。
(17) 上巻二六頁(大石慎三郎校訂、東京堂出版、一九九五年)。
(18) 貞享二年六月「越後国高付帳」(『明治大学刑事博物館資料　第十二集』一九八九年)。
(19) 『中魚沼郡誌(復刻版)』下巻、山田邦明「村のしくみと自治」(『津南町史』通史編上巻、近世編第三章第三節)。
(20) 寛文八年「口留御番所諸御用留帳」(石沢家文書、『津南町史』資料編上巻所収)。
(21) 石沢家文書、『新潟県史』資料編7近世二所収。
(22) 註(7)と同じ。
(23) この点に関し、八鍬氏は、羽倉側が寛文一二年に幕府に提出した訴状を検討し、大肝煎関口家が本山論より三〇年ほど前に起こった「会越国境山論」(会津藩領村々と魚沼郡村々の間で起こった国境山論)における会津側の訴状を参照して作成した可能性を指摘していることも参考になる(八鍬前掲書)。
(24) 註(15)史料、須藤前掲論文。
(25) 「(絵図裏書裁許状)」(石沢家文書、『新潟県史』資料編七近世二所収)。
(26) 裁許絵図の写は、石沢家文書・羽倉区有文書として伝来している。これらの性格および石塚の現状については、別稿にて改めて紹介予定である。なお、以下の石塚の所在を示す貼り紙の表記は、「(信越国境山論裁許絵図写)」(石沢家文書二二七九、番号は同家文書の目録のもの)による。この絵図は、図1の典拠とした裁訴絵図の原本と同封されていたものである。
(27) 註(10)に同じ。
(28) 杉本史子『領域支配の展開と近世』(山川出版社、一九九九年)。

付記

論文化にあたり、章・節のタイトルに若干の変更を加えるとともに、図の差し替え・追加を行っているが、大会当日の報告内容に変更はない。また、現地調査にご協力いただいた涌井謙吉氏、涌井昭五氏、史料閲覧で便宜を図っていただいた津南町農と縄文の体験実習館「なじょもん」の職員の皆様に、末筆ながら記して感謝を申し上げる。

信越国境の戊辰戦争――「浪人騒ぎ」をめぐる緊張と対応――

荒川　将

はじめに

本稿の主題は、信越国境の戊辰戦争について、「浪人騒ぎ」をめぐる緊張と対応を素材に検討し、戦時における信越国境の様相から、本大会テーマの「間《あわい》」と「境」について考察することである。

慶応四（一八六八）年正月に勃発した鳥羽・伏見の戦いを緒戦とする戊辰戦争は、関東・甲信越・東北へと戦線が拡大し、明治二（一八六九）年五月の箱館五稜郭の戦いによって終結する。とりわけ、越後は激戦地の一つに数えられ（北越戊辰戦争）、信越国境でも緊張が生じた。

戊辰戦争期において、信越国境の緊張がピークを迎えるのは、古屋隊（衝鋒隊）が高田領内から信越国境を越えて信州飯山で新政府軍と交戦した飯山戦争、その直後に高田藩と新政府軍が国境を挟んで対峙し、そして高田藩領に新政府軍が進駐した慶応四年四月のことであった。

信越国境を挟む高田藩（譜代、榊原家一五万石）と飯山藩（譜代、本多家二万石）にとっては、「信州鎮撫」を名目に信州松本までの行軍を先触れした古屋隊への対応如何が、藩の去就に関わる重要な問題であった。古屋隊は、古屋佐久左衛門（旧幕府歩兵連隊の差図役頭取）が組織した歩兵隊で、「佐幕」の立場で幕府の恩に報いることを主張していたのである。結果として、両藩は新政府軍へ合流することとなるが、本稿では戊辰戦争期の譜代藩の事例として、高田藩・飯山藩の動向を検討したい。[1]

一方で、古屋隊による一連の軍事行動は、信越国境地域の村々へも大きな影響を及ぼした。信越国境に位置する越後国頸城郡長沢村では、「戊辰の役には、本村の住民は戦争の恐怖と惨害とを、最も痛切に感じたるなるべし。明治元（マヽ）年四月二十日青葉若葉の茂りそめて、苗代田の青み出でし頃、噂には、世の中の、何となく騒がしきを聞きつつも、依然として、吾が村は平和な村なりしに、同日午前十時頃より、浪人組の先頭入込み来り、陸続として数百人を算す。村民の恐慌知るべきなり。（中略）実に村民を驚愕せしめたる一大騒擾にてありしなり。これを今に語り伝えて、浪人騒ぎと称す」と、古屋隊の到来に驚愕する状況が語り伝わる。[2]

長沢村をはじめとする信越国境地域の村々は、古屋隊や飯山戦争後に越後へ進軍する新政府軍に緊張し、その対応（人足・夫人の動員、食料などの供出）に大きな負担を強いられることとなる。こうした古屋隊の動向に端を発する一大騒擾を信越国境地域では「浪人騒ぎ」という。[3]本稿では、戊辰戦争と地域との関係について、新政府軍到来以前の古屋隊への対応を中心に検討するが、信越国境地域では「浪人騒ぎ」に対し「境」を越えて連携しようとする動向に注目したい。[4]

戊辰戦争期の信越国境で何が起こったのか。「浪人騒ぎ」をめぐって、諸層がどのように緊張し、如何に対応したのか。本稿では、「浪人騒ぎ」という信越国境に軍事的な緊張をもたらした事象を、国境を挟む「藩」と「地域」という二つの視点から考察していく。なお、信越国境が「国境」であると同時に、高田藩や飯山藩、さらには幕領が存在する「境」（「領境」）であることにも留意しながら検討したい。

一 「浪人騒ぎ」をめぐる緊張と対応 ―高田藩・飯山藩の場合―

1 古屋隊の動向と高田藩・飯山藩の対応

信越国境における古屋隊の動向と高田藩と飯山藩の対応については次ページの表にまとめた。結論からいえば、古屋隊への対応は、両藩を戦時体制へと移行させ、それぞれの「藩境」を固めるものだったと評価できる。なお、古屋隊は信越国境への到来時は六〇〇人余りの隊であった。(5)

まず、四月一六日～一九日の動きを確認したい。一六日、古屋隊は桑名藩領であった柏崎において、「信州鎮撫」を名目にして高田藩領を通行し、北国街道を信州松本まで進むことを先触する。

これに対して、高田藩は側用人の川上直本を派遣し、古屋隊が示した高田城下での宿泊を新井宿へと変更させた。一九日に古屋隊が新井まで進むと、高田藩は古屋隊から「粗暴之義一切不仕旨」の請書を取っている。(6) しかし、高田藩はその後の古屋隊の動向に翻弄されていく。

一方、飯山藩は信州へ行軍（接近）する古屋隊に対して、尾張藩・松代藩など東山道新政府軍との連携を模索する。飯山藩は、すでに一二日の段階で古屋隊来襲の報に接しており、越後に探索人を送っていた。一九日には信州中野において、松代藩と協議を行い、北国街道筋は尾張・松代藩が警備すること、飯山街道筋の警備は飯山藩が受け持つことなどを取り決めている。この時、飯山藩は小藩を理由に、事が起こった際は松代藩などに援兵を依頼していた。

事態が大きく急変したのが二〇日であった。古屋隊が急きょ、先触していた北国街道ではなく、飯山街道へ進路を変えたのである。(7) 古屋隊は、信越国境の長沢村に滞在後、飯山城下へ進軍していく。これに対して、飯山藩は、急ぎ藩兵を送り「国境」を固めようとするものの間に合わず、さらには富倉峠において「城下通行之儀者相断、越後筋へ引戻候様再応及応接候最中、応接ニ不構多人数一時ニ御城下迄侵入候」と、古屋隊と談判に及ぶも実らずに飯山城下への侵入を許すことになる。(8) 古屋隊が「町内徘徊ハ抜身鉾付鉄砲持参ニ而町内其外を往返」したため、先触もなく出現した「浪士五百六拾人」に飯山城下は緊張に包まれた。(9) こうした事態の中、二一日に飯山藩は藩是を決定する。(10)

日時	古屋隊	高田藩	飯山藩
4／16	桑名藩領柏崎にて、高田領内を通行し北国街道を信州松本まで進むことを先触。	側用人川上直本を古屋隊へ派遣。	それ以前より古屋隊の動向を注視、松代藩へ通告、探索人を派遣。
4／17	高田藩領柿崎に到着。	川上が古屋隊と会談、高田城下から新井へと宿泊地を変更させる。	(18日) 探索人より高田藩領鉢崎まで古屋隊到来の旨が報知。
4／19	高田藩領新井へ到着。	古屋隊から「粗暴之義一切不仕旨」の請書を取る。	信州中野で松代藩と協議。北国街道筋は尾張・松代藩が警備、飯山街道は飯山藩。小藩を理由に援兵を依頼。
4／20	突如、北国街道でなく飯山街道を進む。国境の長沢村に滞在後、飯山城下へ進撃。		藩兵を派遣するも、国境を固める前に古屋隊が通行。富倉峠で談判も城下へ侵入を許す。
4／21	飯山に進軍した古屋隊のうち300人程が新井へ戻る。		**藩是決定。**
4／22～4／24	新井から再び古屋隊が飯山へ向けて進軍。長沢を通過し飯山へ向かう。	改めて古屋隊から誓書を取る。新井方面へ藩兵派遣。22日に太政官が哀訴書・再哀訴書を受理。	藩主はじめ「御家中女中方」城下から避難。城内には数十名（藩士200余人）の藩士が残る。
4／25	**飯山戦争**、新政府軍と交戦、古屋隊は飯山街道から新井へ敗走。	飯山戦争を受けて「御領分境」を藩兵で固める。	当初は古屋隊と共に新政府軍と交戦も、本陣へ談判し合流。
4／26	**川浦戦争**、新井から川浦（旧幕領代官所）へ転陣、高田藩と交戦。十日町方面へ敗走。	国境に迫る新政府軍と古屋隊への対応をめぐり**藩是「哀訴諫諍」が動揺**⇒川浦戦争（新政府軍合流の契機）	敗走した古屋隊の動向を探るため斥候派遣、翌27日には松代藩と共に新井へ進軍。

※「高田藩維新処置大要」（上越市立高田図書館所蔵榊原文書）、「明治戊辰之役記録」（上越市立高田図書館所蔵榊原文書）、「飯山藩記別録」（国立公文書館所蔵内閣文庫）、『高田市史』『上越市史』『飯山市誌』『長沢郷土史』などを基に作成。

【表】古屋隊の動向と高田藩・飯山藩の対応

■史料1

四月廿一日

一、今早朝ヨリ藩士一同被召出、両殿様御出座ニ而被仰出候者、此度侵入之歩兵共之隊長古屋ヨリ申立之趣斯々之次第ニ候得共、信用難相成、右者江戸表ニ而慶喜公之御沙汰ニモ朝廷へ抗シ候儀必有之間敷、勤王尽力可致旨呉々御説達モ有之候儀之処、古屋申立之趣ニ而者右之御趣意ニ反シ、全ク自己之策略ヲ以テ諸藩ヲ誘導候筋ニ付、右へ合体候様之儀有之候而ハ、朝敵遁レ難ク、且慶喜公之御趣意ニモ不相叶次第ニ付、彼へ合体之儀者断然相断候外無之、左候ハバ彼是侭ニ者引取間敷、戦争ニ及ヒ可申者必然、然ル時ハ小藩微力ニ而対戦無覚束、且城下ニオイテ戦争ニ相成候而者衆人之難儀ニモ相成候事故、彼ヲ城下外へ移シテ戦争ニ相成候へハ至極上策ニ候得共、是以如何難計、兼而近領之諸藩へ援兵之儀申談置候事故、早々報知ニ及ヒ援兵ヲ待テ打払候様可致歟、但シハ勝敗ヲ不論直様打払候方歟、一大事之儀ニ付銘々心底存分ニ申立候様御直達被遊候

一、右ニ付藩士銘々所存申上候処、援兵ヲ待テ打払候方之見込多分ニ付、右ニ御決議ニ相成、援兵到着迄ハ一時之権道ヲ以彼へ合体

之振ニ致シ置候様被仰出候（中略）

一、高田藩ヨリ御使者罷越、歩兵共荒井宿ニ屯集致シ居候筈之約定ニ有之候処、無沙汰ニ御当地へ罷越御迷惑ニ相成候段、御接境之御好意無之筋ニ相当、式部大輔様深ク御不本意ニ思召候段申述候旨、応接ニ罷出候大久保七郎兵衛申聞候

飯山藩は、信州鎮撫のために通行するという古屋隊の主張を「信用難相成」とし、「自己之策略」を以って諸藩を誘導する古屋隊と「合体」すれば「朝敵遁レ難ク、且慶喜公之御趣意ニモ不相叶」と、藩としては古屋隊との合流を断固拒否したいと考える。しかし、古屋隊との戦争になれば「小藩微力」のため「対戦」も覚束ず、且つ城下での戦闘は「衆人の難儀」になるとし、「一大事之儀」について藩士の意見を集めた。その結果、「援兵」が到着するまでは「一時之権道」にて「合体之振」をし、「援兵」を待って打ち払うことを決議している。なお同日、高田藩から使者があり、古屋隊の突然の行動とその対応について「御接境之御好意無之筋ニ相当」と、高田藩にとってもこの事態が「不本意」であったことが伝えられていた。

四月二五日、ついに飯山城下を舞台に古屋隊と新政府軍の戦闘がはじまる。飯山藩は当初古屋隊とともに戦うが、機をみて新政府軍の本陣に談判を行い、新政府軍へ合流していく。この戦闘は飯山戦争とよばれ、「信州唯一の戊辰戦争」であり、信州諸藩が北越戊辰戦争に参戦する契機となった(11)。なお、飯山城下の戦禍は、侍屋敷四四軒、町屋・寺院九九〇棟の焼失であった(12)。

2　高田藩の対応―藩是「哀訴諫諍」の動揺

飯山戦争後、藩境を固めていた高田藩も、敗走する古屋隊を追って新政府軍が信越国境に迫るなか、苦渋の決断を

下すこととなる。鳥羽・伏見の戦い後、高田藩は朝廷に徳川家の存続を願う「哀訴」、徳川慶喜に朝廷へ謝罪するよう諫める「諫諍」という藩是「哀訴諫諍」に基づく周旋運動を展開していた。「徳川四天王」に数えられ、譜代名門を自負する榊原家にとっては、この周旋運動を貫徹することが「三百年来之御洪恩」に報いる道であった[13]。そして、その周旋運動は、実は飯山戦争勃発の直前の四月二一日に一応の成果をあげていた。しかし、その成果（太政官が「哀訴書」「再哀訴書」を受理したこと）は飯山戦争勃発時点で高田には伝わっていなかった[14]。四月二六日、藩士の二三男・隠居の者を含めた惣登城の上で、高田藩は次のような方針を示した[15]。

■史料2

一、四月廿六日惣登城之上御意振

歩兵頭古屋佐久左衛門始役々兵隊共領内通行為致候儀ニ付而者、此程我等存意之趣申聞置候処、昨日飯山表へ立越直ニ戦争ニ及、猶又新井駅江逃来候旨、右者説諭談判いたし被仰出も有之候得共不取用、是非通行致度旨申聞、則佐久左衛門外四人ヨリ證書も取置候事ニ候、然処甚不都合之次第柄ニ相成、右様乱妨之徒此侭領内ニ留置候者、兼々徳川家ヨリ再三應御達、且勅使ヨリ御達之儀も有之候処、実に天朝、徳川家江対し可奉謝様も無之、奉懇願置候哀訴之道も絶果候者申迄も無之、差向信州他諸藩ヨリ罪ヲ問れ候而も可申訳様無之、当家之断滅今日ニ極リ詰候処、真之朝敵ニ陥リ千載之下まて汚名ヲ蒙リ天地之間ニ容候処無之事ニ可相成ニ悲憤之到リ候、就而者右之者共徳川家江忠節之実情ヨリ発候共、実ニ軽挙妄動乱暴之所行いたし、御宗社之為深々差障候哉ニ有之、且当家を屡欺キ立場ヲ失はせ断滅ニも為到候者共ニ而、決而其侭難捨置候間、是迄之次第詰問之上見込之通所置相成候得者格別、左も無之候ハヽ、断然打取可申と存候間、家中之面々覚悟可致、尤我等ニも沙汰次第速ニ出馬可致候、右之趣、登城之上可承誦処、右件々ニ付鉄砲、玉薬入胴乱等御家中諸々江相渡候ニ付登城仕兼候旨、友左

衛門ヲ以御当番甚兵衛殿江申聞候処、御承知ニ付登城不仕候、江坂弥蔵ヨリ御達之趣持参致呉候事、尤惣登城之儀者、二三男隠居共出仕候事

高田藩が示した「御意振」では、古屋隊のような「乱妨之徒」をこのまま領内に留め置いては、「天朝、徳川家江対し可奉謝様も無之」「哀訴之道も絶果候」と、藩是「哀訴諫諍」が大きく動揺している様相が示される。そして、信州諸藩から罪を問われても弁明もたたず、「当家之断滅今日ニ極リ詰候」「真之朝敵ニ陥リ千載之下まで汚名を蒙リ」「悲憤之至リ」と、古屋隊への対応が藩の存亡に関わる深刻な情況であると強く認識していた。古屋隊に対しては「当家を屢欺キ立場ヲ失はせ断滅ニも為到候者共」で、そのまま捨て置き難として、古屋隊の返答次第では「断然打取」ことを「家中之面々覚悟可致」と結んでいる。同日、結果的に、藩是が大きく動揺する中、高田藩は川浦（旧幕領代官所）において古屋隊と交戦した。この戦闘は川浦戦争といわれ、激戦の北越戊辰戦争の緒戦であった[16]。

こうした高田藩の動向を、高田藩領へ侵入した新政府軍は次のように見ていた[17]。高田藩の古屋隊への対応ついては、「松代、尾藩等何レモ切歯」、「賊徒敗走後、官軍進入ニ付、彼藩恐怖之体」となり、俄かに「川浦ト申処へ、兵ヲ向ケ候次第、其情実甚疑敷」と認識しており、新政府側の高田藩への「不審」もピークに達した様相がうかがえる。高田藩は、川浦戦争翌日の四月二七日から閏四月一三日まで新井において新政府軍との談判に及び、弁明に努めている（新井談判）。その後、高田藩は新政府軍の先鋒として、長岡城攻略戦をはじめ激戦の北越戊辰戦争を転戦した。高田藩は藩兵七六〇人を四隊に編成したが、各隊の戦闘回数合計七二回、戦死者五九人、負傷者九六人であった[18]。

「浪人騒ぎ」をめぐって、高田藩と飯山藩は藩の存亡に関わる軍事的緊張に直面した。戦時体制に移行した両藩は、「藩境」を防衛するが、こうした動向は信越国境の「境」を双方から明確化していくものとして捉えられる。高田藩

は、藩境に迫る新政府軍と対峙した際、家名存続の危機を脱し、「真之朝敵」になることを回避するため、古屋隊に対する軍事行動を取り、新政府軍へ合流していくのである。飯山藩も同様に、「朝敵」回避という論理で新政府軍への合流を選択したのである。(19)

3　「浪人騒ぎ」後における「境」の意識

ここでは、「浪人騒ぎ」後における「藩」の「境」意識について検討したい。飯山戦争後、高田藩領新井へ進駐した飯山藩士の記録を紹介する。(20)

■史料3

明治元年四月二十九日此日を以て我飯山藩先鋒尾州松代及信州各藩は賊徒追討として越後新井駅へ繰込んだ。是則北越戦争の発端である。扨私等各藩の兵は新井駅に滞営する事旬余であった。夫れは高田藩の去就不明の為めであった。（中略）此時飯山藩の士の三分の二以上は皆高田藩に縁故を有して居た。故に其徒弟、又従弟、甥、姪、と探糺したならば、絶て縁故の無い者は皆無と云ふも過言で無い位の親密の関係であった。従って従軍者中には、同藩と親子兄弟の血縁者も少なくなかったのである。自然の人情として僅二里を隔つる新井駅に滞在であるから能々訪問しても藩の厳命があった為め表面公然会見する事は出来なかったとの事である。之を以て見ても高田の藩の官軍に対し敵愾心のあった事は明瞭では無いか。

史料三は、新井談判中の様相を飯山藩士の視点で記したものである。これによると、戊辰戦争期（幕末）には実に飯山藩士の三分の二が高田藩と縁故があり、従弟や又従弟・甥や姪まで拡げれば縁のない者が「皆無」であるほどに、高田藩と飯山藩は親密な関係であったという。こうした「親子兄弟の血縁者も少なくなかった」という両藩の関係性は本大会テーマの視点で捉えれば「間」そのものを現しているといえる。しかし、「高田の藩の官軍に対し敵愾心」による厳命によって両藩士は公然会うことは出来なかったのである。ここでは、戊辰戦争という戦時において、高田藩士と飯山藩士の間にそれぞれが帰属する「藩」の「境」意識が生じていること、その様相は平時において形成された両藩のつながり（「自然の人情」）をも隔て断ち切ろうとする「境」として現れていることを指摘しておきたい。

高田藩側の「敵愾心」の一つとしては、高田藩で唄われた「おもしろぶし」があげられる。[21]高田で唄われた「おもしろぶし」は、「壱つとせとせ　人の心もしらずして　一度におし来る信州方、弐つとせ　深い金子も用意無く　六文銭ニテ長逗留、三ツ　みんな壱度に押バとて　てこでも動かぬ源氏車」とあり、高田のおもしろぶしは信州諸藩、とりわけ松代藩を風刺したものであった。これは、飯山戦争後に高田藩領へ進駐した松代藩への視点が根底にあると思われる。

一方、松代藩側でも高田藩を風刺する「ちょぼくれ」が唄われていた。[22]松代で唄われた「当世ちょぼくれ」は「井伊や高田は先にも懲りぬか、砲術どうした戦地に臨んで青菜に塩では困ったものだよ。先祖の武功も水の泡だよ。錆びたる刀や弱弓ばかりじゃ。いけない世の中、主家の大変、何とおもふぞ。言語道断。腰抜武士だよ。こいつも矢張高をかへして逃げたがよかろふ。」というもので、高田藩の長州戦争での敗走から戊辰戦争に至るまでの様子を風刺している。この唄には、新政府軍側の古屋隊への対応をめぐる高田藩への不審の眼が根底にあると思われる。

こうした高田藩の「おもしろぶし」、松本藩の「ちょぼくれ」は、それぞれ高田藩・松代藩という「藩」の帰属意識を表現している。「浪人騒ぎ」は、藩の「境」を顕在化させるだけでなく、国境を挟んだそれぞれ帰属する「藩」の「境」意識をも生じさせたと捉えられるのである。

二　「浪人騒ぎ」をめぐる緊張と対応――信越国境地域の場合――

二章では、「浪人騒ぎ」をめぐり信越国境地域がどのような様相を見せるか、古屋隊の進路であった北国街道と飯山街道の事例をそれぞれ検討したい。なお、時間軸をもう一度古屋隊が高田領内に侵入する直前に戻したい。

1　北国街道筋の国境村々の対応

北国街道筋に、「歩兵組先触到来」したのは四月一七日のことであった。古屋隊は、越後柏崎から高田領内を通行し、信州松本まで北国街道を進軍することを先触した。先触では、四月二〇日の新井泊りや「人馬共ニ御客賃銭相払通行之趣」なども伝えている。北国街道筋では、先触を受けて、古屋隊の通行への備えを進めていく(23)。

北国街道筋の二俣村庄屋畑山新右衛門の記録では、「十九日八ツ時頃新井宿泊リ之趣、信州柏原之者見届罷帰候ニ付、関川上原ニテ市右衛門、田切長左衛門、二俣新右衛門様子柄見届ニ罷下リ、関山二本木江立寄、人馬継立方談示」と、信州柏原宿の者が国境を越えて古屋隊の動向を確認していること、関山二本木において田切村長左衛門、二俣村新右衛門らが人馬継立について相談していることが分かる。さらに、高田藩から領奉行柴田一郎兵衛と手代が新井へ出張し、二俣村新右衛門らが新井に「御伺」として参集していた。加えて古屋隊が「明朝出立相成候ハバ新右衛門ニ信州松本迄参呉候様御手代藤田様ヨリ被仰付油物ニ一同控居候」と、古屋隊の動向を信州松本まで伝達する事が準備されていた。しかし、古屋隊が進路を飯山街道へと急変させたことで、事態は大きくなっていく。

翌四月二〇日、改めて領奉行柴田一郎兵衛が二俣村新右衛門を呼び出した。柴田からは、一九日に松代藩士と面会し、「歩兵組様子柄」や「三四日程新井宿ニ逗留之趣」など伝えていたが、古屋隊が「今朝俄ニ出立」したため、「昨夜ヨリ之様子柄」を松代藩へ伝えるよう命じられる。新右衛門は「歩兵組飛脚かんじや等見張」る新井を出立し、信州牟礼宿まで急行した。折しも牟礼宿まで松代藩郡奉行草間一郎が出張しており面談に及んでいる。

面談の様子については、「昨日順々領奉行柴田一郎兵衛江右両人様御面会之上歩兵組様子柄御聞被成候ニ付、暫ク新井宿ニ逗留之由御談示有之候処、今朝俄ニ出立飯山表迄罷越候ニ付、右御話違ニ相成候ニ付、其段申上候様ト申付罷越候趣、尚又昨夜ヨリ次第柄申候」と、先触していた北国街道ではなく、突如進路を飯山街道へと変更した古屋隊の動向を伝えた二俣村新右衛門に対して、草間から「遠方御太儀宜敷御念入之話難有趣」「御返書差上可申義候得共、何分取込故其義ニ不触何れニも宜敷申上呉候様有之」と返答がなされている。

ここでは、飯山戦争以前の様相であることに留意しながらも、北国街道筋では古屋隊の通行に備えて、街道筋の村々が事前に「人馬継立方」を相談しながら対応を協議していること、さらには高田藩士と松代藩士との間でも古屋隊についての情報を共有し対応を模索している様子を看取できる。

しかし、古屋隊が突如として襲来した飯山街道筋ではその対応に混乱を極めることとなる。

2　長沢村の緊張と対応―飯山街道村々の場合

混乱を極めた飯山街道の事例として、信越国境の長沢村を取り上げる[24]。長沢村は、飯山街道における物資中継地（新井～長沢～飯山）であり、国境に位置するために元和年間には口留番所が設置されていた[25]。古屋隊の到来から飯山戦争までの長沢村の様相について、「長沢番所の記録」から検討したい[26]。

■史料4

四月二十日朝四つ時、新井宿より口上にて、先触と申人足参り候。浪人共凡六百八人程、新井宿繰出し、追々長沢宿へ相掛り候につき、村役人共打寄、夫々人足等の用意いたし、それより早々人足を以て、飯山御城下へ先触として、人足遣し候へば、本多豊後守様御内、御代官坂本雄兵衛様、黒田佐一右衛門様、右御両人、当宿へ御出張にて、先方浪人頭取と相見え候人、前田兵衛、村世建之助へ引合に相成、引合相済候後、右人数、当宿繰出し候。其節、男は十五才より、六十才まで不残罷出、早駕籠、荷物等の継立いたし、其上、信州富倉村より、隣村慈愛を以て百人余、中條村より五十人程遣し下され候へども、其余は、猿橋村より人足買上継立申候。それより御支配様へ御届に、村役人罷越候。其節、御本場より御見廻として、星田十右衛門様、外御一人御出張に御座候。其後、為見権平様、加藤信治郎様、御出張にて、当宿六兵衛方に、右四人御泊り、其後二十一日四つ時、小竹金兵衛様、小竹龍吉様、藤井兵衛様、御出役被下候。同刻惣代七郎兵衛様、御出被下候。其晩刻小竹龍吉様、御帰に相成候につき、御両人様、急変相済候迄、御止宿相成候。

二十四日朝、中軍隊六十人余、第一番組三十人余、両人数九十人余、四つ半時頃、当宿着にて、昼認め有之、夫より飯山表迄、被登候につき、馬十疋宿駕籠十五挺、持籠三十荷計り、其外早追駕籠、諸荷物人足凡二百人余、継立致候へ共、少しも、御払無之候。

同二十五日朝、新井宿より歩兵隊出立の総人数、三百人余繰出し、是も当宿にて、昼認め有之、直様飯山表迄立越に相成候に付、当宿人足、十五才より六十才迄、男狩にて不残罷出、外に上平丸村より助郷人足八十人、土村より三十六人、樽本村より七十人、右助郷人足不残、早追駕籠、馬、宿駕籠、持籠、其外諸荷物等、継送候處、信州飯山表にて朝五つ時頃より、双方打合に相成居候につき、右人足共その場より当宿迄、荷物持戻候、其節当宿にて、夕飯認め有之候。又々其夜直様、新井宿迄、右人足にて継送候へ共、人足賃並賄料共、少しも御払無之候。

四月二〇日、長沢村に新井宿から「浪人共凡六百八人程、新井宿繰出し、追々長沢宿へ相掛り候」ことが伝えられる。長沢村は、「村役人共打寄、夫々人足等の用意」をはじめると同時に、飯山城下に向けて先触を出している。これを受けて、飯山藩の坂本雄兵衛と黒田佐一右衛門が長沢まで出張し「浪人頭取」と面会に臨んだようである。しかし先述した通り、古屋隊は飯山城下へ進軍したのである。

長沢村では、古屋隊の通行に際して「男は十五才より六十才まで不残罷出、早駕籠、荷物等の継立いたし、其上、信州富倉村より、隣村慈愛を以て百人余、中條村より五〇人程遣し下され候へども、其余は、猿橋村より人足買上継立申候」と、進軍する古屋隊の早駕籠や荷物等の継立に「男は十五才から六十才まで」残らず動員された。こうした混乱する長沢村の状況に対して、信州富倉村（一〇〇人余）や中条村（五〇人程）から「隣村慈愛」をもって応援が遣わされている。もっとも、長沢村はその他不足の人足は猿橋村から「人足買上」にて対応していることも伺える。

四月二四日および翌二五日も飯山まで進軍する古屋隊への応援が続いている。二五日の記録では、長沢村の一五才～六〇才まで「男狩」にて残らず動員され、その外に近隣村々からの助郷人足（上平丸村（高田藩預地）は八〇人、土路村は三六人、樽本村は七〇人、計一八六人）で継立を行ったことも分かる。同日、飯山戦争が勃発すると、飯山から再び長沢へ「荷物持戻」し、敗走する古屋隊に従い新井宿まで継送している。なお、混乱する状況のなか「人足賃並賄料共」に支払いはなかったようである。

こうした長沢村の様子については、「明治元年四月十八日の晩、浪人六百人程下越後より来り、今町に泊まり高田藩へ談判す、十九日新井泊。二十日午前八時発長沢中食にて信州飯山へ行く。一部は二十一日昼頃より新井へ帰る。二十一日二日長沢は助郷人足を近村に頼む」と、一村総出の対応をしていた長沢村が近村との連携によって事態を乗り越えようとした様子が他村へも伝えられている(27)。

以上のような長沢村の古屋隊への対応においては、信越国境を越えて「隣村慈愛」のもと駆け付けた富倉村との関係が注目される。[28] 国境を挟んで「隣村」である長沢村と富倉村には、どちらも口留番所が置かれていた。新井から飯山までの街道（新井～猿橋～長沢～富倉～富倉峠～飯山）は、越後では飯山街道、信濃では富倉街道（別名で高田道）と呼ばれ、富倉峠を挟んで越後寄りの地勢であった富倉と長沢の間では幕末時に人馬継立が行われていた。安政四（一八五七）年の富倉村周辺峠道の敷石寄付の一件では、飯山藩内だけでなく、越後側の今町・高田・新井からも寄付が集まり、長沢村庄屋六兵衛の名も確認できる。飯山街道は、信越国境をつなぐ重要な交通・商品流通路であったのである。また、『長沢郷土史』では享保一八年に信州水内郡南条村から国境を越えて長沢村へ養子縁組している事例が確認できる。[29] さらに富倉の方言については、長沢方言と飯山方言の「中間的方言」であり、「富倉が飯山市に属しているとはいうものの新井市長沢に徒歩で三十分という距離にあり、両者は互いに密接な関係にあることからも容易に分かる。」と密接な関係性が強調される。[30] 加えて、長沢の秋祭りで奉納される「花灯籠」は富倉から伝わったとされ、富倉で使用される「ツグラ」という養育用具（かご）の名称も越後～北陸と共通するものであることも明らかにされている。[31] このように長沢と富倉には、交通・婚姻・ことば・祭礼の行事・慣習などの共通点がある。両村には、信越国境という「境」を挟みながらも、時代を超えながら形成された連綿としたつながり（「間」）が存在していたのである。[32]

このような「隣村慈愛」に象徴される長沢村と富倉村の「境」を越えた連携は、信越国境を挟む高田藩と飯山藩が「浪人騒ぎ」をめぐり「境」（領境）を明確にするなかでも断ち切ることのできなかった「間」の一糸として捉えることができるのではないだろうか。

3　「浪人騒ぎ」のその後

最後に、「浪人騒ぎ」のその後の信越国境地域の様相について触れたい。閏四月二四日、口留番所について「此節形勢ニ付一ト際厳重取締いたし可申」と番所の守り方を厳重化するために四ヶ条の達が出されている。[33]

■史料5

其村々口留番所之儀、此節之形勢ニ付一ト際厳重取締いたし可申、守り方左之通り申達候
一、口留番所関門之儀、汚損し候処者乱妨通行難成様、丈夫ニ取繕、左右柵之儀も竹木或者柴垣ニ而も丈夫ニ結廻し、猥之通行不相成様、厳重取締を付可相守事
一、番所守方之儀者昼夜番人差出置、通行之者ハ名前等承り糺、怪敷もの者差押置早々可訴出候、万一信州路ヨリ兵隊引纏、又ハ怪敷もの数人通行いたし候様之儀有之候ハヽ、急速可申出、尤日々先々之風聞等聞糺し、又者国境へ常々見張之もの差出、怪敷儀有之歟、如何之風聞等於相聞者、急速可申出事
一、口留番所之儀者国境故、此節柄他国之形勢も不相分出番、御上も一ト際御世話も有之、就而者為取締、役人、番人等追々御差出有之候条、其旨相心得無差支様取計可申事
一、口留番所有之村々者、国内何方之村々ヨリ信州何郡何村ニ（衍カ）之通路有之、乃至飯山江何里、何村へ何里何丁程与申儀、山道之嶮難等麁絵図ニ認メ可差出、追々取調之上、見分取締方可申渡旨、早々委細書付絵図面可差出候事
附り、村方ニ而ハ竹鑓等用意いたし、異変有之節者貝鐘等近村々与申合致合図呼集め乱妨之通行を差押置、急速注進可申出事
前書之通り、上ノ郷口留番所有之村々へ申渡候条、松ノ山郷之内口留番所有之村々も、同様相心得、此節之形勢を弁、厳重守り方可致、此廻状早々順達留村ヨリ可相返候、已上
辰閏四月廿四日　　高田御預所役所

大島村
牛ヶ鼻村

須川村
右村々役人

史料5の主な内容をまとめると以下の通りである。

① 口留番所関門について、汚損している所を修繕し、左右柵も竹木や柴垣で「丈夫ニ結廻」し、「猥之通行不相成様、厳重取締」を守るべきこと。

② 番所守方について、昼夜番人を置き、通行する者の名前を糺し、怪しい者は差押え「早々可訴出」こと。信州路よりの軍隊や怪しい者「数人通行」の時は速やかに申し出ること。日々の風聞を聞き糺し、国境へ常々見張りの者を差し出し警戒すること。

③ 口留番所は国境ゆえ、取り締まりのために役人や番人を「追々御差出有之候条、其旨相心得」るべきこと。

④ 口留番所が置かれている村々については、越後から信州への通路があるか、飯山までは何里の距離かなど山道の険難について「麁絵図」に認め提出すること。さらに、「村方ニ而ハ竹鑓等用意いたし、異変有之節者貝鐘等」近隣村々と合図など申し合わせ「乱妨之通行」を差し押さえること。

このように、「浪人騒ぎ」後に信越国境の口留番所は取り締まりを厳重化していくが、このことは北越戊辰戦争の緊張が国境全体へと拡がっていく様相を明示している。(34)

むすびにかえて

本稿では、信越国境の戊辰戦争について「浪人騒ぎ」をめぐる緊張と対応を素材に検討し、戦時における信越国境の様相を考察した。本稿では、信越国境を挟む「藩」・「地域」の動向を中心に論じてきたが、論点をまとめると以下の通りである。

1　「浪人騒ぎ」をめぐる「藩」の動向について

信越国境を挟む高田藩と飯山藩を事例に検討した。「浪人騒ぎ」をめぐって、高田藩と飯山藩は藩の存亡に関わる軍事的な緊張に直面し、結果的に古屋隊への対応如何が両藩の去就に大きな影響を与えた。高田藩は信越国境に迫る新政府軍との対決ではなく、家名存続の危機を脱し、「真之朝敵」となることを回避するため、合流の道を選択したのである。同じく、飯山藩が新政府軍へ合流する際の論理も「朝敵」回避であった。このような新政府軍と対峙した際の両藩に共通する行動論理は、戊辰戦争期の譜代藩の共通事例として捉えることができるのではないだろうか。「浪人騒ぎ」をめぐって、高田藩・飯山藩はそれぞれ「領境」の防衛を強め、「境」（藩境）を明確にする。戊辰戦争という戦時であるがゆえに「境」が強く顕在化していくが、その「境」は平時における高田藩と飯山藩の関係・つながり（「間」）を断ち切ろうとするものであったのである（「御接境之御好意無之」状況へ）。あわせて「浪人騒ぎ」後のそれぞれが帰属する「藩」という「境」の意識が現れる様相を紹介した。

2　「浪人騒ぎ」をめぐる信越国境地域村々の動向について

信越国境地域の村々は、「浪人騒ぎ」に驚愕し、恐慌する。国境地域は未曾有の緊張状態のなかで、人足の動員や物資の供出など様々な応接に大きな負担を強いられた。北国街道筋では、飯山戦争以前の様相ではあるものの、地域において「人馬継立方」を事前に相談しながら対応する姿を確認でき、信越国境を越えて情報が共有化される動きも看取できた。一方、飯山街道の長沢村は、「浪人騒ぎ」に一村総出の対応を行い、さらには「近村」への「頼み」によって乗り切ろうとする。こうした非常時に際して、信越国境を挟んだ「隣村」の長沢村と富倉村は、国境（「領境」）

を越えて連携する動きを見せる。両村のつながりは「隣村慈愛」という文言に象徴されるが、こうした連携は戦時という非常時に立ち現れる、地域秩序を維持し守ろうとする一例として捉えられる。「浪人騒ぎ」後、信越国境に置かれた口留番所の取締りが厳重化され、北越戊辰戦争の緊張は国境全体へと拡がっていくのである。

以上のような信越国境の戊辰戦争の様相からは、戦時における信越国境において、「藩」の動向からは「境」、「国境地域村々」の動向からは「間」のあり様が浮かび上がってくる。

註

（1）戊辰戦争に関する研究史については、久住真也「戊辰戦争論」（鳥海靖・松尾正人・小風秀雄編『日本近現代史研究事典』東京堂出版、一九九九年）、松尾正人「『戊辰戦争』と原口史学」（原口清著作集編集委員会編『原口清著作集三 戊辰戦争論の展開』岩田書院、二〇〇八年）、宮間純一『戊辰内乱期の社会—佐幕と勤王のあいだ—』（思文閣出版、二〇一五年）などを参照。近年は、草莽隊、戦没者慰霊・顕彰問題、薩長両藩内で敗者となった政治勢力、「朝敵」藩や佐幕派・中立派諸藩の動向に関する研究、さらに軍事史的研究や史料学的研究が進展している。本稿では譜代藩の動向を検討するが、近年の成果として宮間純一「慶応四年堀田政倫の上京—藩士の日記を素材に—」（『佐倉市史研究』第二五号、二〇一〇年、後に前掲同『戊辰内乱期の社会』所収）がある。

（2）桃井徳文『長沢郷土史』（一九一四年）一一六～一一七頁。『長沢郷土史』は、桃井徳文が記した本文と史料（長沢口留番所の記録など多数翻刻）が引用された体裁である。長沢村の古文書は、現在も長沢区長文書として伝来するが、『長沢郷土史』で引用されている長沢番所日記などは管見の限り現存しない。なお、桃井徳文は、明治七（一八七四）年に長沢村の光照寺に生まれた。二五歳で東頸城郡国川小学校校長、明治三六年からは長沢小学校校長となる。昭和一五（一九四〇）年に六六歳で没するまで、『長沢郷土史』や双葉図書館創設などに尽力し、生涯のほとんどを郷土の教育に捧げた人物である（「桃井徳文先生之碑」〔妙高市長沢の旧長沢小学校内顕彰碑〕参照）。

（3）前掲『長沢郷土史』だけでなく、信越国境地域における各自治体史でも、古屋隊による一連の軍事行動とその後の飯山戦争などについて、『新井市史 上巻』（一九七三年）では「浪人騒ぎ」、『飯山町誌』（一九五五年）・『木島村史』（一九七二年）などでは「浪人の役」として項が立てられている。

（4）戊辰戦争と地域との関係については、慶応四年四月以降の新政府軍による人員の徴発が、①人足（物資や人員の輸送）、②夫人（戦場に同行し物資や武器弾薬の輸送）に分けられること、徴発の形態が割当・くじ引き・志願によるものであったこと、会計の仕組みが①新政府軍会計方から藩へまとめて支払い、町会所が各々へ支払う、②印鑑札によるつけ払い、③「直払い」、などであったことが明らかにされている（小林あつ子「戊辰戦争における人員の徴発―越後国頸城郡直江津今町の事例から―」『上越市史研究』第八号、二〇〇二年）。本稿の関心は、新政府軍によるシステム化された徴発についてではなく、それ以前に襲来した古屋隊への対応を検討することである。

（5）古屋隊は、上州梁田で新政府軍と交戦・敗走後、会津を経由して越後入りした部隊で、衝鋒隊ともいう。古屋隊は越後における旧幕府勢力のなかでも「最大のもの」であり、高田領内へ侵入する前には、新発田藩から一〇〇〇両を献納させ、与板藩では城を明け渡すか、一〇万両を差し出すかを強談し、結局一万両（七〇〇〇両とも）と兵糧米五〇〇俵を奪取していた（『新潟県史』通史編六　近代一、一九八七年。三一・三二頁参照）。

（6）「古屋隊通行之事」（上越市立高田図書館所蔵榊原文書「高田藩維新処置大要」）。その他、古屋隊の動向と高田藩の対応については『高田市史』（第一巻、一九五八年）・『上越市史』（通史編四　近世二、二〇〇四年）を参照。

（7）なぜ、古屋隊は進路を急に変えたのだろうか。古屋隊も新井で人の出入りや飛脚（情報）などを監視しており、北国街道筋を固める東山道新政府軍の動向を察知したものと考えられる。

（8）「飯山藩記別録」（国立公文書館所蔵「内閣文庫」）、『長野県史』（近代史料編　第一巻 維新、一九八〇年、二二四頁）。

（9）「慶応四年辰四月廿日より浪人頭分」（飯山市ふるさと館所蔵阿部家文書）。

（10）前掲「飯山藩記別録」。

（11）『飯山市誌』（歴史編（下）、一九九五年）六～九頁。

（12）前掲『飯山市誌』。

(13)「明治戊辰之役記録」（上越市立高田図書館所蔵榊原文書）。「哀訴諫諍」は側用人川上直本の腹案で、儒者の東條琴台が起草した。一月二七日、藩主榊原政敬の立ち会いの下、「哀訴諫諍」が決議多数で藩是となった。

(14)二月八日には、徳川慶喜へ「諫諍書」が上申され、「諫書ノ趣尤至極、流石之家柄」と称されている。太政官への周旋は難航するが、ようやく四月二三日に「哀訴書」・「再哀訴書」ともに受理された（前掲「高田藩維新処置大要」）。高田藩は、「徳川四天王」の家柄であり、越後の幕領管理を「朝敵」の会津・桑名両藩とともに命じられていたことで、「不審」藩筆頭にあげられていた（前掲『高田市史』）。

(15)前掲「明治戊辰之役記録」。

(16)前掲『高田市史』『上越市史』。

(17)「復古外記・北陸道戦記　五」慶応四年閏四月五日（『復古記』第一一冊、八六八・八六九頁）。

(18)前掲『高田市史』五〇三頁。

(19)両藩とも苦悩と葛藤の中で政治的決断を下していくが、「朝敵」を回避し、自藩を存続させるためには新政府軍への合流しか道は残されていなかったのである。このような両藩の動向を評価するにあたっては、「官軍」の正当性と旧幕府抗戦論の限界を論じた、前掲註（1）宮間純一『戊辰内乱期の社会』の成果から多くを学んでいる。

(20)「飯島貴翁著　近世史談　醉生夢死　抄録」（『補遺下水内郡誌』下水内郡教育会編集発行、一九二五年）。飯島貴は、飯山藩士で北越戊辰戦争に従軍し、後に飯山町長を歴任した。「醉生夢死」は全編一九六章からなる自叙伝で、『補遺下水内郡誌』はそれを抄録している。

(21)前掲『高田市史』四九六・四九七頁。

(22)前掲『高田市史』四九七頁。

(23)「慶応四辰年四月中歩兵組今町表江差船新井宿逗留飯山表江罷越戦争ヨリ下越後江逃去諸大名様ヨリ追討御人数操込御勅使再下向長岡落城夫ヨリ追々下越後において御戦争中諸事風聞留書、但聞書ニ付前後有之候同十月中御引陣ニテ諸藩御泊諸事控　二俣村庄屋　畑山新右衛門」（『名香山村史』一九五六年、六六二〜六六四頁）。以下、本節に関してはこの史料による。

(24)先述したように、長沢村には村民を驚愕させた一大騒擾として「浪人騒ぎ」の記憶が伝えられる（前掲『長沢郷土史』）。

(25)長沢村は、はじめ高田藩領で、天和元年から幕領、幕末には高田藩預地であった。村高は「正保国絵図」一四二石余、「天和高帳」一二五石余、「天保郷帳」一三三石余（『旧高旧領取調帳』）。村の人口は、天保四年は九八七人（男四七四人、女五一三人)、明治二年は一〇一一人(男四九二人、女五一九人)であった(前掲『長沢郷土史』)。
(26)「長沢番所の記録」(前掲『長沢郷土史』、一二〇・一二一頁)。現在伝来する長沢区長文書には、長沢番所の日記などは含まれていないため、ここでは長文となるが史料を引用する。
(27)「浪人騒ぎ」(『いたくら郷土史』資料編 下巻、一九八八年、一六七頁)。
(28)『飯山市誌』(歴史編(上)、一九九三年)参照。
(29)前掲『長沢郷土史』三六頁。
(30)長野県史刊行会編『長野県飯山市富倉民俗誌稿』(一九七七年、六五頁)。
(31)廣田芳宏『信越県境地における地域帰属意識の形成に関する研究』(上越教育大学大学院修士論文、一九九四年)。
(32)本大会テーマの「趣意書」参照(本書七頁「刊行にあたって」に掲載)。
(33)「廻状による申達」(上越市村松家文書「慶応四年閏四月御用留壱番　大嶋村庄屋助左衛門」)。本史料については高橋英夫氏のご教示による。
(34)戊辰戦争に巻き込まれる地域の様相について、「志里やう口説」(『頸城村史』資料編下巻、一九八八年)に「閏の月の中ばの頃よ、越の高田を足溜りとて、陸よ船よと官軍様ハ、引も切らずに御下向で御座る、城下寺町やみちみち満る」「夫に続て頸城の口説、春の内より御勅使騒ぎ、(中略)御勅ハすミて、ほつと一息いたすや否哉、歩兵騒ぎで又胆崩す、夫が片付や官軍様ハ、陸よ船よとひまなく御下向、夫につけても夫人や助郷山のごとく当付られる、十日、廿日ハがまんもすれど、最早騒ぎも十つきに余る、あたり近所や組合迄も、病気其外、救も出来ぬ(後略)」と、「歩兵騒ぎ」とその後の新政府軍の到来に緊張し、大きな負担を強いられた様子が記されている。また、戊辰戦争に徴発された夫人の陣中通信(北国街道筋の二俣村村民)には、「度々合戦ニくり出され誠に神仏の御法弁にて命をひろい」との心情が吐露されており興味深い(前掲『名香山村史』六七三頁)。

明治期長野県の合併・分県・移庁論――交通インフラ整備と地域内対立――

宮澤　崇士

はじめに

1　先行研究と事実経過の確認

これまで、長野県の分県・移庁論とそれに伴う種々の運動をめぐっては、明治二四（一八九一）年二月にいわゆる「長野県分県請願書」が提出されるまでの、明治一桁年代からの経過を詳述した青柳直良[1]や、一八九〇年前後の民権運動との関連を論じた上条宏之[2]等による論考が知られている。

また、これら先学をもとに『長野県史』[3]・『塩尻市誌』[4]・『松本市史』[5]をはじめとする県内の各自治体史でも分県・移庁論と運動の変遷は取り上げられてきた。

加えて、当該期において新潟県の頸城地方を長野県に合併させようとする案も存在した、という事実は前出上条論文で指摘されており、この点を拡げた新井雄太の論考[6]も見落とすことは出来ないと思われる。

以上のように先行研究をふまえ、ここでは長野県の合併・分県・移庁に関する詳細な事実経過の確認は避け、本稿で取り上げる範囲の経過のみ、前出の論考・文献をもとに簡単に触れておきたい。

県庁焼失により明治九年長野県に合併された筑摩県の再置を訴える「分県論」や、長野が県庁所在地としては北に偏在しているため県庁を上田や松本へ移転すべきとする「移庁論」は、明治一三・一四年頃から活発に論じられるようになった。経緯は後述するが、混乱の内に移庁論が否決された明治二三年県議会を経て、翌二四年五月に松本で起こった群衆による警察署・東筑摩郡長宅などを襲った「松本騒擾事件」をもって、この時期の分県・移庁熱は最高潮に達した、とされる。

2　本稿のねらい

前記の研究成果を基にしながら、明治一〇・二〇年代の長野県における合併・分県・移庁論を、明治一五（一八八二）年から起こった「七道開鑿事業」を中心とした交通インフラ整備を通じて捉え直す作業を本稿の目的の一つとする。すなわち、交通インフラ整備の動きが、当該期の合併・分県・移庁論とその運動の趨勢を決した大きな要因の一つであったと考えるものである。七道開鑿事業に関しては、その過程を詳細にまとめた北原聡の業績[7]がある。本稿では北原の業績に交通インフラ整備と分県・移庁論を関連付けていく。

その中で、第一章では七道開鑿事業に関連する中央省庁の動向に注目し、当事業が分県論に与えた影響について検討していく。

第二章では長野県北部、所謂「北信地域」内の動向に注目し、交通インフラ整備と分県論の関係について検討していくこととする。当該期の地方政治史については、有泉貞夫[8]・山崎有恒[9]・松沢裕作[10]等による県域全体での地域利益をめぐる対立に関する研究蓄積があるが、本稿では大字レベルでの対立が当該期に噴出したとする有馬学論考[11]を参考にし、北信地域という一地域の地域内対立を取り上げ、分県・移庁問題への影響を考えたい。地域内対立の事例としては、飯山出身の県議、小山鉄児と島津忠貞の両名を取り上げる。

一 七道開鑿事業と合併・分県・移庁論

1 開鑿事業開始と前後の状況

本章では明治一五年より始まった七道開削事業が、長野県の分県論に与えた影響について検討を加えていきたいが、ここでは初めに開削事業開始前後の関連する事実経過について、前段であげた先学を基に確認したい。

青柳直良は「移庁分県運動が大きな運動として最初に表面化したのは、明治一三・一四年度県会における移庁議案の提出であった。」としている。[12] 両年度ともに長野県南部いわゆる南信側の議員から移庁の建議が提案されたが、容れられずに終わった。

そのような状況の中、明治一五年三月の県会において、県令大野誠から新道開鑿案が提出され、同年一二月の臨時県会にて承認された。開削事業の主要な目的としては、従来困難であった馬車や車輌の行き交いを可能にさせる点にあったとされる。また、『長野県史』では、利害をめぐって対立を続ける南北信の統合を図る上で、道路整備による地域間交流を県庁側が企図した側面があったことを指摘している。[13] 事業の名前のとおり、七つの路線が開鑿されることとなった。路線は図のとおりである。次頁図から七つの路線を見た時、それぞれの路線は県域を跨ぎ他県へと繋ぐものであったことがわかる。すなわち、第一は軽井沢から群馬～東京方面を結ぶ碓氷峠、第二は松本から第一路線に接続させる路線、第三は北信北部から新潟県を結ぶ路線、第四は南信・飯田から名古屋方面を結ぶ路線、第五は大町から姫川沿いを糸魚川方面へ結ぶ路線、第六は木曾谷沿いを通じて名古屋方面へ結ぶ路線、第七は松本方面から山梨～東京へと至る路線である。

上記の開鑿事業が提案されてから承認されるまでの間に位置する、明治一五年六月一三日より、地方巡察使として参事院議官の安場保和が来県した[14]。明治期の地方巡察は、明治一四年の政変を経た明治一五年、山県有朋の建議によりはじまり、府県会の状況、集会結社の状況、政党の状況等を視察・報告するものであった[15]。我部政男は当該期の地方巡察実施の背景として、民権運動の高揚により地方官と地方民衆との緊張もたかまりつつあった当時、政府は地方の民情を正確に把握する必要性に迫られていた、と指摘している[16]。

安場は東山・東海地方に派遣され、神奈川、静岡、愛知、岐阜、福井、石川、長野、群馬、埼玉、山梨の各県を廻った。この地方巡察使の派遣と分県論との関連について、明治一六年に石川県から分県・新設された富山県の自治体誌等においては、巡察使の報告が分県に大きく寄与したとしている。例をあげると、富山県公文書館編『とやまの歴史』では「分県と自由民権運動」の項で「十五年に安場保和参事院議官が民情視察で越中を訪れたとき「新川県再置」の陳情がなされ、彼はこれを適当と報告しているのです。これが受け入れられ富山県の分県は実現しました」としている[17]。また、『富山県史』においても「分県の功労者」の項で民権運動家らによる分県の建白草案の作成

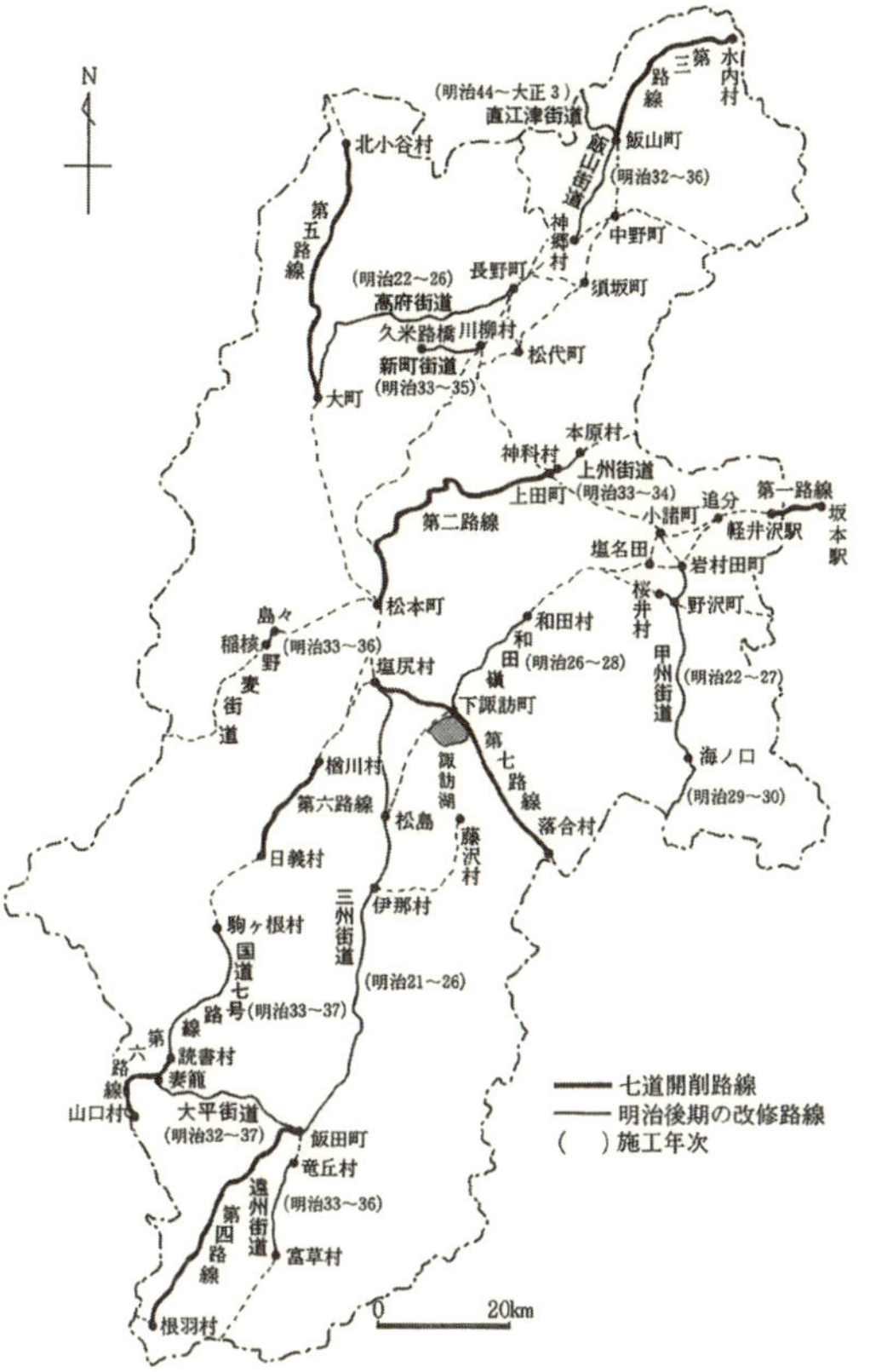

【図】七道開削路線と改修路線
出典：長野県史刊行会『長野県史通史編　第七巻近代一』一九八八年

や元老院への提出などが記されているが、併せて藤井能三が石川県を視察中の安場を訪ね越中側の実情を説いた旨が付記されている。[18]

以上、七道開鑿事業開始前後の事実経過について概略を確認した。富山県と同様に、安場保和による巡察がおこなわれた長野県の様相については、次の項で触れていくこととする。

2 地方巡察使派遣と分県論

明治一五年九月、地方巡察を終えた安場から太政大臣三条実美へ復命書が提出された。「分県及管轄替請願ノ概況」の項の冒頭、分県論が各地に起こる原因は「地形ノ便否人情ノ異同等ニ依」ると安場は記している。[19] 次いで、石川県から富山を分県することについては「地形人情ノ同カラサル、経済ノ共ニスヘカラサルノ数難事アルヲ以、将来ノ便否ヲ較訂スレハ、越中国ヲ分チ更ニ一県ヲ置キテ之ヲ統治スルヲ得策トスルモノアルナリ」と富山の分県を妥当としている。

長野県における分県論について「要スルニ県庁位置全管ノ北部ニ僻在シ西南東部ノ人民其往来ニ不便ナルト道路嶮難ナルニ依」るとして、不便な交通事情を原因にあげている。そして次のように結論付けている。「地方ノ形況及ヒ各般ノ利害ヲ考ルニ更ニ長野県ヲ分割シテ筑摩県ヲ再置スルノ必要ナルヲ見サルナリ只長野松本ノ間一二ノ嶮路ヲ抜往来運輸ノ便ヲ得セシムルヲ以テ足レリト信認セリ」と県内の交通事情が改善すれば分県の必要は無い、としている。

続いて山梨県の事情に触れ、その中で安場は長野県の上下諏訪郡と上下伊那郡の山梨県への編入を提案している。諏訪地方は「山梨県庁ヲ距ルコト十六里以内ニアリテ宿駅村落ヲ連ネ常ニ馬車ヲ通シ物産ノ運輸盛」んなため、伊那地方については「上伊那郡長藤村ヨリ金沢峠ノ嶮ヲ抜キ甲府ニ通スル馬車道開設ノ挙アリ年アラスシテ此車道落成ノ日ニ至ラハ信濃南部ノ物産集散ハ伊那諏訪ト甲府ノ両地ニ帰シ両地ノ関係益々密ナルハ必然」として、従来からの交通事情と今後の道路開鑿を理由に長野県南部の県域再編を提案していることがわかる。

そしてまた、新潟県内の状況に関して、頸城郡は「信濃国ニ接近シ人情風俗稍信濃ニ近ク加之北陸道ノ街路ニ当リ東北ノ物産多ク頸城郡ヲ経サルハナシ」とし、「頸城郡ノ地籍ヲ新潟県ヨリ分割シ長野県ノ所属トナサハ同県庁ノ位置モ其全キヲ得」ると、安場は頸城郡の長野県編入をも提案している。

以上、地方巡察使・安場保和の報告書をみてきた。繰り返しになるが、安場の論調として、各地の交通事情を主眼に県域の再編を提案していることがここではわかる。同時に、ここでは松本地方の分県については交通事情が改善されればその必要は無いと否定していることがわかる。

安場ら巡察使の報告を受けて、太政官は一一月二四日付で四県新設の布告案を参事院に付した（史料1）。新潟県頸城地方の長野県への編入に加え、安場が否定した南信地方の分県を布告する旨が記されている。巡察使による報告がそのまま布告案に反映されたわけでは無かったことがうかがえる。

太政官からの布告案に対し、参事院は史料2のように審査・返答した。冒頭、松本県を設置するのは地形上にも、人情・風俗の点からも適当と認めるものの、本年（明治一五年）長野県会において新道開鑿が決議されたことを理由に、今分県することは開鑿事業の妨げになる恐れがあると論じる。そしてまた、開鑿道路が落成すれば利便によって県庁偏在の問題も解決する可能性を論じ、しばらく分県するのは不適当としている。すなわち、参事院においては安場の主張したとおり、七道開鑿事業によって分県の必要は無くなるとする見解が採られた。結果、史料2の回答のとおり、松本県設置はなされず、富山・佐賀・宮崎の三県が設置されるに至った。

一方、長野県における分県・移庁論も、七道開鑿事業の開始、安場による地方巡察を経た頃になると小康状態になった。しかし、明治二一年県会において移庁建議が提出されると再燃した。この時の建議は一一月の県会において否決されたが、青柳は「分県運動を年末から一層激しく燃え上がらせていくことになった」[20]としている。

翌明治二二年、南信地方選出の議員らは九月二〇日に上京し、一年間近くの滞在の間に元老院へ建白書を、内務省に請願書を提出し、各地へ訪問・陳情をおこなった。一方、分県に反対する北信地方選出の議員らも上京し反対運動を展開したが、その中には本稿冒頭にあげ、この後に本格的に取り上げる島津忠貞も名を連ねている。

明治二三年四月二八日付で、愛知県における三河地方の分県意見書とともに、長野県の分県意見書が元老院において可決された[21]。これを受けて翌二九日付、山縣有朋首相から内務大臣西郷従道へ意見書に対する回答が照会された。これに対する内務省の回答が史料3である。その中で、南信側が主張する県庁の偏在は認めつつも、今日県庁を容易に動かすべきで無い、としている。「南北交通ノ便利ハ該県七道開鑿ノ工事アリシヨリハ昔日ト其状況ヲ同セズ」として、七道開鑿事業をその事由にあげていることがわかる。またここで注目すべき点として、内務省は長野県の事例を引き合いに出しながら移庁論を否定し、加えて文末では今後全国的に府県の区画を変更するべきでは無いと主張している。

3　小括

ここまで、明治一五年にはじまった長野県の七道開鑿事業と、同年に実施された地方巡察使の報告書を中心に取り上げ、開鑿事業が分県論に与えた影響について検討をおこなった。小括として次に概略を記す。

地方巡察使の安場保和による報告書では、巡察先の各県について県域を超える交通網を意識した分県・合併が企図されていた。また、同時期に開始された七道開鑿事業も県域を超える交通網の整備を本旨とし、それぞれの路線が選定されていった。すわなち、長野県においては「外へ」の路線が求められていたと換言できる。

しかし、内務省をはじめとする中央省庁において、七道開鑿事業は「長野県内をつなぐ道路整備事業」と読み替えられ、全国的な分県・移庁論を否定するための理論の一つとして利用された。結果、内務省が長野県の分県を否定した明治二三年以降、今日に至るまで日本全国において大規模な県境の変更は実施されていない。間近にあたる明治二四年に国会開設が迫っており、選挙区確定と円滑な選挙事務遂行の面でも、県境の安易な変更は否定される時代状況にあったものと推測されるが、分県・移庁論の趨勢を決定した要因として長野県の七道開鑿事業が重要な位置を占めていたものと結論づけたい。

二　小山鉄児と島津忠貞――地域内対立の一例として――

1　両者の経歴

本章では地域内対立が分県論に与えた影響について考察を加えていく。地域内対立の一例として長野県北部にある下水内郡飯山町出身の県会議員、小山鉄児と島津忠貞をあげる。飯山地域は北信地方において早い時期から自由民権運動が活発に展開した地域として知られている。明治一三年、新潟県高田の頸城自由党の活動に影響を受けて、飯山の顔戸地区に政治結社「寿自由党」が創立され、翌一四年には組織を拡大し「北信自由党」へと発展した。同党設立の関係者の一人に小山鉄児が名を連ねている。

小山は天保一四（一八四三）年飯山の商家に生まれ、二〇歳ころに京都へ出て勤王志士たちと交わった。維新後は大分県判事となったが医師の道を志し、明治一一（一八七八）年郷里で医院を開業した。翌年から自由民権運動に参画し、前述のとおり北信自由党創立メンバーに加わり、明治一五年北信自由党から信陽自由党へと改称された際には会長に推され就任した。(22)また、明治一四（一八八一）年長野県会議員に当選し、同一七年に再選された。

一方の島津忠貞は弘化二（一八四五）年飯山藩士の子として生まれ、一七歳で町庄屋となり後に戸長に就任した。

明治一二年長野県会議員に当選し、同二一年から三年間県会議長を務めた。同二五年には衆議院議員に当選し国政へ進出した(23)。ここで付言しておくと島津は、明治一三年の寿自由党創設から、明治一七年に中央の自由党の解党を機に消滅した信陽自由党に至るまで、飯山地域の民権運動に参画することはなかった。

明治五年に飯山地方・顔戸村で生まれ、若くして民権運動にも参加した足立幸太郎が著した『下水内郷党史』では「小山鉄児論」と題した項が設けられ、その中で小山と島津の関係を次のように論じている。「島津忠貞初期（十一年）以来連続県会議員たり、小山と席を同じふす。而して常に相合わず、忠貞傲岸人に下らず。鉄児亦多才他を軽蔑す(24)」と記されている。加えて、「小山と島津の仲の悪いは有名である」と記され、両名が対立関係にあったことは周知の事実であったことがうかがえる。

2 交通インフラ整備をめぐる相違

ここでは、対立関係にあった小山・島津の両名における交通インフラ整備をめぐる相違について触れていく。具体的には、上越高田と飯山を含む北信地方を繋ぐ主要路線を何処に定めるかに両者の相違がみられるのである。まず、小山の動きについて取り上げる。小山は富倉峠を越えて飯山と高田を結ぶ路線を構想していたことが諸史料からうかがい知れる。

前述のとおり、明治一五年に長野県会において七道開鑿事業が県令・大野誠から提案されるが、時を同じくして新潟県庁においても上越高田から北信地域へ通じる道路の修築事業が企図された。明治一五年四月二一日付で新潟県庁から長野県庁へ宛てられた照会が史料4である。この時点で新潟県では高田から関川を経て長野県へ通じる、現在の国道一八号線に相当する路線（中山街道とも呼称。本稿では「国道」とする）の修築を見込みながら、同時に新井から富倉峠を経て飯山へ通じる富倉街道（飯山街道、飯山通りとも呼称）の修築実施の可能性も検討されていたことがわかる。加えて、県境をまたぐ路線ゆえ、長野県側の意向と照らし合わせながら修築路線を決定しようと新潟県側では考え、前記の二路線の地形上の難易や道程について長野県へ照会を出したこともわかる。

史料4の照会に対し、長野県側では史料5のとおり、実地測量をおこなった上で路線策定などの協議に入りたいと、慎重な姿勢で新潟県へ同年五月に回答した。

これを受けて同年八月一二日付で長野県へ宛てられた照会が史料6である。路線策定に慎重な長野県の姿勢にしびれを切らしたのか、新潟県では独自に調査をおこない、富倉街道の方が平易であると結論付けつつも、高田・長野間の道程が富倉街道の方が二里半ほど長くなる点と、「国道」沿いの村々の生計手段の維持を考慮した結果、「国道」を修築路線と定めることとした。

ところが翌年の明治一六年四月、新潟県会議長の嶋田茂から新潟県令に宛てられた意見書（史料7）では富倉街道の方を採るべきとし、その旨を長野県へ照会するよう求めている。その理由に、工事の容易さとともに、上水内郡のみを通る「国道」に比して上下水内・高井の計四郡の中間を通る富倉街道こそ「信越二州ノ便益」になると嶋田は訴えている。

史料7が出された翌月の五月一七日、嶋田茂を含む新潟県常置委員から小山鉄児へ宛てられた書状が史料8である。小山から送られた長野県の七道開鑿事業の起工計画書等を受け取ったこと、史料7を新潟県令へ送付したこと、来月に嶋田が出張して協議を持ちたい旨が記されている。ここから、小山と嶋田らの間には以前からコネクションがあったことがうかがわれ、また、ともに富倉街道開鑿を企図していたことがわかる。嶋田は明治一三年七月、越佐代表の一員として、元老院に国会開設建言書を提出したり、明治一五年結成の北辰自由党の理事の一人であったりするなど、民権運動家として知られた人物である。このことから、県境を超えた民権家どうしの繋がりが以上のように富倉街道開鑿を求める動きを生んだと考えることができる。

一方で同時期、島津忠貞は信越鉄道会社創設に関与している。信越鉄道会社は新潟県直江津から長野県上田・小諸等を経て群馬県高崎までを繋ぐ鉄道敷設を目的として、上越高田の室孝次郎らを中心に創立され、明治一五年九月、高田の本願寺別院で発起人総会が開催された。その中で島津は副会頭に選出され、五日間の議論の後、常務委員の設置などが決定され、常務委員に島津も名を連ねることとなった(25)。

発起人総会に先立ち、同年一月に「信越鉄道会社創立大意」が作成されたが、路線については中山通り（「国道」のこと）沿い、もしくは長沢通り（富倉街道のこと）沿いを想定しているが、実地踏査と会議を経て決定するとしている（史料9）。ところが、九月の発起人総会で配布された参考史料のうち、想定される里程や運賃などに関する史料など多くは中山通りが採用された。このことについて信越鉄道会社創立事務所は、調査の都合上一時的に標準を示したのみと説明している（史料10）。

しかし、この時点で中山通りを選択することは既定の方針だったと考えられる。信越鉄道会社の創立総代の一人で、長野側の中心人物でもある中沢与右衛門は長野新潟両中牛馬会社の頭取を務めていた。明治一四年時点で、北国街道が通る上水内郡には中牛馬会社の会社二箇所と分社一箇所、そして一五の荷継所があり、富倉街道が通る下水内郡（荷継所八ヶ所）と比較したとき、上水内郡により大きな勢力を張っていたことがわかる(26)。すなわち、北国街道沿いに鉄道が開通した際には、沿線の荷継所が貨物の中継を担うことによって中牛馬会社の存続を図ろうと中沢はこの時点で企図していたものと考えられる。

明治一七年二月、臨時長野県会にて常置委員より七道開鑿事業中止が提案された。これに対し島津は、信越鉄道の計画もあるため第三路線は中止しても良い旨を述べていることから（史料11）、上越と北信地方を結ぶ路線は信越鉄道のみで足りると考えていたことがうかがえる。すなわち、島津は北国街道沿いに鉄道を築くことで交通インフラの整備を図らんとしていたものといえるだろう。

　このように、小山鉄児は富倉街道の交通インフラ整備を企図し、一方の島津は北国街道沿いの交通インフラ整備を企図する形で、両者の構想は全く相違していたことがわかる。

3　両者の政治的対立と分県論

　同時期に県会議員を務めた両名ではあるが、その政治的なスタンスには大きな相違がみられる。前述のとおり、小山は早い段階から民権運動に参画し明治一四年結成の北信自由党の中心人物でもあったが、同郷の島津は同時期の運動に参画することはなかった。その後も両者の政治的立場は交わることはほとんど無かった。ここでは、分県論の高揚と同時期に展開された大同団結運動をめぐる両者の動向について取り上げる。

　大同団結運動の展開により県内各地に政治結社が創立された。全県的な組織の一つに明治二一年一一月結成の信濃政社がある。信濃政社は「明治初年ノ大詔ヲ奉戴シ、国民ノ本分ヲ尽クス」ことを目的とし、上田町に本社が置かれた。創立委員の一人に小山鉄児の名もある(27)。

　信濃政社と同時期に創立された団体に信濃義会がある。上田町で創刊された雑誌『愛民』には「信濃政社に対して生れた」ものであるとしつつ、『愛民』では続けて「同会は政治的の結合にあらずして会員互に交際を厚くし公益を謀るの主意」であるとし、信濃政社と比して政治的主張も薄い、緩やかな交流組織であるとしている。信濃義会の中心人物が二四名記されているが、その筆頭に島津忠貞の名がある(28)。

　翌明治二二年に入ると、長野全県を統一する政治団体を組織せんとする動きが起こる。四月八日長野町において信濃義会と信濃政社の両委員が会合し、県下各団体の合併と信濃政社の主義を継承することを決めた。当日、下水内郡からは三名が参加したがそのうち二名は小山と島津であった[29]。

そして四月二一日、信濃政社・信濃義会ら各団体は、大同団結の趣旨に基づき、新団体として信濃倶楽部を創立すべく、仮規約を発表した。規約起草委員の三名の一人として島津が参加している。当時島津は県会議長にも就いており、長野県における政治的動向の中心にいたといえるだろう。

信濃倶楽部はその後七月二二日、長野町城山館にて信濃全国大懇親会を開催し、条約改正反対の全県的運動を開始した。当日の下水内郡からの出席者は三名あったが、そのうち一名は小山だった。

県内の各団体を集結し結成された信濃倶楽部であったが、当初から政社派と非政社派との間の対立が存在していた。『下水内郷党史』には、信濃倶楽部創立の際には、政社・非政社のいずれにも属しない中立の立場を標榜していたものの、一部の首脳陣が政社派の大同倶楽部と提携し、その旨を部員に通知した、とある[30]。

このようなこともあり、大懇親会から一月余後の明治二二年八月二三日、非政社派につながる北信民会の構成員らによって信濃協和会が結成されるに至り、信濃倶楽部から分立した。信濃協和会の首脳陣には島津もおり、常議員に名を連ねた。『下水内郷党史』では「信濃協和会は再興自由党を意味す」とし、また「再興自由党の中心点は実に吾長野県人士に在り、而して其最熱心に主張し最猛烈に唱道し来りしもの亦北信自由党に在り」としている。島津らの動きに対し、明治一四年の北信自由党創立メンバーの小山は参加することはなく、次のように述べたとされる。「小山嘲つて曰く、彼れ官権党、国会開設の期迫れるを以て豹変以て吾党を利用せんと欲するのみ。狡奴面に唾すべしと[31]」とあるように、大同団結運動の展開によって一時は立場を同じくした両者ではあったが、全国的な政治動向も関与しすぐさま対立関係へと戻ったといえる。加えて、島津が自由党に接近していった一方で、小山は孤立していったことも注目すべきと思われる。すなわち、このことが後に長野県会における大混乱をもたらしたといえる。

全国的な動向に目を移す。非政社派の大同協和会は自由党を再興し、明治二三年一月二一日東京にて結党式を挙行した。数十名の創立委員には島津も加わっている。また、常議員三〇名のうち長野県からは三名が選出されたが、島津はその一人ともなっている。

このように飯山地域においても、県政や国政の範囲においても島津の存在感が増していく中で、島津と対立関係にあった小山に、分県を推進させていた南信側県議らが接近していったものと考えられる。小山はそれ以前に、明治一八年から一年ほど松本に移住していたこともある。加えて、前述の信濃政社は分県論者が多い東信の上田町に本社があり、小山が務めた創立委員の中には分県運動の中心人物の一人である小里頼永に加え、明治二一年県会に移庁案を提出した東信地方・佐久選出の山本清明も名を連ねていることからも、小山と分県推進派との人的繋がりが存在していたことが考えられる。「考えられる」としたのは、管見の範囲では両者の関係性を直接うかがい知ることが出来る史料を発見することができず、前掲したような状況証拠的なものに留まったからである。やや話は飛躍するが、『下水内郷党史』では、松本に私立病院建設を計画していた小山は松本地域選出の県会議員による買収工作を受けていた、と記しているが、これは著者・足立が他所から伝聞したものとして断定するに至ってはいない。

このような状況下、明治二三年一二月の県会において混乱のうちに移庁県議が否決され、この混乱は翌二四年に起こった「松本騒擾事件」へと繋がっていったとされる。ここに至る事実経過を、『下水内郷党史』のうち「小山鉄児移庁論に敗る」の項をもとに概略を記す。明治二二年、分県論が再燃すると、前述の小里頼永らが先鋒となり元老院に請願がおこなわれ、大多数を以て筑摩県復活案が可決された。これに対し、島津忠貞ら反対派は演説会を開くなど反対運動を展開した。また、島津が創立に関与した信濃毎日新聞も分県反対の論を張り、反対派を援護する形となった。

元老院を通過した分県論は二三年四月、内務省において否決され分県運動はここで一時頓挫する。内務省における否決の理由は前章で記したとおりである。

同年一二月、中南信の県議一三名により移庁建議書が提出され、これをめぐって混乱が起こった。建議書の内容は、内務大臣に申請をした上で、その指定によって適当の地に県庁を移そうとするものだった[32]。前年の二二年時点では、南信地方選出の県議は二一名で、一方北信地方選出の県議は二四名であり、数的に分県派は不利な状況にあった。そこで南信側議員は北信側議員にあたる小山鉄児と山本清明の二名を引き抜くことで形勢の逆転を図った、と『下水内郷党史』はしている。このことについて確たる証拠は無いものの、当時において小山が分県派に近しい立ち位置にあったことは周知の事実であったのであろう。明治二三年一二月五日、移庁論が議論されようとする当日、小山は宿泊先である長野の犀北館前において長野町居住の某ら数名により激しく殴打され病院へ運び込まれた。南信側の議員らは長野は物騒で県会は開けぬと全員が上田へ引き上げてしまった。翌日の信濃毎日新聞（以下「信毎」）紙上では「彼の県下の大問題たる移庁建議の採否を決するの日なりしが何故にや朝来該建議者の出席するものなく」と、理由は不明としながら、県会が開かれなかったことを伝えている。しかしながら、同じ頁上には「真正なる壮士に告ぐ」と題し、議場や路上で反対勢力の議員に乱暴をはたらくことを諫める意見記事が掲載されていたり、各議員を保護し徹夜で警戒にあたる警察官の奔走を伝えたりしている点からみて、小山が襲撃を受けたことは既に周知の事実であったようだ。

翌一二月六日、反対派の議員連は推進派不在に乗じ、入院中の小山を議場に担ぎ出し、一名の過半数によって議事を開いた。結果、過半数をもって移庁建議は否決された。また、その日のうちに他の議案はすべて可決され県会は閉ざされた。この日の県会について『下水内郷党史』では、「世間伝ふる処と同じからず」としながら、北信自由党結成メンバーの一人佐々木天朗の談として史料12のように記している。すわなち、当時において移庁推進派に取り込まれたと見られていた小山が、それに反する形で移庁反対の演説を滔々と打ち上げた、佐々木は驚きをもってそれを記憶した、というのである。

この日の様子を「信毎」紙上では「移庁論の自滅」と題し、今回の移庁建議は建議者らの勝手な都合による欠席によって否決に至ったと報じた。加えて、これまでの経緯を伝える中で「発頭者は力の及ぶ丈け手の届く丈け議員引き入れに周旋し」たと、小山らへの引き入れ工作が存在していたことを暗に報じている。小山が移庁推進派へ取り込まれたとする風評は、北信の立場に立脚した、それまでの小山の政治姿勢に反するものであったといえよう。この後、小山は殴打された影響か精彩を欠くようになり、『下水内郷党史』では「遂に健忘症に陥れり」とし、『長野県歴史人物大辞典』においては没年不詳とされている。

明治二三年県会における、北信側の横暴とも取れる一連の出来事に怒りを爆発させた民衆によって翌二四年「松本騒擾事件」が起こったとされる。結果、その後も度々分県・移庁論は再燃し今日に至っている。

4　小括

本章で触れてきた事柄について概略を記す。同郷出身ながら小山鉄児と島津忠貞は様々な面で相容れない関係であり、折々に対立を続けていた。『下水内郷党史』では両者を「犬猿の仲」としていることも付言する。

第一項であげたように、交通インフラ整備の方針、すなわち新潟県と北信地方を結ぶ幹線道を何処に置くかにおいても大きな相違を示した。これは両者が誰と人的に繋がっていたのかによる相違とも関連していると考えられる。すなわち、小山は嶋田茂ら新潟県の民権運動家との繋がりによって富倉街道の開鑿を推進していったと想起される一方、初期の民権運動に参加しなかった島津は別の路線を模索していったともいえるのではないだろうか。

第二項では大同団結運動が展開された時期を中心に両者の政治的立ち位置の相違について触れた。運動の展開に加え、国会開設が迫る時期にあって島津は元・北信自由党に接近していき、再興自由党結成においては県内の中心人物となっていく一方、北信自由党の創立メンバーであった小山はある種孤立していった様子を取り上げた。このような状況の中、分県反対派の中心人物でもあった島津と対立関係にあった小山は、分県を推進する勢力と接近していったものと結論づけた。

おわりに

本稿では第一章で長野県の七道開鑿事業が全国的な分県・移庁論に与えた影響について、第二章では長野県の一地域内における対立が県内の分県・移庁論の趨勢を決定付けたことについて検討を加えた。それぞれの章において結論をまとめたので重複することは避けたい。

二つの章を通観したとき、「交通インフラの整備」が「間《あわい》」と「境」を形作っていったと考えられる。すわなち、第一章においては長野県における七道開鑿事業が長野県境、ひいては全国の県境を決定付けたといえる。また、第二章においては北信地方と新潟県を結ぶ幹線道を何処に置くかということ、換言すれば地域を繋ぐ「間」を何処に設けるかということをはじめとして、様々な面で対立関係にあった小山・島津の両者が長野県における分県運動の趨勢を決める上で大きな位置を占めていたといえるだろう。

「交通インフラの整備」すなわち「道」が「間」と「境」を形成する大きな要素であることは、すべての時代に共通しているものといえるだろうが、その比重は一定ではなかったものと思われる。本稿が扱った明治前期から中期にかけて、従来に比してその比重は高まったものと考えられるが、歴史時代を通観した軽重の変化については筆者の管見の及ぶ範囲では無い。諸賢よりご指導を賜われれば幸甚である。

【史料編】

※傍線筆者

■史料1

参事院へ達

府県ノ区画ハ地形ニ適シ民情ニ応管治周到ナランヲ要ス然ラサレハ弊害百出施政ノ進路ヲ妨礙スルコト蓋鮮少ナラサラントス今也全国府県区画ノ体形ヲ視察スルニ従前区画ノ分合其宜ヲ得ス区域廣闊ニ失スル者多ク従テ府県会ノ紛議ヲ来シ分合復県ヲ請願スル者相踵テ熄マス之ヲ矯正セント欲セハ勢ヒ一国一県ヲ置クニアラサレハ不可ナルヘシ然レトモ亦戸口反別寡少ニシテ人民其地方税ニ勝ヘス以テ一県治ヲ支持スヘカラサルモノアラン且国費多端ノ際遽ニ数十県ヲ増置シ難キモノアリ就テハ現今地形民情ニ於テ分合ヲ要シ其戸口反別亦以テ一県治ヲ支持シ得ヘキ者ノ中ニ就テ此際必ス更革セサルヘカラスト認定シタル四県ヲ増置セントス茲ニ布告案ヲ添ヘ其院審査ニ付ス　十五年十一月廿四日

御布告案

今般左ノ四県ヲ置ク

一新潟県下越後国東頸城郡中頸城郡西頸城郡ヲ割キ長野県ニ合シ長野県下信濃国北安曇郡南安曇郡東筑摩郡西筑摩郡諏訪郡上伊那郡下伊那郡ヲ割キ松本県ヲ置ク

一石川県下越中国ヲ割キ富山県ヲ置ク

一長崎県下肥前国基肄郡養父郡三根郡神崎郡佐賀郡小城郡東松浦郡西松浦郡杵島郡藤津郡ヲ割キ佐賀県ヲ置ク

一鹿児島県下日向国ヲ割キ宮崎県ヲ置ク但諸県郡ノ内志布志御大崎郷松山郷ヲ除ク

右奉勅旨布告候事

明治　年　月　日　太政大臣

内務卿

「公文類聚第七編明治十六年第三巻」

出典：国立公文書館デジタルアーカイブ

［請求番号］類00086100［件名番号］001

■史料2

参事院議案

分県ノ件審査スル左ノ如シ

長野県下信濃国北安曇郡東西筑摩及諏訪上下伊那郡ヲ割キ松本県ヲ置クハ地形上ハ勿論人情風俗ノ点ヨリ論スルモ適当ナリト雖トモ本年長野県会ニ於テ大ニ道路開鑿ノコトヲ決議シ七ヶ年ヲ限リ数拾万円ノ費金ヲ徴収スル筈ナレハ此際ニ当リ数郡ヲ分割シ松本県ヲ置クトキハ忽チ土功モ両県ニ分レ随テ該事業ヲ妨クルニ至ルモ不可図且道路開鑿落成ノ上ハ其便利ニ依リ或ハ更ニ一県庁ヲ置クニ及ハサルヤモ亦知ルヘカラサレハ暫ク分県セサルヲ適当トス

石川県下越中国ヲ割キ富山県ヲ置クハ地勢ニ応シ人情ニ適シ大小宜キヲ得タルモノト認定ス

長崎県下肥前国ヲ割キ佐賀県ヲ置キ鹿児島県下日向国ヲ割キ宮崎県ヲ置クハ是亦適宜ノ分割ト認定ス

前出「公文類聚第七編明治十六年第三巻」

■史料3

愛知長野両県ノ管轄ヲ割キ各一県ヲ置カントスル元老院ノ意見ニ対シ意見開陳可致旨御照会ノ趣了承

（略）

又長野県ヲ割テ更ニ一県ヲ置カントスルモノノ主唱スル要領ハ信濃国ハ一帯ノ大山脈ヲ以テ南北両部ニ分割シ彼此ノ間隔絶乖離ノ状態ヲ免レスト云フニ在レトモ此等ノ関係ハ独信濃ニ於テ然ルニアラス北越其他凡ソ山嶽ヲ以テ成立シ平坦ノ地少キ地方ニ在テハ勢ヒ如此ナラサルモノ幾ト希ナリ而シテ該県ハ信濃国一円ヲ管シ古来一国ヲ組織スルモノナレハ今容易ニ之ヲ分割スヘキモノニ非ス然レトモ該県南部人民ノ言フ所県庁ノ位地一方ニ偏在シ道路隔絶スト云フカ如キハ事実ナルヘシト雖凡官庁ノ位置タル是亦容易ニ動カスヘキニ非ス且今日之ヲ動カスノ必要アルヲ認メサルノミナラズ決シテ策ノ得タルモノニ非ス蓋南北交通ノ便利ハ該県七道開鑿ノ工事アリシヨリハ昔日ト其状況ヲ同セズ

（略）

抑府県ノ区画ハ維新以后屢之ヲ変更シ地方人民モ亦其便否得失ヲ訴ヘテ政府ノ採納スル所トナルモノアリ為メニ今日ニ及テハ往々地方一局部ノ利害ヲ唱ヘテ分合ノ議ヲ上書シ容易ニ其変更ヲ希図スル者アルニ至レリ就テハ府県ノ区画ハ今日ノ現在ヲ存シテ永ク之ヲ改メス概シテ変動ヲ容サルルコトト定メラレ度廟議ノ在ル所之ニ一決セハ却テ地方ノ民心ヲ安スルニ足ラントス併テ閣議ヲ乞フ

明治廿三年六月三日

内務大臣伯爵西郷従道（印）

内閣総理大臣伯爵山縣有朋殿

「公文類聚第十四編 明治二十三年第十巻」

国立公文書館デジタルアーカイブ

［請求番号］類００４５６１００［件名番号］０１７

■史料4

往第弐拾四号
本県下高田ヨリ関川ヲ経テ貴県下へ通ス
ル国道一等線路修築之見込ヲ以此節取
調中ニ候処右ハ両県下実地之便否ヲ
審定シ其経脉ヲ通スルニ非ラサレハ効用
無之儀ニテ於貴県モ兼而御目途可有之
ニ付予メ及協議置度就テハ新井駅ヨリ
富倉峠ヲ経テ飯山通リ長野ニ達スル線
路ノ儀関川通リノ線路ニ比シ其地形ノ難
易伸縮及一体ノ便否等如何可有之歟
御見込御通報有之度右修築之儀ハ御回
答ヲ得テ直ニ決定致度候条可成至急
御報相成候様致度此旨及御照会候也

明治十五年四月廿一日　新潟県令永山盛輝（印）
長野県令大野誠殿

「官省指令（明治十五〜十六年）」
長野県立歴史館蔵長野県行政文書（明16―A―1）

■史料5

明治十五年丙地第四七九号　二
立案五月九日　決議五月十日　施行　五月十一日
主務　九等属中川茂敬（印）
令
土木課（印）
書記官（印）　土木掛（印）
庶務課（印）
庶務掛（印）

新潟県令へ回答ノ件
別紙甲号之如ク新潟県令ヨリ照会ニ付
実地検査ノ命ヲ奉シ実地ノ景況ハ略
復命書ヲ以テ開申候得共素ヨリ大工事
ナレハ実地測量ノ上路線ノ選択等ハ尚
御協議可相成積ヲ以テ先ツ左按御解答
相成可然哉

回答按

貴県往第二十四号ヲ以テ御県下高田ヨリ関川
ヲ経テ当県御通ニテ国道壱等路線及ヒ新井
駅ヨリ富倉峠ヲ経テ飯山通リ長野ニ達
スル路線ノ難易伸縮便否云々御照会
ノ趣了承御申越ノ如ク当県ノ便否ヲ
審判シ其線脉ヲ通スルニ非ラサレハ効用
無之義ニ就篤与実地測量ノ上路線ノ選
択等ハ可及御協議目途ニ有之就テハ御県
ノ御見込モ可有之ニ付御報知被成度為御
参照別紙概略里程取調置相添御回答
旁及御照会候也

明治十五年五月　日　令
新潟県令永山盛輝殿

前出「官省指令（明治十五〜十六年）」

■史料6

往第七十一号
本県下高田ヨリ貴県長野ニ通スル国道一等道路改築ノ目的ニ付該線路及小出雲村ヨリ飯山ニ通スル県道三等線路トノ便否御見込及御協議候処五月十一日付御回答之趣モ有之猶調査候処県下地形上ニ於テハ飯山通リノ方稍平易ノ道ニ可相成見込ニ候得共里程上凡二里半ノ迂路トナリ且当県下ノ実況ヲ見ルニ若シ飯山通リノ方ニ変換スルトキハ小出雲村ヨリ関川駅迄二ヶ駅十三ヶ村俄然生計ヲ失スルハ必然ニシテ之ヲ変換スルノ便益果シテ其愁訴ヲ顧ルニ及ハサルトノ定見ハ無之ニ付貴県下ノ御模様ニ依リ在来ノ国道ヲ改築スル事ト相定度右御確答之上其筋稟議ノ都合モ有之可成速ニ御回答相成度両線路改築実測図及里程付ヲ添重テ及御照会候也

明治十五年八月十二日
新潟県令永山盛輝（印）
長野県令大野誠殿

前出「官省指令（明治十五～十六年）」

■史料7

上申
客年臨時会へ御諮問相成タル中頸城郡新井駅ヨリ長野県下信濃国水内郡ニ達スル道路開鑿ノ義中山街道ト富倉街道トノ二線路ニ就キ其利害得失ヲ考フルニ富倉山低ク谷浅フシテ工事甚タ易ク加フルニ長野県下ニ在テハ水内高井上下四郡ノ中間ヲ経過シ実ニ四通五達ノ利便アリ故ニ彼ノ中山ノ毎ニ高山峻嶺ノ脚下ヲ曲折シ単ニ上水内ノ一隅ヲ経過スルカ如キ難陋ノ比ニアラサルナリ且客年本県会常置委員カ巡視セル実地踏検ノ報道ニヨリ之ヲ視ルモ富倉街道ヲ開鑿セハ信越二州ノ便益タル事実ニ確信スルニ定レリ故ニ本県ニ就テハ該富倉街道ヲ開鑿スルノ目的ヲ以テ速ニ長野県ヘ御照会相成度本会ノ決議ヲ以テ此段上申候也

明治十六年四月十七日
新潟県会議長嶋田茂
新潟県令永山盛輝代理
新潟県大書記官木梨精一郎殿

「庶務之部別冊重要雑書類（下水内郡役所）」
長野県立歴史館蔵長野県行政文書（明23―2A―17）

■史料8

去月廿六日付朶雲辱致相見候然レハ今回貴県ニ
於テ本県下へ達スル道路御起工計画書類夫々御取纒
メ御送附相成奉深謝候本県ニ於テ富倉峠開鑿
ノ義ハ即別紙ノ通県令へ上申致候ニ付御参考迄供
貴覧候尤此義ニ付テハ御同様関係ノ路線ニ付追テ起
工候迄ハ猶追々及御照会度候市川通リ馬車道開
鑿云々御尤ノ義ニ者候本県ニ於テモ該線路ハ
大経脈ニ付東道開鑿之議決ニ相成不日測量
師派遣ノ都合ニ運ヒ居候委細ハ来月島田茂御地
出張御打合致其刻委細御協議申上度候右貴酬
迄余者重鴻ニ譲ル不悉

新潟県常置委員

明治十六年五月十七日　樋口元周

田辺久蔵

島田茂

川上金十郎

小山鉄児殿

前出「庶務之部別冊重要雑書類（下水内郡役所）」

■史料9

信越鉄道会社創立大意

第一条　鉄道線路ノ事

一東京ヨリ上州高崎ヲ経テ奥州青森ニ達スル線路ハ既ニ
日本鉄道会社ニ於テ許可済ニナリ江州柳ケ瀬ノ線路ヲ
継延シテ北陸道越前加賀越中ヲ経テ越後新潟ニ達スル
モノハ即今東北鉄道会社ニ於テ出願中ニ付今般当会社
ニ於テ創立スルモノハ越後直江津ヨリ信州上田小諸等
ヲ経テ上州高崎ニ接続スル線路ヲ布設スル目的ナリ
但越後直江津ヨリ国道一等線中山通リ信州長野ヲ経
テ上田地方ニ通スルカ或ハ直江津ヨリ長沢通リ信州
飯山松代ヲ経テ上田地方ニ通スルカ此両線路ハ実地
踏査ノ上大会議ニ附シ便利ノ線路ニ決定スヘシ又信
州追分ヨリ上州高崎迄ハ日本鉄道会社ノ線路ニ属ス
ルヲ以テ同会社ト商議スヘキ事

長野市立博物館寄託中沢家文書（89―2）

■史料10

参考書第一回報告

（略）

一仝上参考ノ内ニ掲タル開業後収入予算ハ単ニ越後地方通行ノ旅客物貨ノ数ニヨリテ算出シタリ然ルニ今般信濃地方旅客物貨ノ数調査ヲ得タルニヨリ之ヲ合算シテ先ツ収入之部ヲ記載スト雖然猶概略タルヲ免レス他日十五年度ノ調査ヲ得ハ再ヒ後報ニ記スヘシ

但創立大意第一条但書中山通リ長沢通リノ両線路ハ未定ナリト雖此篇中賃銭表里程表ノ如キ其他多ク中山通リニ依リテ記シタルモノハ只即今調査ノ都合ト一時ノ標準ヲ取ルニ止マルノミ敢テ一方ニ偏スルニ非サルナリ

一仝上参考書ノ内今般改正増補削除シタルモノ不少故ニ全体ヲ改テ更ニ印刷ニ附シ以テ参考書第一回報告ト為ス

明治十五年十二月　　越後国高田

信越鉄道会社創立事務所

長野市立博物館寄託中沢家文書（89―2）

■史料11

臨時長野県会

〇二月廿八日午後一時会場

（略）

卅五番（島津君）曰昨日は委員説の非を弁ぜり之より諮問案に対して意見を述ん元来本県は七道の開鑿のみにて満足すべきに非ず畢竟民力に限りあれば六十余万円を予定の額とせり故に本員は鉄道に関係なきの道路は悉く開くを望む也本案に向つて考案を述んに第二路線は中止にととめす全く第六第四を経過するの適合なりとするを以て之をば中止して第二は全廃して可也又信越鉄道の企もあれば第三も中止し而して第五第七に向ひて着手し第二を廃したる金額を以て別に要路を開くの適切なるを覚ふ（略）

信濃毎日新聞明治十七年二月二十九日付三面

■史料12

〇佐々木天朗氏の談によれば、世間伝ふる処と同じからず、由つて掲げて後証を待つ。

小山は如何に決心せしか、頭部胸部を繃帯の侭長野の壮士に護衛されて登院した。而して滔々数千言反対演説を試みたので無事に納まつた。

小山の演説は意外であつた。先づ第一に長野県に於ける三大市街地と、地図上の中心たるべき三個の山嶺を挙げて比較研究し、次に交通上より論評を下して松本の不便（中央線未開通）を説き、更に将来鉄道の普及発達する暁には斯かる問題（分県又は移庁）の発生せざるべきを予断し、若し南信議員の主張するが如く地図上の中心点を択ばんとするならば、何故に県庁を和田嶺の絶頂に置かざるや、又何故に帝都を吾が信州の蓼科上に奠めざるや、天下豈斯の如き不条理を認めんや云々。

足立幸太郎『下水内郷党史第二集』一九三九年、一八二頁

註

（1）青柳直良「長野県における移庁分県運動の一動向―明治二四年二月「長野県分県請願書」の紹介を中心として―」『信濃』第一九巻第五号、一九六七年。

（2）上条宏之「一八九〇年前後における長野県下の政治的動向」『信濃』第二〇巻一二号・第二一巻六号・第一一号、一九六七・一九六八年。

（3）長野県史刊行会『長野県史　通史編 第七巻 近代一』一九八八年。

（4）塩尻市誌編纂委員会『塩尻市誌　第三巻　近代・現代』、一九九二年。

（5）松本市『松本市史　第二巻　歴史編三　近代』、一九九五年。

（6）新井雄太「近代における長野県と上越との合併に関する一考察」『上越社会研究』第二三号、二〇〇八年。新井雄太「長野県と上越の合併論」『地方史研究』第三八二号、二〇一六年。

（7）北原聡「明治中期における長野県の道路建設」『三田学会雑誌』第九一巻第二号、一九九八年。

（8）有泉貞夫『明治政治史の基礎過程』吉川弘文館、一九八〇年。

（9）山崎有恒「明治期の利根川治水をめぐる千葉県の政治状況」『立命館文學』第五四二号、一九九五年。

（10）松沢裕作『明治地方自治体制の起源―近世社会の危機と制度変容―』東京大学出版会、二〇〇九年。

（11）有馬学「ムラの中の「民党」と「吏党」―近代日本の地域・選挙・政党―」『年報・近代日本研究・一九　地域史の可能性―地域・日本・世界―』山川出版社、一九九七年。

（12）註（1）。

（13）長野県史刊行会『長野県史 通史編　第七巻 近代一』一九八八年、三四七頁。

（14）「信濃毎日新聞」明治一五年六月一六日付二面。

（15）森川輝紀「田中不二麿の地方巡察使報告書について」『埼玉大学紀要　教育学部』第五六巻一号、二〇〇七年。

（16）我部政男編『明治十五年明治十六年地方巡察使復命書上』一九八〇年。

（17）富山県公文書館編『とやまの歴史』一九九八年、一三八頁。

(18) 富山県『富山県史 通史編V 近代上』一九八一年、三〇三頁。
(19) 国立公文書館デジタルアーカイブ。[請求番号] 別00057100 [件名番号] 007。
(20) 註(1)。
(21) 国立公文書館デジタルアーカイブ。[請求番号] 類00456100 [件名番号] 017。
(22) 『長野県歴史人物大辞典』郷土出版社、一九八九年。足立幸太郎『下水内郷党史 第二集』。
(23) 前出『長野県歴史人物大辞典』。
(24) 前出『下水内郷党史 第二集』一八六頁。
(25) 新潟県『新潟県史 通史編六 近代一』一九八七年、六八八頁。
(26) 長野県史刊行会『長野県史 近代史料編 第七巻 交通・通信』一九八一年、三九〇頁。
(27) 長野県史刊行会『長野県史 近代史料編 第三巻(一)』一九八三年、三三四頁。
(28) 前出『長野県史 近代史料編 第三巻(一)』、三三五頁。
(29) 前出『下水内郷党史 第二集』四九頁。
(30) 前出『下水内郷党史 第二集』五二頁。
(31) 前出『下水内郷党史 第二集』七一頁。
(32) 東筑摩郡・松本市・塩尻市郷土資料編纂会『東筑摩郡・松本市・塩尻市誌 第三巻上』一九六二年、三一八頁。

第六七回（妙高）大会の記録

大会成果論集刊行特別委員会

はじめに

地方史研究協議会第六七回大会は、二〇一六年一〇月一五日（土）から一七日（月）までの三日間、新潟県妙高市（妙高市新井ふれあい会館　ふれあいホール）で開催された。大会の共通論題は「『境《さかい》』と『間《あわい》』の地方史—信越国境の歴史像—」とした。一日目は、自由論題研究発表三本、公開講演二本が行われ、委員会・総会が開かれた。二日目は、共通論題研究発表八本と共通論題討論が行われた。そして三日目は、県境を越えて信越をめぐるというコース設定（一コース）で巡見が実施された。

本書は、この大会の公開講演・研究発表および共通論題の討論要旨を収録したものである。刊行の経緯については、序文のつぎの「刊行にあたって」を参照いただきたい。

一　大会準備状況

本大会については、二〇一四年七月三一日の二〇一三年度第八回常任委員会において、新潟県での開催が決定した。それとともに、常任委員会内に準備委員会が発足し、準備委員には太田尚宏・桜井昭男・佐々木倫朗・野本禎司・大嶌聖子が就任した。第一回準備委員会において委員長に大嶌が選出され（互選）、のち乾賢太郎・風間洋・藤野敦が二〇一五年一二月六日の第二回常任委員会において増員となり、準備委員会は、左記の八名で構成された。

【大会準備委員会（運営委員会）】

乾賢太郎・太田尚宏・風間洋・桜井昭男・佐々木倫朗・野本禎司・藤野敦・大嶌聖子（委員長）

大会名称は、第四回実行委員会で、開催地を妙高市とすることから「妙高」とすることが発議され、二〇一五年五月二九日、二〇一四年度第六回常任委員会において、それまで第六七回（仮称新潟）大会としていたところ、開催地が妙高市であることによって、第六七回（妙高）大会とした。また大会期間・会場も同常任委員会にて決定した。

準備委員会は、そのまま第六七回（妙高）大会運営委員会にスライドし、大会実行委員会と共に大会の準備・運営にあたった。なお、常任委員長は二〇一四年一〇月まで吉田政博、それ以降は渡辺嘉之がつとめ、準備委員・運営委員と共に大会準備にあたっている。

今大会の実行委員会については、上越地域を中心に新潟県側と県境を越えた長野県の北信地域の実行委員によって委員会が構成されたところが特徴的な点である。順次、増員が行われて最終的に左記の一七名で大会の準備を進めた。

【大会実行委員会】

委員長　浅倉有子
事務局長　佐藤慎
委　員　荒川将・井上信・遠藤公洋・小山丈夫・土田拓・中村元・二星潤・花岡公貴・原直史・原田和彦・福原圭一・前嶋敏・宮澤崇士・村石正行・望月誠

実行委員会は合計一四回開催された。各回の協議内容については、『地方史研究』掲載の「事務局だより」（第三七一号（二〇一四年一〇月）〜第三七七号（二〇一五年一〇月））、「第六七回（妙高）大会運営委員会報告」（第三七八号〜第三八三号（二〇一五年一二月～二〇一六年一〇月）を参照いただきたい。大会実行委員会・準備委員会・運営委員会の開催状況は以下の通りである。

【大会実行委員会】
第一回　二〇一四年一一月二三日（上越教育大学）
第二回　二〇一五年一月二四日（新井総合コミュニティセンター）
第三回　四月　四日（新井総合コミュニティセンター）
第四回　五月一六日（長野県立歴史館）
第五回　七月一一日（新井総合コミュニティセンター）
第六回　九月一三日（上越教育大学）
第七回　一一月二一日（新井総合コミュニティセンター）
第八回　二〇一六年一月二三日（新井総合コミュニティセンター）
第九回　四月　九日（飯山市文化交流館なちゅら）
第十回　六月　四日（新潟県立歴史博物館）
第十一回　七月二三日（新井総合コミュニティセンター）
第十二回　八月二八日（新井総合コミュニティセンター）
第十三回　九月一七日（新井ふれあい会館）〈プレ大会〉
第十四回　一〇月一四日（新井ふれあい会館）

【準備委員会】
第一回　二〇一四年　九月一八日
第二回　一一月三〇日
第三回　一二月一七日
第四回　二〇一五年　一月二〇日
第五回　二月一八日
第六回　三月一八日
第七回　四月二二日
第八回　六月一〇日
第九回　八月二七日
第十回　一〇月一五日

【運営委員会】
第一回　二〇一五年一一月一二日
第二回　二〇一六年　一月一三日
第三回　五月一一日
第四回　七月一四日

二　共通論題（大会テーマ）の設定

共通論題は、当初より「国境」というキーワードが実行委員会から提示されていた。開催予定地が新潟県と隣接する長野県との県境、越後と信濃の国境に接した地であるため、こうした提案がなされていた。実行委員会で研究報告や情報交換が行われ、県境を越えた地域を想定し議論を重ねていった。国境はもちろんのこと、そのラインを含む地域を対象とし、両国を結ぶ主要幹線の北国街道だけでなく峠道など様々な道も含む地域を対象とすることが確認されていった。すなわち両国の国境とそれをひきつぐ両県の県境を主要なテーマとしつつ、それを含む上越・北信両地域を検討対象とすることで進めていくこととなった。そして、地域を捉える用語を準備委員会から実行委員会に提案し、検討を重ねた結果、キーワードを使用し地域を表現することになり、それが「間」であった。境を含む地域を考えることから、「間」と「境」という二つのキーワードで信越国境を跨ぐ地域の歴史像を検討していくことでさらに議論が深められた。実行委員会、準備・運営委員会での議論、常任委員会でも議論が重ねられ、「『境』と『間』の地方史―信越国境の歴史像―」と共通論題を決定し、趣意書が作成された。趣意書は『地方史研究』第三八〇・第三八二・

第三八三号（二〇一六年四月・八月・一〇月刊行）に掲載している。

三　問題提起

共通論題および趣意書に関する問題提起を募集し、左記のように掲載した。当該地域を考える上で重要な道に関する論考を最初に、「間」を端的に示す論考を冒頭近くに各号ともに配置し、その後は年代順に掲載した。

（大会特集Ⅰ　第三八二号、二〇一六年八月）

1　信越を結ぶ街道と峠道　花岡公貴
2　長野県と上越の合併問題　新井雄太
3　『宝蔵院日記』に見える信越の人々　清沢　聰
4　関山権現夏季祭礼における信州からの山伏　由谷裕哉
5　弥生・古墳時代の土器の移動　滝沢規朗
6　考古学からみた古墳時代の信越　佐藤　慎
7　越後国域の変遷と信濃　小林昌二
8　古代・中世の信濃国と日本海沿岸地域　傳田伊史
9　信越国境の戦国時代　村石正行
10　文明十八年（一四八六）七、八月の堯恵と道興　牛山佳幸
11　中世後期信越の諸相
—頸城の人々の意識を中心に—　木村康裕
12　信越国境の山論　丑山直美
13　国界と山論
—近世信越の巣鷹山争論から—　白水　智
14　信越幕領の存在形態　西沢淳男
15　慶応二年凶作時の信越国境における米の動き　山崎　圭
16　信越地域の近代都市の形成　中村　元
17　北信地域の住民運動
—長野警廃事件を中心に—　望月　誠
18　瞽女の旅路　板橋春夫
19　巨大藩領のなかの「境」と「間」　木越隆三

（大会特集Ⅱ　三八三号　二〇一六年一〇月）

20　信越国境周辺におけるむらの消滅と生活圏　土田　拓
21　信越（北信）五岳の山岳信仰　小柳義男
22　廻国行者から木食行者へ
—妙高から戸隠への足跡を中心にして—　西海賢二
23　考古学からみた古代の信越関係　坂井秀弥
24　中世の信越国境をまたぐ人・モノ・道　高橋一樹
25　川中島合戦と信越国境　海老沼真治
26　近世信越間の商品流通をめぐって　原　直史
27　女手形の発行と高田藩　浅倉有子
28　信越国境の間道と盗賊　鈴木栄太郎
29　県境を超える北信越自由民権運動の世界　河西英通
30　戦争末期の無格社整理政策と上越　畔上直樹
31　日豊国境の歴史像
—延岡藩領六箇組と佐伯藩領蒲江浦組を題材として—　増田　豪

四　自由論題研究発表

自由論題研究発表は、大会一日目の一〇月一五日午前中に

左記の通り行われた。

① 栗林次郎左衛門尉についての一考察
―上杉謙信書状の検討から―　長瀬光仁

② 近世末期の魚野川流域にみる石工の存在形態　本山幸一

③ エゴ食文化にみる越後と北信地域　大楽和正

長瀬発表は、約六〇〇点知られている上杉謙信の発給文書の年次比定の再検討を試みた。残存数の多い栗林次郎左衛門尉宛書状を検討対象とし、栗林次郎左衛門尉と上杉謙信との政治的関係性を明らかにした報告であった。本山発表は、新潟県魚沼郡域の石工を信濃国高遠の石工との関わりで、小平尾・舞台村・六日町などから丁寧に抽出し、紹介した発表であった。大楽発表は、海草のエゴ草を加工した食品の流通から越後と北信越の地域間交流を焦点にあてた（本書収録）。

五　公開講演

一〇月一五日午後には、以下二本の公開講演が行われた。

① 国境を越える信仰　―妙高山と越後・信濃―　笹本正治

② 元禄の国絵図作成事業と信越国境の村々　松尾美恵子

内容は、本書に収録された論文を参照していただきたい。

六　共通論題研究発表

一六日は、八本の共通論題研究発表が行われた。

① 北陸道の越後と東山道の信濃　原田和彦

② 戦国時代の戦争と国境　福原圭一

③ 近世初期藩領の形成と越後国・信濃国
―松平忠輝期を中心に―　前嶋　敏

④ 中近世の戸隠山とその信仰
―「離山」と配札を手がかりに―　遠藤公洋

⑤ 信越国境と在地秩序　―寛文年間を中心に―　小酒井大悟

⑥ 信越国境の戊辰戦争
―「浪人騒ぎ」をめぐる緊張と対応―　荒川　将

⑦ 明治期長野県の合併・分県・移庁論
―交通インフラ整備と地域内対立―　宮澤崇士

⑧ 「丹霞郷」命名からみた昭和戦前期の信越高原観光開発　小山丈夫

■事情により収録できなかった発表の要旨を左記に掲載する。

〈小山丈夫氏発表要旨〉

昭和戦前期の一九三〇年代は、日本の刊行史上一つのピークであるとされる。これは鉄道網の整備や自動車の普及により、それまで遠い存在だった高原や山岳にまで観光エリアが広がり、都市住民の観光熱を高めたという反面、昭和恐慌からの打開策として外貨獲得のための外国人誘客を主な目的とした観光振興が、国策として推進された側面があるといわれている。信越国境に展開するいわゆる信越高原の観光地群もまたこの時期に画期を迎えたのであった。

本報告では当該期に積極的な観光地化が計られた長野県北部の「丹霞郷《たんかきょう》」をとりあげ、信越高原観光地群の展開を辿ってみたい。

丹霞郷は上水内郡中郷村（現飯綱町平出）の果樹園地帯を呼んだ景勝地名で、昭和八（一九三三）年に来訪した洋画家岡田三郎助により桃花の見事さから命名されたとされるが、実は岡田は長野商工会議所による信越高原観光振興を目的とした風景探勝に招聘され、意図的に観光地を「発見」したのであった。当時の岡田は官展系アカデミズムの頂点に位置する作家であり、長野の経済界はその影響力に期待し、また作家はそれに応えたのである。岡田らは妙高、野尻湖、戸隠、飯綱、志賀高原などで作品を描き、それは東京で展観され美術雑誌の口絵を飾り、政財界の要人が買上げ話題をまくなど知名度アップに成果をあげた。それと連動するかのように信越高原にはスキー場やホテル型滞在拠点の設置、アクセス網の整備などが進行し、現在につながる近代的な高原観光地の原形が形づくられた。

丹霞郷の「発見」に象徴される当該期の観光ブームは、昭和一二（一九三七）年日中戦争勃発を境に停滞し、丹霞郷そのものも一時作付統制や戦後のリンゴへの転作の流れの中で桃園の実態を失ったが、昭和四三（一九六八）年農業構造改善による集団農地移転で再生を遂げ、現在も信越高原観光地群の一要素として存在している。

本大会テーマでは信越をまたぐ観光圏形成から妙高戸隠連山国立公園の分離指定への流れに位置づける視点も指摘されている。「造られた観光地」丹霞郷という小窓を手がかりに信越を結びつけた地域像の一側面を提示したい。

七　共通論題討論

共通論題研究発表に続いて、共通論題討論が行われた。議長団は、大会実行委員の原直史（新潟）、佐藤慎（新潟）、大会運営委員長の大嶌聖子（千葉）の三名で務めた。

最初に、報告者八名の紹介を大嶌が行い、共通論題討論の大きな目標は、「境」と「間」を通して地域像を明らかにすることであるが、討論の手順として三つの柱を説明した。上越・北信それぞれの地域の特性から、お互いの地域をみる意識（①）を導入とし、その後、今大会の対象地域で重要と考えられる道について（②）討論し、最後に「境」と「間」について（③）議論を広げていきたいとした。

つぎに事務局長でもある佐藤氏より、討論の座席配置について説明があった[*1]。その後、討論に入り、大嶌が一点目の上越・北信の互いの地域に対する意識を俎上に挙げるとして、新井雄太氏の長野県と上越地域との合併の問題提起を引き、近代には県境を越えて合併する動きがあった地域性に触れた。その関連で、近代の報告を行った宮澤氏を指名した。

宮澤崇士（長野）：明治一五年の地方巡察での安場発言は、県境を越えた交通網の整備、それを踏まえての県を超える合併、例えば、頸城郡と長野県の合併、もしくは山梨・伊奈地域の郡の合併も踏まえている。また明治期は、例えば飯山地域の郡の合併問題も、小さいレベルでは村域の問題も同時並行で動いている。県境を越えた、境を越えた合併など議論されやすい状況があったと考えている。

この発言をうけて、原氏が、同じ時期の新潟県側の動向について、例えば民権期と明治期の動向のコメントを荒川将氏に求めた。荒川氏は、川西英通氏の問題提起に引き付けて答えた。

荒川将（新潟）：新潟県の民権運動は上越の吉川から始まり、上越からスタートした。民権運動の広がりは、県境を越えて飯山へ入り、長野の方に広がっていく状況がある。民権運動家の連携が、新潟・長野、そして北信で、大変強い繋がりを持ちながら展開してくる点が宮澤報告にも関わってくる問題である。

つぎに原氏が、新潟県、長野県をそれぞれフィールドに研究する方々が準備を続けて来たなかで、準備報告等々でも、新潟県の人が研究していた研究の視点と長野県の方が研究していた研究の視点が全然違うという指摘が多くでていることを確認した。この点について、原田和彦氏に発言を求めた。

原田和彦（長野）：昨年から、新潟県の豊富な研究史を追った。新潟県は研究史として深く、その中で信濃をどう位置付けるか。信濃は越後を向いていない研究が多く、信濃国、越後国の関連研究の中で皆無に近い。ただ東山道支路といわれる越後の国府と信濃の国府を結ぶ道を介して文化などが動くと指摘した研究が多いと気付いた。前提となる道があったのかどうか、途中から疑問を抱き、報告を行なった。この視点で検討して感じたのが、国を超えた研究は他の地域でもおそらく必要になってくるのではないか。古代史とか地域史の場合、その地域だけではなく、広がった地域の見方が大事である。

原田氏はこのように研究の状況と視点について述べた。原田氏は長野県側で研究を続けてきた発言であったので、大嶌が、新潟県側から、問題提起の執筆者でもある小林昌二氏に発言を求めた。

小林昌二（新潟）：小林存《ながろう》という民俗学者が「沼垂」という地名がもう一つ長野にもあると、いまの長野から西へ真っすぐいき上水内郡の栃内村にあるという。原田報告では神渡を信濃阿賀野の河口あたりに求めた点は、新しい考え方であると、是非については一つの問題として、受け止めたい。加えてもう一点、越後からみると、上越に、「美守」という所が二か所あるが、信州から越後のほうに目を向けたときに、欽明天皇のときに、佐渡に粛慎《あしはせ》がやってきた問題は重要に思う。長野の付近まで、確実に陸路の道が辿れるならば、その先は越後の状況に合わせて、確実な経路を取る必要がある。また新井のあたりも、「夷守《ひなもり》」を「ひだもり」と発音し、「美守」と漢字を当てたりもしている。もう一つ、頸城、旧頸城村の方にもある。その先の柿崎方面につながるときに、そこに部隊、人間集団を配置していたのだろうと考えられる痕跡がある。信州の山の道の関連で、配置されていると考えるとよいのではと思っている。原田報告でいえば、沼辺《ぬのへ》の先が辿れないことは、他の場所とは違う何か辿り方があるのではないか、これが「間」に関係してくると面白い。

この発言をうけて、原田氏は次のように答えた。

原田：美守については、研究を進めながら考えていきたい。粛慎については、対外緊張関係の中で信濃がどういう状況にあったのかという研究も全くない。越後の研究で、対外関係は研究が進んでいる部分であり、信濃の道、あるいは北陸道を通ったのか東山道を通ったのか、急なこういう状況のなかで、どういったルートを使ったのか念頭に置きながら、もう一度ルートを考えてみたい。信濃から越後に抜ける道が、従来は国道一八号、いまの北国街道の視点のみと感じたので、花岡氏が問題提起に書かれている関田高原を越える道、あるいは、西の方にかなり古いルートがあると見ていくと、信濃から入ってくる道は、飯山から入ってくる道も想定できる。柿崎のほうから直接、信濃に入ってくる道をもう一つ想定できるのではと考えている。

原田氏は道についてこのように答え、これに対して、原氏より共通論題報告で考古の専論がなかったので、議長団の中で恐縮だが、と断った上で佐藤慎氏に考古学からの研究のコメントを求めた。佐藤氏は小林氏の発言の美守について、および原田報告を受けて次のようにコメントした。

佐藤：妙高市は「美守」と書いて「ひだのもり」と呼んでいる。おそらく「ひなもり（夷守）」が転訛したものだろう。かつて軍事拠点だった土地の呼称が伝わっていると考えられている。近年、美守の隣接地にあたる関川の右岸域で古墳の発掘が行われ、大和朝廷から下賜されたであろう装飾太刀をもつ大型の古墳が出てきている。銀象嵌の鍔をもちレベルの高いものだと思うが、そういうものを副葬する集団が拠点を構えたのが、六世紀の終わりから七世紀の初め位で、おそらく東頸城一帯に古墳群が展開する時期に、妙高市の高田平野の先端部まで、そういう集団が入ってきて、活動の拠点にしている。小林氏は問題提起で伴造系集団という言葉を使用しているが、渡来系の人たちが、加わっているのではないか。信濃で渡来系といわれている大室古墳群などにみられる技術的な部分がその古墳でも見られる。

　律令期の少し前の段階を見ると、関田山脈を越えた北信と上越の間には、相当、人の往来があって、渡来系を含む伴造系集団が北上し、越後が軍事的に重要な場所になっていったことは間違いないだろう。東山道の支路が、信濃から頸城の国府へ真っすぐ延びて、のちに北国街道になると大変理解がしやすいが、原田報告はそうではないと想定している。北信濃に来た道が、北上せずに東西に分かれていくイメージで考える必要性が出てきた。一方で、官道ではなくとも北信と上越を結ぶ道が確かに存在していて、坂井氏の問題提起で、須恵器の系譜の問題、あるいは瓦の系譜についてあり、北信濃の須恵器の作り方、古代寺院の瓦の作り方が頸城に入ってきて、頸城の中心的な官衙で使われていることもまた事実である。国が意図した道とは別に、豪族同士が旧来の関係を保ちながら使っている道ではないか。考古学でもこのあたりの整理が始まっていくのではないか。

　佐藤氏はこのように考古学の側面から頸城に展開した集団や道について説明し、展望を述べた。

　原氏は、特に両地域を結びつける道が、問題として浮かび上がってきたので、道を中心に議論することにしたいと方向性を示した。原田氏が東山道支路を考えるときに、のちの北国街道のルートだけをこれまで見ていたという指摘があり、また、佐藤氏から多様なルートの想定についての指摘を受け、両地域を結ぶ道が複数存在し多様である点について、問題提起も執筆した花岡公貴氏に補足説明を求めた。あわせて大嶌が道について、配布された参考資料集(*2)を参考にしてほしいことを会場に確認し、その後、花岡氏に発言を促した。花岡氏は、特に道を専門分野としているわけではないが、上越に住んでいる者として発言するとして、次のような説明をした。

花岡公貴（新潟）：古代の道がどうあったかは、これから調査研究が進んでいくと思う。少なくとも近世をみれば、一番大きく道が開けているのは、妙高山・黒姫山の間、斑尾の間の一番大きな鞍部になっている部分で北国街道として現在、国道一八号になっている。そこが、信濃の国府から越後の国府への最短の道になりうると思うが、そうではないとなると、とても難しい。様々な道が考えられる。近世は北国街道の脇に富倉の街道があり、また関田山脈を越える一二本とか一三本とか峠道が無数にあり、頻繁に大量の物資が行き来している。冬季は、一〇m以上の雪に閉ざされる山岳地帯で、極めて厳しい国境を作っていると思うが、そのなかで山の中の峠、越後側の峠に近い集落が、大きな集落を形成していて、数百人の人々が暮らしている。飯山と越後、頸城の人たちが、常に行ったり来たり、流通や通婚などを通して、つながりが深い生活圏や通行圏をもっていることは明らかである。そのことが、政治的にどう取り込まれていくか、国境としてそれをいかに捉えていくのか、政治面と経済的生活面の両方からのアプローチが必要で、関田山脈を挟んだ村々の史料を今後よく見ていくことが課題である。

　このように花岡氏から課題も含め発言があった。佐藤氏が、飯山街道、飯山市の方では富倉街道と呼んでいる峠道のことが出たため、飯山街道と上杉氏の分国経営との関係について、福原圭一氏を指名した。

福原圭一（新潟）：飯山城を永禄一〇年に上杉が築き、それに対応して長沼が重要になってくる。飯山も守るが北国街道のほうは、関山の方に新地を作って兵を入れることもした。つまり、上杉の春日山から信濃に行く道としては、飯山と、それからいわゆる北国街道、のちの北国街道が使われるが、謙信の時代は、特に武田が長沼城を作ってから関山口のほうが、通行ができない状況が起きるので、飯山の街道を伝っていくと、信濃にいくため、飯山がクローズアップされてくる。

佐藤氏より、武田方が重要視した長沼の重要性について、長沼を通る街道に領主から御触れが出ていると、前嶋氏報告にあったが、街道との関係について、前嶋氏に補足を促した。

前嶋敏（新潟）：基本的には長沼を維持することで、そのルートは牟礼から神代を通って長沼へという、飯山とは別のルートになる。すでに街道の筋があることになっており、牟礼から神代、長沼へいくことについて、報告終了後、控室で議論があり、史料上では一方で、長沼と新町をという話になっており、牟礼の百姓中に対して出されている。牟礼の百姓中にとっては　利点がないということでいうと、むしろ法令自体は牟礼を通るということを意識したことを勘案すべきということである。牟礼からずっと長沼まで通っていくのと、善光寺まで通る二本のルートが意識されていくことになるのではないか。

ここで、大嶌より、道にテーマを絞り、会場から質問や意見を求めた。またこの地域は大幹線の北国街道や、上杉などが使っていた飯山街道など、また西の方での幹線の千国街道もある。こうした道路は「間」世界では、いわば血管のような位置づけもできると思うとし、会場の自由論題発表の大楽和正氏にエゴのことと絡めて発言を求めた。

大楽和正（新潟）：エゴは、飯山の北部の何名かに聞いた限りでは、関田峠を越えた。関田越えの飯山の北部の温井という集落でも何名かの方に伺ったが、そのとき出てきたのは越後の瞽女の話だった。瞽女さんも関田峠から越えて温井の方にきた。北国街道のようなモノが物流する一方で、それぞれ瞽女を受け入れる、エゴの文化を受け入れる、それぞれの山々に集落があって、その文化を受け入れる道があるように思う。戸隠修験も興味深かったが、普通の単なる道ではなく、文化が動き、村々が道とその文化を受け入れる素地があり、それぞれの地域とどのように関わるか、展開しているのか、そのあたりが興味深い。

原氏より、大楽氏からの民俗事象は、人々が文化を運ぶ、文化を伝達していく道筋と、幹線ルートの街道筋では機能が異なるという指摘をうけ、報告者へ、関連して発言を求めた結果、札配りの道の事例を検討した遠藤公洋氏にマイクが回った。

遠藤公洋（長野）：越後を回って戻ってきた広善院が、最終的なゴールを現在の長野県の白馬村の「立の間」におき、そこから越後で買い求めてきた荷物や余った荷物等々を、一括して戸隠へ送るということが基本になっていた。どこを通って戸隠にいくのかを考えざるを得なかった。蓼沼のすぐそば、塩島郷の中にある枝村青鬼（あおに）村にある善鬼堂の縁起が、名前が違うだけで、戸隠の縁起と同じものである。縁起が面白いのは、岩窟に閉じ込めた鬼が、戸隠山を通って反対側に出たら心が入れ替わって良い鬼になって善鬼だと伝えられている。イメージとして、戸隠と白馬は山一つ越えて背中合わせの関係という意識がある。そこで白馬村の村史を紐解き、大変驚いたのは沢山の民俗学の聞き取り調査をされて、昔の道筋についての多くの書面がある。車は通れない、人が引く車も到底通れない一種屏風のような険しい山だが、最短距離を通って山一つ越えて戸隠にいく峠道が二つ三つあるということを確認できた。昭和初期まで機能していた。大量の物資を輸送するような手段には不向きかもしれない。身一つだけでいいというような条件であれば、相当な急傾斜地でも登って、ショートカットして文化を伝播していくというような印象をその事例で強く受けた。御師が通る道を、すごい所をヒョイヒョイ通っていく印象が強く残っている。

ここで大嶌が、会場からの発言を求めた。先の大楽氏の発言で瞽女さんの事例が出されたが、そういった庶民の視点からどうであるかと瞽女を事例に問題提起を執筆した板橋春夫氏に発言を求めた。

板橋春夫（新潟）：高田、長岡瞽女などの大きな集団がある。他にも三条瞽女、刈谷瞽女など、いくつかの集団がある。高田瞽女に限定すると、高田瞽女の調査をした市川信二氏の研究がある。瞽女さんたちに、葉書を託して、瞽女宿に泊まったときに何月何日に到着して、いつ出ていった、どんな歌を歌ったか、いくつかのメモを書いて投函をしてもらって、市川氏がそれを集約すると、どのように歩いて過ごしてきたかということがわかるというアンケート調査としては戦前としてはとても良いものやってくださった。その成果によると、高田を六月の中旬ぐらいに出て、長沢、富倉、そして飯山にいたり、八月のお盆には、もう一回高田に戻るという話であった。関田峠などいくつかのルートで、いろんな道筋を通って、集落があるところに瞽女が訪ねてきて、片付けをして、一晩瞽女の歌を歌って村人を楽しませるという流れがあった。それでまた隣の集落へ旅していく。飯山だけでなくて、人がいるところに訪ねていくので、先ほど遠藤氏が話したのと同じように、人が通ればいい道で、できるだけ直帰したほうがいいのでショートカットした。興味深い点が瞽女さんは目が見えないので、七月八月、お盆前の暑い時期は、昼間はゆっくり瞽女宿で仮眠させてもらい、特に夜歩く。瞽女の場合は、普通の人の道とは違う道も選ぶことも可能かという気もする。

このように板橋氏から人が通れる道ならば、瞽女は通っていくという具体的な発言があった。これを受けて原氏は、道についで次のように議論の方向性を示した。道は、例えば官道として指定することになると、また話が別になるという問題がある。宮澤報告が一番典型的だが、国道として整備しようというときに、どこを選ぶのかが深刻な地域対立で大きな問題になってくる。また無理やり長沢に道を通そうとする様な権力が絡んでくると、この道の問題は、別の様相を見せることになる。こうした点は、いくつかの報告で浮き彫りになってきた。権力が道をどのように捉えていったのか、宮澤氏に発言を求めた。宮澤氏は、取り扱った史料のなかでわかったこととして、次のように答えた。

宮澤：新潟の県議会と、新潟県令が新潟から関東方面に向かう道を整備したいというなかで、どのルートを取るかという問題が出てくる。明治一〇年代中頃の議論では、一番は富倉を通る道が出てきて、それが推された。理由は人のつながりで、特に民権運動家であった新潟の島田と、飯山地方の民権家小山鉄児との関係が、川西氏も問題提起で書かれているが、そういう関係が道を繋いでいこうとした一つの流れとしてあったのではないか。

このように宮澤氏は発言し、原氏は権力という単純な表現をしたが、権力といっても、まさに民が権力を握っていこうという問題である。上からだけではなく、下から人々が自らの利害を完結していくために、その地域で政治的に活動してどういう道を選んでいくか、もっとコアな話が、あとの時代になってくると絡んでくる。この地域の観光開発に信越線、それに絡むバス路線の整備が影響を与えた。小山報告に関連するので、交通インフラを絡めて小山氏に発言を求めた。

小山文夫（長野）：観光開発はバスなどの普及と不可分なイメージを持っている。長野県の事業者の動きだけだが、川中島自動車であり、長野電鉄である。次は新潟県内の路線の展開を押さえて、長野県側の動きが、どうリンクしていたのか、していなかったのか、見極めることが大事だろうと考えている。長野県の場合は、川中島バスの資本と長野電鉄の系統は鬩ぎ合っている。戦時体制のなかで、志賀高原だけが残っている姿があり、その後の観光地の姿を変えていかざるを得なかった。そんな文脈で両方の社史が語られているとみた。新潟県がどう絡んで来るかが今後の課題である。

原氏は、小山氏の新潟県側の特に近代の交通インフラの展開についての発言をうけて、フロアから付け加えることがないか問いかけた。議長団からの道の問題の問いかけにフロアからはとくになかったので、大嶌が史料など見直していただき、改めて意見を伺いたいとし、ここから三つ目の議論について進めていくことになる。原氏は、共通論題の「境」と「間」について自由論題報告も含め、テーマを意識して、ほとんど報告をいただいており、公開講演もそうした話をしていただけたということで、大変有機的に繋がったとした。そして、次のように「境」と「間」について大会の準備の中で明らかになってきたことをまとめた。

原：私どもこの共通テーマを用意する段階で、当初は非常に単純な思いであり、例えば元禄国絵図で線としての国境が確定していくという点は、従来の研究史で明らかにされてきており、時代が下っていけばいく程、国境のラインがはっきりしていくという単純な見方が一方ではあった。準備を進めるなかでそんな単純なものではなく、信濃と越後の二つの国の違いを際立たせる「国境」「境」について、時代が新しくなればどうなるか、古くなればどうなるか議論になり、それぞれの時代に応じて、いろいろな課題の中で立ち上がってきたり、薄れて行ったり、複雑な様相を見せることがはっきりしてきた。そうした「境」を包み込んで繋がり合う二つの地域、これを「間」と示したが、「間」がそうした「境」を内包しているというのが、我々が準備をしてきて、かなりはっきりしてきた点だと思う。その中で「境」を立てていく動きは見え隠れするということになる。また「境」を立てる行為も、例えば国や地域の領主権力が関わって来るときに、より明確に意識されるのは当然だが、単にそれだけではなく、例えば福原報告にもあったように、「境」の意識を逆手にとって役を忌避する。小酒井報告もそうした面があるかと思う。実際は人々の生活に関わる「境」だが、そこに国境という論理を持ってきて、敢えてそれに寄りかかって、個別の利益を実現しようとする人々の動きを念頭に置くと、とても豊かな「境」の情景が描かれるのではないか。

このように原氏はとまとめた。質問用紙も、ほぼ「境」と「間」の内容について書かれているので、紹介しながら進めていくこととした。まず大嶌が中澤寿代氏（埼玉）の質問内容、村境と国境の違いなどを読み上げ、補足説明を求めた。

中澤：「境」は一つに決まっているものだと思っていたが、「境」は立場によって違い、律令制のときに国を定めたときから、境はずっと続いていて繋げたところで感じた。「境」とはそもそも何か。

このように中澤氏が質問したことを受けて、まずは小酒井氏へ村境に対する思いの違いはなにかと村境と国境のことで発言を求めた。

小酒井大悟（千葉）：幕府の取り上げた相論に関して、幕府が定めた国境と村同士の村境とは必ずしも同じではない。「境」を主張する主体の利害によって境の性格は変わってくるだろうと考えている。

羽倉村、森村の村人にとって、そこが国境であるかは重要ではなく、あくまでも村境が重要であろう。彼らが主張するのはローカルな地名で結ばれたラインで、生活に密着した形で語られる境である。村間である共通の習俗から見れば、それを分断した意図は何かということであるが、羽倉と森村の場合、それを村境として引くのか、国境として引くのか結局どっちでもいい。ただ、境を分ける必要があったのかということに関しては、寛文・延宝というと、例えば山の中の新たな畑と耕地を開墾する、木を切ってくる場を確保するようになる。山用益の進展が、山を囲い込むという動向を生んできて、近世を通じて維持されるという感じで、意図は山用益の部分で、そうすると山の資源を確保するために、囲い込む動向があると思う。

福原：このテーマで報告をどうしようかと思った時、武田と上杉がどう考えているのかを見てみようと考えた。大名の意識に限って答えると、戦国時代の重層性や国に規定されてはいるとは思う。武田の場合は甲斐が本国で、甲斐という国に帰属している意識が大変強いと思う。武田は、ここの地域に関していえばアウェーな存在で、実態としての地域の意識は、馴染んでない存在だった。

むしろ上杉の方が戦国時代にありがちな実行支配、当時の言葉で当知行、自分の支配している領域こそが自分の領域という意識があるので、それに基づいた国意識を越後の本国と同時に意識として持っていたと思う。それが後奈良天皇の綸旨に結実すると考える。武田も、信濃、信越国境地帯で数十年にわたる戦争をしてきた結果、信濃一国を占めるのは無理だろうと、長沼に出張ってきて築城し、そこの間に線を引くことになっていくと漠然と考えた。意識違いが戦国特有で、この地域の上杉と武田の一種のあり方かと思う。

このように福原氏は大名の「境」に対する意識に注目し答えた。つぎに大嶌より松尾美恵子氏から小酒井報告への質問を紹介した。元禄一二から一四年の信越国境相論では、双方とも正保の国絵図の記載を証拠に挙げ、幕府の裁許も正保絵図に基づいているが、寛文期の相論では正保の国絵図は機能していないのか。いないとすれば、なぜかという内容で、小酒井氏が左記のように答えた。

小酒井：正保の国絵図の件は、取り上げた相論では言及されていない。松尾氏の講演を拝聴し、元禄一二年からの相論で正保の国絵図が、境目の根拠の一つとされていた。寛文期はそれがない。そもそも元禄国絵図の作製にともなって、各地で、例えば村境相論が頻発することがよくある一方、正保国絵図の場合、それは聞いたことがない。正保国絵図が、在地社会に与えたインパクトは、元禄国絵図とは全然違う。国絵図の作製、調査の仕方など問題もあると考えられるが、正保国絵図を作製する時の村は、百姓の流動性があり、小経営にいたるまで、家が確立していないなどの状況がある。そのため「境」を伝承していく母体は、未だ流動的である。元禄国絵図を作る時は家が確立しており、根拠を語り伝えていくところが浸透している。つまり正保と元禄とで村の成熟度合いが違う。正保期の場合は、それほどインパクトを与えてない。正保国絵図を根拠にこう描かれているというところまで至っていないのではないか。もう一点、訴訟技術の熟練という問題がある。寛文・延宝期の取り上げた相論は、村百姓であれば、当然則るべきルールが必ずしも訴訟で守られていない。例えば相手から暴力を振るわれたときは、やり返さないで、ぐっと耐えることが重要だが、たまにやり返してやったぜと書いてあったりする。ルールとして甘いところがあって、何を根拠にするのか、この段階では何を引き出せば有利になるかが、まだ微妙な段階かと考えている。

このように、正保国絵図が寛文期の相論で引用されていない理由を答えた。大嶌がここまでの「境」に関してフロアから意見がないかを確認した。そのうえで、「間」に議論を移すこととした。鈴木将典氏（東京）の質問を議長団では「間」に関する質問と捉え、大嶌から質問を鈴木氏に確認し、福原氏が各質問に答えた。

福原：上杉の立場からは越甲同盟というが、この同盟のとき細かい国衆の動きがどう作用したかを折り込まないで報告をしてしまったが、例えば島津は質問のとおりで、本家の方が島津領を離れて上杉について、武田についた庶家が入ることがある。市川氏の場合は、信濃と越後に跨って所領をもつが武田方になり、越後の所領のその後は、よくわからない。どうなっているのだろうと思いながら、解明できていない。川中島の戦いを通して、葛山衆のように潰されてしまう一族と、上杉について遁れる一族に分かれる。国衆たち、在地領主的な人たちがリセットされるようなことが、この数十年の戦いで起こってくる。それによって武田と上杉が、あのような線を引くことができた部分があるのではないか。越甲同盟のときの国分けが、国衆の動向に左右されて国切ができていないという点は、そうした部分もあるだろうと思いつつ史料を読んでいる。岩井という一族が外様衆のまとめ役の位置にある。岩井氏は武田に押されてではないが、飯山を離れて越後にくる。武田勝頼と景勝が同盟を結んだときに、父親が飯山に戻り、息子は景勝とともに活動し、さらに武田滅亡のときに、岩井氏を使い北信を治めていく。武田と上杉に親子が分かれたからといって、交流が断絶するのではなく、関係は継続していることが伺える。同盟だから線は引かなくても、曖昧でもいいという所はある。武田氏滅亡後の北信の支配が近世に繋がっていくのではないかという点は前嶋報告を聞いていただければわかるように、私たちも当初はそう考えていた。上杉景勝領がそのまま忠輝に引き継がれ、その下地を上杉が作ったのではないかと考えた。実際は完全に切れていて、たまたま、幕府の方に忠輝を加増したいという意向と、堀が潰れて越後をなんとかしなくてはいけない状況があり、初めて一体化して、川中島と越後が支配されることになる。むしろ、もし堀が潰れてなければ、もしかすると川中島は井伊が入って、越後に堀が入って、分断された状況が続いて幕末までくるというようなことまであったかもしれない。上杉分国の越後と北信、そして山形まで続く分国は、近世には引き継がれていないのじゃないかというのが、今大会の検討の中で分かってきた。

　このように福原氏は準備過程での成果にも触れた。大嶌が前嶋氏にも発言を求め、前嶋氏は福原氏の発言に補足した。

前嶋：要は、領がそのまま引き継がれることではない。特に忠輝期の問題は、それほど検討が進んでいるのではないこともあり、段階ごとに改めて見直していく必要があるのだろう。戦国の分国も含めて、近世にどのように移行していくのか、丁寧に見ていく必要性があることを意識した。

　前嶋氏に続いて福原氏より次の発言があった。

福原：逆に在地の側としては、むしろ上杉が作った秩序は生きている。それは前嶋氏が掲出した牟礼の文書で、牟礼を通って長沼にいくという権益を上杉が認めたのを、ずっと引っ張っていく。それは村の側から求めている。

　上杉の作った下地は近世に引き継がれている部分もあるという確認が福原氏からあり、続いて佐藤氏が、福家清司氏（徳島）から、中世山岳修験の勢力と世俗権力との関係についての研究の現状に関わる質問が出ており、信越国境地帯では、遠藤報告の戸隠山の顕光寺、小菅の元隆寺《がんりゅうじ》、関山の宝蔵院と、様々調査研究が進んでいることを紹介し、まずは遠藤氏に戸隠の状況、世俗権力との関係についてたずねた。

遠藤：報告で事例にした「離山」だが、特に弘治三年の離山は、武田晴信が川中島平に入ってきて善光寺と敵対をしている。そこで出てくる善光寺別当は在地の武装勢力の栗田で、戸隠の別当の栗田と区別するために里栗田と名乗る。戸隠の栗田は山栗田を名乗る。里栗田が武田晴信と敵対したのが弘治三年で、そのときに戸隠が越後の関山に離山した。これは栗田氏の一族が山栗田・里栗田ともに武田氏と敵対する立場に置かれたと推測ができる。山栗田の記録は中世文書に見えなくなり、文禄三年の上杉家の「上納員数目録」に、山栗田七兵衛という人物が突然また登場して、上杉家臣団に編入されている。こういう事例は挙げていくことは可能で、昨日の笹本氏の講演の小菅の別当大聖院は同じ「員数目録」で上杉家臣として位置づけられていく。越後を代表する弥彦神社の場合には、武装勢力として上杉家の家臣団の中での位置づけが、少なくともこれまで十分検証されておらず、武装勢力あるいは在家の勢力との関係は、検討する余地がある。

遠藤氏は右のように答え、佐藤氏は家臣団に一部組み込まれていく動きは、山岳霊場が信越国境に跨って広がっているこの地域の特徴として捉えてよいのか、再度発言を求めた。

遠藤：確かに近畿の事例や、他の地域の研究を参照すると、割拠している勢力のテーマの「間」にあたる、中間点に入り込んでいる位置にあるものは、俗世の権力、武力の闘争と無関係ではない感じを受ける。信越が該当するかと言われると、わからない。ただ「離山」のような面白い事例があり、ほかの地域でこのような事例があれば、ご教示いただきたい。

つぎに原氏が、徳竹剛氏（福島）からの質問を紹介した。国境の機能や重みは時代によって大きく変化しているように感じ、各時代において国境がどのような重みを有し、それを跨ぐ形で存在する「間」にはどんな意味があるのか、という質問であった。時間の関係から、報告者一人ずつ簡単に扱ったテーマに沿って、「境」を内包する「間」の性格、「境」がどう重みを持ち存在するか、国境は全国どこにでもあるが、この地域ならではの性格を想定するならば、どんなことがあるか順に回答を求めた。調整の上、時代を遡って回答することになった。

小山：近代・戦前期から現代までを観光から見てきた。重みについてはよくわからないが、空間の認識は、長野と新潟とで山を見上げる感覚、それぞれの受け止め方が違う。その山が生活している人たちに一体何を及ぼしているかを考えると、何と言っても環境は豪雪地帯である。往来を妨げている地帯が長く続き、より飯山へ行くと、関田山系のもっと険しい雪山で、あるいは小谷《おたり》のほうが峡谷を伴う豪雪地帯で、どこを通るのも大変な難所である。主幹線をどう維持し、官道として通年で往来するかは、佐渡の金銀輸送でも課題になり、塩の輸送でも同様である。近世を通して、雪の中奉行所にどう手紙を届けるかという問題でもある。官道の維持と生活者の道が、そういった所に感覚として置かれている。観光の場合、長野盆地から見上げる北信五岳と、新潟から見たときの妙高の存在感、それ以外のコース、存在感のない飯塚山など、空間の認識の違いが温度差として表れたのだろう。長野からは新潟も一緒という感覚が、新潟からでは何か違うのではないか、善光寺とそっちで勝手にやってという所もある。長野の研究者が研究をしているが、北信五岳が校歌で歌われるようになったのが明治末期から大正で、ほとんど長野盆地の小学校で、新潟ではそういった動きがないことも、現代に繋がる感覚があるのではないか。

宮澤：明治一五年からの地方巡察に関して、頸城郡を含めて長野県に合併しようという安場参事院議官の考えと、反対に道路を中心とした「間」、道路によって「境」の変更を認める西郷従道はじめとする中央省庁の者もおり、特に中央省庁レベルでは、「境」の重要性、「境」に対する考え方は若干違うことを指摘できる。一方で小山、島津ら長野県に住んでいる者にとっての「境」の重要性は、報告した時期や史料の中では、見いだせることができなかった。特に頸城郡合併問題は、明治二〇年代、そのあと三〇年代と、何度か出てくるので、今後の課題としたい。

荒川：戊辰戦争時を検討したが、どのような課題を設定すれば、共通論題「境」と「間」に近づけられるのか工夫をした。古屋隊は、飯山街道を往来し国境を越えながら活動している。そこで、もう一つは高田藩や飯山藩の動きをみていき、戊辰戦争は藩が非常時の状態であり、「境」を作るだろうと予想した。一方で「間」は、個人的なところと考えられ、国境を挟んだお互いの眼差しが重なりあう所と考えた。報告では、長沢や富倉があたる。お互いの「間」は非常に広い空間で、そこには、厚さ薄さがあり、濃さがあったり色々ある。富倉と長沢の関係は、立ち上がってくる「境」に対する断ち切ろうとするが切れなかった「間」で、その断ち切れない繋がりを「隣村慈愛」という史料で確認し、「間」がそうした所にも、あらわれてくると考えた。上越にいて、長野の方への目はなかったが、この機会に、「境」や「間」をとても意識するようになり、これからもこの地域の歴史を掘り起こしていく作業の中で理解していきたいと考えている。

小酒井：共通論題の「境」と「間」に絡め、特に中世から近世の移行過程、一七世紀後半位の藩政について、藩政の確立や村の確立のときに「間」に「境」という線を引こうとするような動向が働くのではないかと考えて、報告を組立てた。「境」の立て方も村境か、領主の「境」か、その主体によって「境」の立て方に違いがある。

遠藤：いくつか具体例を挙げて役割を果たしたい。戸隠の場合には、一山の中での檀家の運用のために「境」があった。戸隠が外側に対して「境」を考えていない。史料からわかる範囲では、例えば国境、藩の境に強く縛られた形跡が出ていない。むしろ戸隠の中での運用のための「境」が見えた気がする。どなたからも発言がなかったので、地域の特色として述べると、いまだに小谷村と新潟県の境は、境がない。全国でも数少ない十数か所しかない県境未確定地帯にあたる。戸隠の御師は、まさにそこを通っていたことがはっきりわかり、小山氏の発言にあった姫川周辺で、お札を配りながら活動している。その活動圏、「間」は水系におそらく規定されるのだろう。一方で面白いのは信濃国の一宮諏訪社で、諏訪社は問題の国境未確定地帯の二つの宮で、六年に一回ずつ、薙鎌打ちという県民俗文化財に指定されている民俗行事をやる。これは民俗学によれば国境の主張であり、越後に対してここまでが信濃だと言っているという。同じ宗教の立場でありながら諏訪社の出方と戸隠社の出方の感じが違うのも、大変面白いところである。

前島：政治史の範囲で発表をしたことをまず確認し、松平忠輝の時期で、藩内に国境を内包する点、国境で地域を区別する事態があったこと、国境意識が強くあった点などを指摘した。おそらく、その前の時代から引き継がれてきたことを確認した。一方で街道についても触れたが、「間」には濃淡があり、「間」を濃くしていく様々な動きが見受けられる。

福原：諏訪社の事例は、文章化するときに再考したい。戦国期は境目を挟んだ二つの領主にそれぞれ年貢を半分ずつ払う半手両属論ですべてを語られているようなところがある。たまたま諏訪社は御頭役という信濃国のだけの問題で。うちは上杉、うちは武田という村があってもいいのかなと思い、特に島津領の村は、うちは信濃だけど上杉領というような意識があるのではないか。村の境や国境という見えないものが人を規定するのはどういうことか、考えていきたい。

原田：北陸道の越後と東山道の信濃では国制度としては、明らかに別であることをはっきり言いたかったため、タイトルをそうした。国が成立していく過程は、日本史の中で一番大事な問題だと思うが課題としたい。弥生時代から北陸と越後と信濃は交流が深く、新潟と長野の感覚の違いを引き摺って準備を進めてきた。特に長野の場合、北陸形土器を重要視しており北からの文化を考えているが、新潟の方々は東海系土器で、長野を介して新潟に入ってくる考え方があることを確認した。国家形成の根幹に関わってくる問題、あるいは在地首長、政策、モノや人の流れという大きな問題にかかわってくるなかで北信と上越は、一つのなかで動いているのではないか。

　報告者の発言が一巡し、原氏が、徳竹氏に発言を促した。

徳竹：念頭に旧国名の信濃国と越後国を置いていた。時代により、違うイメージがあり、中世は勢力に応じた線が引かれ、それでも国を意識して線が残っていること、近代には分権の動きの中で規定する線という認識、時代によって違う認識が見えてきて大変面白かった。

　このよう徳竹氏は感想を述べた。ここで大嶌が、新潟県東蒲原郡など他の地域からの事例を取り上げきれなかったことに触れ、最後に国境を挟む地域の特徴を表す言葉を「間」とし、「境」と「間」のキーワードが決まる前は、実行委員会から「国境」というキーワードを出していただいたことに触れ、実行委員長の浅倉有子氏（新潟）に発言を求めた。

　浅倉有子氏は、会場の参加者へお礼を述べ、その後、上越の地域性について補説するなかで、「国境」が、「間」と「境」のテーマにつながったことを立地から説明いただいた。つまり、上越地域は新潟県であるのに、新潟県ではない側面がある、上越が関係深いのは北信地域で、近代になってから何度も長野県と合併話が持ち上がるという歴史的事実の確認をいただいた。

　最後に大嶌より、北信と上越とには豊かな研究蓄積があり、一つの地域として考えた時に、その蓄積を学びほぐしのように一度手放し「境」と「間」とで組み立てなおして地域を見つめなおしてもらったことが新しい歴史像を紡げたことに繋がったことを確認した。「境」と「間」の枠組みでの研究も続いていくことが予測され、地方史も引き続き伴走していきたい、全国各地で同じように考えられるか、ご意見もいただきたいとしめた。会場からの拍手で討論を終えた。

＊1　配置は議長団（原・大嶌・佐藤）を中央に、右側に長野県の小山・宮澤・遠藤・原田、左側に新潟県の福原・前嶋・小酒井・荒川各氏が順に座った。上越か北信かの立ち位置を視覚的にもわかりやすくし、議論を活発にしようという実行委員会からの提案であった。また大会中の壇上に、妙高市所蔵の森蘭斎「龍虎」屏風（六曲一双）を展示頂いた。

＊2　今大会では大会当日に、年表および地図が趣意書と共に参考資料集として会場で配布された。年表・地図の作成は、実行委員の井上信氏・事務局長の佐藤慎氏が中心となって大会実行委員会で作成したものである。本書収録にあたり、佐藤慎氏が中心となって大会実行委員会、および刊行委員会で再度点検を行った。

八　巡見

大会三日目は、巡見が実施された。コースは信越の国境をこえるという設定で、移動距離は多少長くなったが、「境」と「間」を体感していただくことを目的とし、共通論題に沿ったコースであった。一コースをバス二台でめぐった。コースは左の通りである。

　戸隠神社（中社・中社集落・宝物・宿坊「極意」）―関川関所―関山神社・旧宝蔵院庭園―上越市公文書センター

　新井総合コミュニティセンターを出発し、各ホテルを周回したあと、バスは妙高市から国道を通り県境を越えた。最初の見学先の戸隠神社では、中社を各自参拝し、散策の組と青竜殿での資料見学の組にバスごとで分かれた。青竜殿では戸隠神社の各宿坊から特別に提供された資料を見学した。散策は中社集落を徒歩でめぐり、三本杉を出発し、久山家（勧修院／庭、歴代別当墓見学）・武井家（行勝院／建物内見学、山口屋（土産物）の前を通過し、松葉屋（竹細工職人）で折り返して中社宿坊極意へ戻るという小一時間の内容であった。中社宿坊「極意」で昼食をいただき、宿坊の見学も行った。午後は関川の関所を徒歩で越え、妙高市に戻り、関川の関所跡を見学した。つぎの関山神社では社殿を氏子代表の方にご案内いただき、妙高山を借景とする旧宝蔵院の庭園（本書カバー参照）を見学したが、雨模様の空で今回は残念ながら妙高山を望めなかった。この庭園の滝石組の復元が行われており、まもなく完成する時期にあたり、特別に石積みの滝の上から水を流していただいた。上越市公文書センターでは、柿崎家文書ほか、所蔵史料を見学させていただいた。

移動のバスの車内では、遠藤公洋・福原圭一、原田和彦・佐藤慎の各氏が見学地や沿線の史跡などを詳細に解説くださった。戸隠で観光客に紛れないよう参加者にミサンガをつけてもらったり、巡見担当の野本禎司、乾賢太郎両氏が目印にすげの笠をかぶるなど細やかな配慮があった。

巡見も実行委員はじめ、多くの方々に支えられ、実施できた。改めてお礼を申し上げたい。

巡見参加記が会誌『地方史研究』第三八五号（二〇一七年二月）に掲載されているので（青木裕美氏）、参照いただきたい。

九　総括例会

第六七回（妙高）大会から四か月後の二〇一七年二月一八日、妙高市の新井総合コミュニティセンターにおいて、総括例会が開催された。総括例会は、研究小委員会が担当し、大会の成果と課題を確認している。運営委員会から風間洋氏が、実行委員会から花岡公貴氏が報告を行った。

風間氏は、大会成果をいかに地域に活かすか、という点に重点を置いた報告を行った。特に住民や地元の学校の生徒にいかにわかりやすく還元するか、学校教材としての活用や博物館の企画展示や資料保存、史跡整備などにどのように活かしていくかが課題である。研究の対象地域を信越国境としたことから県という自治体の枠組みを越え集ったことの意義の大きさが指摘された。まさに実行委員自体が「境」を越えて移動し、「間」を形成していたのではないかと指摘した。

花岡氏の報告は、地域と峠道との関係について、信越国境にあたる関田峠を具体的に取り上げた報告であった。国境の峠道は関田村・筒方村にとっては村益となる「間」であるものの、敗れた山寺村・猿供養寺村にとって国境は越えがたい「境」として捉えられると大会共通論題に引きつけ位置付けた。

その後の討論では、大会当日の討論のあり方や境を挟む地域での研究の課題などに議論が及んだ。

詳細は、報告要旨を会誌第三八七号（二〇一七年六月）に掲載しているので、ご参照いただきたい。

おわりに

本大会は二七四名（公開講演三五〇名、懇親会一一六名、巡見七八名）の参加者を得て無事終了した。

今大会の特徴のひとつは、県境を越えた地域を検討対象としたことであり、その上でこの地域を考える媒介に、「間」と「境」いうキーワードを設定したことである。また共通論題報告者は、共通論題に合わせ、史料を一から収集したり自身のテーマを越えて報告いただいた方もおられ、のみならず、講演でも共通論題に内容を合わせていただいた。さらに巡見も信越を体感してもらうことを目的に県境を越えた設定となった。終始一貫した大会となった。県境を越えた地域を想定して議論を重ねてきたことが、他地域にも参考となればと願う。

もっとも、実行委員会も、上越と北信両地域の研究者が中心となって構成されたことも、特別なことではなく研究者が日常的に交流してきたことの成果である。こうした日常的なことも、大会の研究成果に大きく結び付いたといえる。

最後に、共催いただいた妙高市・妙高市教育委員会には、実行委員会や大会当日に会場をご提供いただき、また宿泊ホテルと大会会場とのバスを手配いただくなどの、便宜を図っていただいた。県境を越えて実行委員会が組織されたため、実行委員会の会場も毎回移動し、実行委員の方々、後援団体には会場の手配をはじめ様々なことでお世話になった。また大会の周知などをおこなっていただき、多方面でお世話になった。改めて感謝の気持ちを込めて、左記に共催・後援・協賛団体を紹介する。

共　催　妙高市・妙高市教育委員会

後　援　新潟県教育委員会・上越市教育委員会・長野県教育委員会・長野市教育委員会・飯山市教育委員会・飯綱町教育委員会・信濃町教育委員会・新潟県立歴史博物館・長野県立歴史館・新井有線放送農業協同組合・新潟日報社・信濃毎日新聞社・上越タイムス社

協　賛　飯綱郷土史研究会・（公社）信濃教育会・信濃史学会・上越郷土研究会・長野県考古学会・長野県民俗学会・新潟県考古学会・新潟県社会科教育研究会・新潟県地名研究会・新潟県民俗学会・新潟史学会・北國街道の手をつなぐ会・妙高市北国街道研究会・妙高（関山）の文化財を語る会

第六七回（妙高）大会は多くの方に支えられ、無事に終了した。総括例会でも話題になった、大会が終わってもそれで終わりではなく、いかに地域に還元していくかということが重要である。そのひとつは、信越の研究会が県域を越えて始動することが決まっており、地方史研究協議会もあゆみを共にするとともに、地域の活動を見守り続けたいと考えている。

本書の刊行は、実行委員会の協力を得つつ、地方史研究協議会第六七回（妙高）大会成果論集刊行特別委員会が担当した。委員会は、新井浩文・風間洋・鍋本由徳・野本禎司・渡辺嘉之・大嶌聖子（委員長）の六名で構成した。刊行にあたっては、株式会社雄山閣の羽佐田真一氏・安齋利晃氏に細やかにお世話になった。ここに記して謝意のしるしとしたい。

（文責　大嶌聖子）

共通論題討論の風景

執筆者紹介（五十音順）

荒川　将（あらかわ　まさし）
一九八〇年生まれ。
上越市立総合博物館　学芸員。

遠藤　公洋（えんどう　きみひろ）
一九六四年生まれ。
長野県立歴史館　専門主事。

小酒井　大悟（こざかい　だいご）
一九七七年生まれ。
東京都江戸東京博物館　学芸員。

笹本　正治（ささもと　しょうじ）
一九五一年生まれ。
長野県立歴史館　館長。

大楽　和正（だいらく　かずまさ）
一九七九年生まれ。
新潟県立歴史博物館　主任研究員。

原田　和彦（はらだ　かずひこ）
一九六三年生まれ。
長野市立博物館　学芸員。

福原圭一（ふくはら　けいいち）
一九六八年生まれ。
上越市公文書センター　上席学芸員。

前嶋　敏（まえしま　さとし）
一九七一年生まれ。
新潟県立歴史博物館　専門研究員。

松尾　美惠子（まつお　みえこ）
一九四二年生まれ。
学習院女子大学　名誉教授。

宮澤　崇士（みやざわ　たかし）
一九八二年生まれ。
飯山市教育委員会　文化財係。

平成29年10月21日 初版発行　《検印省略》

地方史研究協議会 第67回（妙高）大会成果論集

信越国境《しんえつこっきょう》の歴史像《れきしぞう》―「間《あわい》」と「境《さかい》」の地方史《ちほうし》―

編　者　ⓒ地方史研究協議会

発行者　宮田哲男

発行所　株式会社 雄山閣

〒102-0071　東京都千代田区富士見2-6-9
電話 03-3262-3231㈹　FAX 03-3262-6938
http://www.yuzankaku.co.jp
E-mail　info@yuzankaku.co.jp
振替：00130-5-1685

印刷・製本　株式会社ティーケー出版印刷

Printed in Japan 2017　ISBN978-4-639-02526-9　C3021
N.D.C.213　288p　22cm

妙高大会関連地名図（中世）

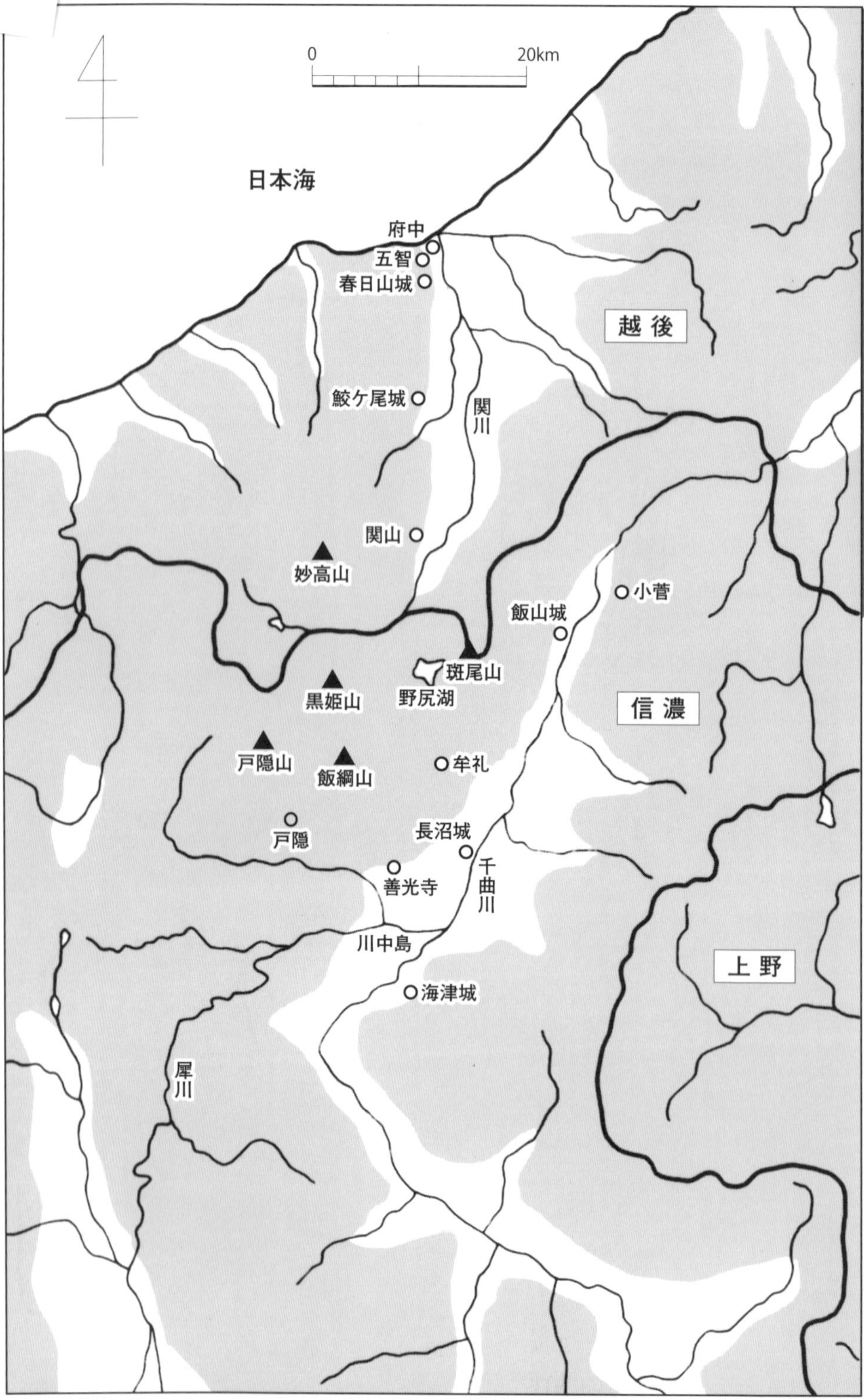